新编通讯员写作全书

张　浩◎编著

中国文史出版社

图书在版编目（CIP）数据

新编通讯员写作全书 / 张浩编著. —北京：中国文史出版社，2017. 9 (2022.1重印)

ISBN 978 - 7 - 5034 - 9610 - 3

Ⅰ. ①新… Ⅱ. ①张… Ⅲ. ①新闻通讯 - 新闻写作 Ⅳ. ①G212. 2

中国版本图书馆CIP数据核字(2020)第003825号

责任编辑：戴小璇

出版发行：**中国文史出版社**

社　　址：北京市海淀区西八里庄69号院　邮编：100142

电　　话：010 - 81136606　81136602　81136603（发行部）

传　　真：010 - 81136655

印　　装：廊坊市海涛印刷有限公司

经　　销：全国新华书店

开　　本：1/16

印　　张：17

字　　数：320 千字

版　　次：2017 年 3 月北京第 1 版

印　　次：2022 年 1 月第 3 次印刷

定　　价：42. 00 元

目　　录

上　编　通讯员写作概论

下 编 新闻分类写作与范文

上　编

通讯员写作概论

第一章　通讯员应具备的素质和采写常识

第一节　通讯员必备的素质

一、通讯员必备的思想素质

为文先做人，教育人的人应先学会做人。特别是通讯员，如果没有良好的素质，不仅难以完成在基层的采访报道任务，难以反映人民群众的意见、呼声、意志、愿望，而且会损害报纸、电台等媒体在人民群众中的形象，甚至还会直接影响党和政府在人民群众中的威信。

1．政治素质

政治素质是根本素质，这是原则问题。试想一个政治上不合格的通讯员，怎么能正确反映人民群众的意见、呼声、意志和愿望呢？这是不言而喻的。那么就应该对通讯员的政治素质进行衡量。

（1）通讯员是党的基本路线的捍卫者

一篇好的新闻作品，除了作者的文字表达能力，更重要的是新闻作品的思想内容。思想内容体现着作者的理论水平和政策水平。一个事件能不能报道，什么时候报道，采取什么形式报道，都要考虑是否有利于党、有利于人民、有利于改革开放、有利于经济建设。所以，通讯员首先应该是，也必须是党的基本路线的捍卫者。

（2）通讯员是实事求是的楷模

新闻报道的是客观事实，真实是它的生命。许多新闻工作者的笔下出过无数“高”“大”“全”式的形象，即模范就应该是一个十全十美、毫无瑕疵的完人，一点好就是全面好……这是一种不真实的表现，也可以说是一种不负责任的说法。

应该说，实事求是的原则是新闻工作者采访报道的基本原则之一。实事求是，是新闻工作者的生命。每一个新闻工作者都应该是实事求是的楷模。

(3）通讯员应该是善于调查研究的人

报纸上的文章都是调查研究的结果。通讯员要搞好调查研究，因为没有调查就没有发言权。

(4）通讯员在思想上应该永远保持年轻

太阳每天都是新的，新人、新事、新景每天层出不穷。正确研究那些新人、新事、新景，就要在四项基本原则理论指导下用新眼光、新观念看待它。停留在旧有观念的框框里，其结果是作茧自缚，写不出好作品。

不断追求，不断创新，不断探索，应该成为每个通讯员永远追求的目标。

2. 献身精神

不少通讯员把为媒体写稿想象得过于美妙，殊不知写稿不仅是艰苦的劳动，还有一定的风险。通讯员要写出好的报道，就要经常动脑筋研究新情况、新问题，还要去了解、寻求、挖掘，有时写了批评不正之风、官僚主义的稿子，难免遇到不公正的对待。小则冷嘲热讽，大则打击报复，甚至危及人身安全。在这种情况下，通讯员就需要有为维护党和人民利益而忘我斗争的献身精神。

此外，有些通讯员认为，自己在写稿时，只是客观地叙述事实，整篇稿子没有一点理论的成分，也不公开发表自己的意见，需要什么理论修养呢？确实，有许多新闻稿子并不需要充满理论色彩的文字，但是在选择事实、分析事实、叙述事实的过程中，能反映出通讯员的思想水平。

二、通讯员必备的基本素质

通讯员的基本素质应包括以下几方面：

1. 良好的职业道德

通讯员是一种职业，更是一种事业。通讯员是一个特殊的社会角色，担负着传播思想和信息的重任，因此除了遵守普遍性的职业守则以外，主要还在于“公正”和“尽职”。

公正，就是要求通讯员坚持真实性、客观性，这是新闻的生命。违背了公正，就可能会拿了“红包”昧着良心说话，甚至以稿谋私，所以说公正是新闻职业道德的基石。

尽职，就是“做好分内事”，“要做就要做好”。通讯员工作的特点具有独创性、艰难性和复杂性，从某种意义来说，它是社会实践的精神探险，不肯吃苦、不肯冒险、不肯钻研是干不好这一职业的。

2. 良好的心理素质

通讯员要及时、准确地报道新闻，而有新闻的地方，未必都是安全的，尤其面对天灾人祸的新闻现场，通讯员的人身安全也会受到威胁，所以说新闻工作又是一项充满危险的工作。这种职业特点也要求通讯员具有较强的适应能力，而要提高自身的适应能力，首先应具备良好的心理素质。

通讯员要始终保持头脑的冷静，也需要具备良好的心理素质。一个遇事过于急躁、情绪化的人，很难做到“理智、全面、客观、公正”。因此，新闻界有句名言：新闻工作者“心要热，头脑要冷”。只有保持稳定的情绪状态，才能保证报道的客观和公正。

通讯员要做到洁身自好，也需要具备良好的心理素质。面对诸多复杂的社会问题和自身的使命，通讯员应该始终保持清醒的头脑。要做到这点，除了要有外部制度上的一些措施来保证外，具备良好的心理素质，拥有健康而又积极向上的心态也是一个重要的保证。

三、通讯员应加强基本技能训练

俗话说：“文章中不中，要看基本功。”通讯员要想把稿子写好，必须加强基本技能的训练。这些基本技能，也不外乎练眼力、练脑力、练笔力、练脚力。

1. 练眼力

它是指训练对事物的观察能力，这是任何一个通讯员都必须掌握的技能。其含义有二：①指在政治上辨别真伪、判断是非的能力，即做到“思维敏捷、眼光尖锐”；②指观察事物的技能，即做到观人于微，察事于细。

用眼睛观察，就要深入实际。亲临现场、仔细观察、全面了解，实地考察采访对象——包括人物、事物或场景。可以收集记录真实的材料，可以清楚地看到环境、人物的谈吐、风度、神态、嗜好、表情等，善于捕捉到表达主题的细节，增强作品的感染力，增强自己对采访对象的真实感受。国画大师齐白石，为了画好虾，用玻璃瓶养虾，有空就观察。他笔下的虾能栩栩如生与他的认真观察是分不开的。通过观察写出的新闻报道，才能增强新闻的直观感、立体感，才能使读者身临其境，如见其人。

要锻炼提高观察事物的技能。必须不断地加强政治理论学习，熟悉党的方针政策，有较高的思想水平，论断事物才能深刻，才能写出改革新形势下先声夺人的新闻通讯。

2. 练脑力

它是指观察事物后，要学会用脑分析事物的方法，把看到的问题加以综合、比较、提炼，找出线索和思路，从而写出优秀的新闻通讯作品。因此，通讯员要有清晰的头脑，有较好的记忆力。机器长时间不用，就要生锈；用得过重，超过负荷量，会损坏机件。这和用脑的道理一样。

当通讯员不能懒惰，要勤用脑，会用脑。记忆靠磨炼，头脑中才会形成一个牢固的记忆之网，进入的东西才不会遗忘。无论是在学习中、生活中，还是在采访中，只要学到知识，就要不断地把它积累起来。在记忆的宝库里积累的知识越多，下笔就越自由、越有“神”。学识渊博的鲁迅，还常常唯恐“输出多而输入少”。

好的记忆力，对于从事写作的人大为有益。因此，要天天练脑、用脑，也就是经常地思考，多思、多感，甚至苦思冥想，使头脑这盘磨不停地转动，越转越灵活、越练越聪明。

3. 练笔力

常言道“拳不离手，曲不离口”，讲的就是要注重日常的训练。新闻工作者搞写作，提高文字表达能力也要靠多练，天天练，日日练，一天也不间断。天天练的方法很多，例如写日记，积累各种资料，练习写各种文体，等等。经常为报刊写稿也是一种很好的练笔方法。

通讯员的劳动成果表现于新闻报道，因此，磨炼写作技巧，增强文字的表达能力，应当是通讯员的主要基本功之一，如果通讯员的写作能力太差，不会组织材料，不善于表达，好材料也会白白浪费，写不出具体形象的好通讯来。有的人口头表达事物生动、形象，但落在纸上表达就苍白无力。这是缺乏练笔力的基本技能所致。

4. 练脚力

它是指通讯员的脚要勤快，才能获得较多的新闻线索和素材。我们常说“脚板底下出文章”，就是这个道理。

一个合格的通讯员，应该是一个“消息灵通人士”，应该是一个“材料篓子”。这没有捷径可走，只能深入实际，多走走，多看看，唯有如此，方能获取较多的素材。正如西方新闻学创始人之一普利策所说：“懒人是当不了记者的。”我国著名记者范长江走了大半个中国，以写出《中国的西北角》和《塞上行》两本通讯集而闻名。从 1935 年始，他为了实地考察，经过川北、陕西、甘肃、青海等地区，爬雪山，过疫区，睡牛棚，历经艰险，多次与死神擦身而过。这两本通讯集里的具体的叙述、形象的描写、深刻的分析、精辟的见解，都给读者以很大的震撼。

通讯员也要有这种精神。比如写人物稿，不但要访问本人，而且还要访问其他人或有关的事，就需要跑腿。练脚力的目的就是要深入群众中去，到家庭中去，到社会各个角落中去。

四、通讯员要提高专业知识水平

新闻报道是一门科学，但并不是每个通讯员都接受过专业训练，要做到对这门科学全面系统地认识，更应该下苦功学好这方面的专业知识。

1. 全面熟悉新闻专业知识

新闻专业知识包括多方面，如怎样采访、怎样写作，等等。通讯员应全面掌握这些知识，提高自己抓问题、提炼主题的能力，以及在写作中组织材料、安排结构的能力。

此外，通讯员还要熟悉编辑业务。通讯员都想提高稿件见报率，那就必须树立版面意识。树立版面意识有两大好处：一是通讯员能用责任编辑的目光，抓住分量重、主题新的问题；二是通讯员能用拼版编辑的目光，衡量稿件的内容是重是轻，采取什么样的形式体现在版面上。

2. 博览群书，增长知识

新闻的一大特性就是为更广泛的读者服务。新闻直接同广大读者、听众、观众见面，不论人们政治地位高低、文化程度深浅，都可以从中获得所需的东西。通讯员面对本地区、本单位方方面面的工作，只有博学才能更好地为更广泛的读者服务。比如，要报道某个地区或单位的一项科技领域的新技术，首先，必须熟悉这项新技术，如果自己不熟悉这项新技术，就很难对它作出准确报道；其次，你还要把新技术中很深奥的理论解释成大众易于理解的浅显的道理，以便增加报道的可读性。这些都需要在科技知识上有深厚的功底。

通讯员具备良好的业务素质，才能在新闻事业的道路上正确树立新闻真实性、群众性、战斗性的根本原则，才能宣传好党的基本路线，反映好群众的呼声、意见、意志和愿望，才能写出更多、更好的新闻作品来。

五、通讯员要有丰富的知识结构

作为通讯员，需要与各行各业的人打交道，如果没有很好的知识修养，就无法成为一个称职的通讯员。因此，广泛地涉猎、浏览历史、地理、法律、社会学、心理学、人才学、古今中外文学名著以及信息论、控制论、系统论等新兴学科知识，才能开阔视野，丰富知识，并且有助于增强新闻敏感，发现新闻线索，挖掘新闻题材，还可以帮助你辨别真伪、是非，找到问题的关键，而不会轻信上当。

然而，“冰冻三尺，非一日之寒”。丰富的知识并非一朝一夕之功，而需要持久地努力，靠日积月累，最好的方法是随时摘抄各方面的知识，看报刊，读材料，听报告，发现有用的东西及时记下来，分门别类地加以整理归纳，久而久之，就能使自己的知识丰富起来，有一个适应通讯报道工作需要的知识结构。

六、通讯员在网络时代应具备的专业素质

网络时代的通讯员应具备以下专业素质：

1. 具有熟练运用网络、多媒体等新“武器”的能力

无论是在新闻事件现场，还是在办公室或家中进行采访，通讯员都离不开计算机、网络、多媒体。今后，记者将集文字记者、摄影记者和录音、录像记者于一身。同样，通讯员如果身背一套重量轻、体积小、质量高、功能强的便携式计算机和数字式摄像机、照相机，就可以只身走遍天涯。

2. 具有运用多媒体、超文本写作报道新闻的能力

通讯员要善于运用多媒体进行超文本的写作报道，能熟练使用文字文本、图像文本、声音文本、影像文本进行写作报道。

3. 具有深入研究、深度报道的能力

在互联网络、多媒体时代，跟踪报道、连续报道、深度报道的任务义不容辞地落到了通讯员肩上，这就要求通讯员具有全局意识、分析研究能力、坚持不懈的毅力，探讨、报道社会热点、难点、重点等关系社会、公众的根本性问题。

4. 具有较高的英语能力

要想充分利用网上资源和网络技术，通讯员要尽可能地学会用英语查询和阅读网上资源，用英语在网上进行环球语音和可视采访，用英语写作、报道，收发电子邮件。

第二节　通讯员必备的采访知识

一、新闻采访的重要性及其特点与种类

新闻采访就是指为了获得某一信息、某一新闻事实而进行的一种观察、询

问、查考。新闻的特色就是它必须在采访以后才可写作。一般没有采访，就没有新闻写作。采访的成功与否，直接关系到新闻写作的质量。我国著名记者穆青曾指出："写作固然是个重要问题，但同采访比起来，后者是个更为重要的问题。手里没有好的素材，文字再考究，也弄不出好东西。"《新民晚报》前社长林放在阐述采访与写作的关系时也说："多年从事新闻工作的同志，都有这样一点体会：如果采访的时间是一，而写作的时间是十，就颠倒了新闻采访和写作的常规。应该是采访的时间是十，写作的时间是一，在写作之前，必须深入采访，下大功夫。"

1．新闻采访的重要性

采访是新闻的基础、报道的依据，新闻则是采访的结果。没有采访，新闻就成了无源之水，无本之木。

采访的重要性具体表现为：

（1）采访是报道的依据

新闻属于上层建筑，事实是第一性的，新闻是第二性的，离开事实就没有新闻。因此，发现、探求、挖掘事实，并从中提炼出具有新闻价值的精华，即我们通常所说的采访，就成为新闻的基础、报道的依据。采访是新闻工作者的直接或间接的社会实践过程，是新闻工作者深入实际、认识实际、反映实际的过程，也是唯物主义的思想路线和工作方法在新闻工作上的反映。

（2）采访是保证新闻真实性的前提

真实是新闻的生命，是新闻自身的属性，无真实就无新闻。只有深入实际，耳闻目睹，才能辨别事情的真伪，掂出事实的分量。闭门造车，道听途说，是新闻工作的大忌。许多假新闻的出现，不仅严重损害了新闻事业的声誉，也给实际工作带来不利的影响。这些都同不重视采访有关。

（3）采访有助于深化报道

任何新闻都只能反映一定时间、空间范围内的事物、事件、人物等，但任何事物都不是孤立的，也不可能是静止的，采访有助于了解这一事物同其他事物的联系，了解事物的来龙去脉，从中掌握事物的本质，并发现新的线索，以便报道深入。有的通讯员习惯于跑"衙门"，从文件、报表中找新闻。这固然是获取新闻的一条重要渠道，但仅此还远远不够。如果能根据文件、报表提供的线索进行实地采访，那么，报道的深度有可能大大增强。

（4）采访有助于新闻的生动活泼

新闻是现实生活的反映。生活本身是丰富多彩的，只有通过采访，才能如实地反映多彩的现实生活。现在，新闻界提倡目击式新闻，增强报道的立体感，这样，采访就显得更为重要。有的通讯员满足于死材料，但死材料出不了活新闻。

这是当前新闻改革的一个重要课题。除此之外，对于广播新闻来说，由于它经常采用一段音响作为素材，因此其新闻材料非采访不可得。

2. 新闻采访的特点

采访要服从新闻报道的需要，因而，它具有相应的四个方面的特点：

（1）快速出击

新闻报道要讲究时效性，要争分夺秒。反映到采访上来，采访也要快速灵敏。采访时不能迈着四方步慢慢吞吞，不能跟在人家的后面拾人牙慧，不能把采访的过程拉得过长；要时时刻刻跑在别人的前头，争分夺秒，反应迅速敏捷。

（2）对象广泛复杂

新闻采访的领域涉及各个方面，政治、经济、科技、体育、教育、文化、城市、农村，都有可能涉及。新闻采访的对象更是复杂，不同年龄、不同职业、不同性别、不同经历、不同信仰、不同心理的采访对象都可能遇到，这就要求记者及通讯员具有广泛的知识，具有广泛的触觉，因时因地地开展采访。

（3）着眼新闻事实

采访面对纷繁复杂的生活现象，并不是巨细无遗地一一收罗。它所关注的、捕捉的，是新闻事实以及与新闻事实有关的背景材料。对于采访而言，重要的是“事实”。如果说思想家、理论家、哲学家靠理论说话，文学家靠形象说话，那么，新闻记者靠事实说话。采访的任务，就是把公众欲知的、应知的、具有报道价值的新闻事实，迅速及时地找出来，并迅速及时地报道给大众。记者的采访，就是跟事实打交道。当然，也会碰到理论，接触到形象，但这一切，都必须归入事实中来。因此，有人说，记者的全部工作，就是通过采访去发现事实、了解事实、选择事实、核对事实、体验事实、追踪事实，最后是报道事实。

（4）具有灵活机动性

采访还具有灵活机动的特性。今天采访学校、菜市场，明天说不定就要去机关、机场。这次，采访几小时，为的是写一篇几百字的短新闻；下次，说不定为了采写一篇大通讯，花上十天半个月。因为采写的文体不同，采访的深入程度就有所区别。采写消息，只要把基本的新闻事实弄清楚就行了。而通讯、调查报告之类的采访，就要尽可能地深入细致。因及时报道的需要，有的新闻可以等全部材料都采访到手后再写，有的则可随着采访的不断深入而分段报道、跟踪报道。至于具体的采访，则更需要记者采用灵活机动的方法。一般通讯员须等全部材料都采访到手后再着手写作。

3. 采访的种类

采访的种类很多，与初学者关系密切的，有直接采访、间接采访、谈话采访

（口头采访）、观察采访（目击采访）、书面采访等。

直接采访、间接采访是根据采访者与报道对象的关系来划分的。

要报道某一事物，直接找当事人采访，这是直接采访。直接采访是采访的主要形式。有的时候，报道对象太忙，或是外出，或是去世了，不能直接找他本人采访的，就找他的领导、同事、亲戚朋友、知情者进行采访，间接地了解有关情况，这是间接采访。一般情况下，都是直接采访与间接采访结合起来使用。

根据采访的方式，通常将采访分为谈话采访、观察采访和书面采访。

口头采访是通过交谈方式进行的采访。口头采访是一种重要的采访方式。它是采访者接近采访对象的第一步，是取得主动性的关键，是打开采访对象心灵的钥匙。绝大多数采访是通过口头采访或主要通过口头采访完成的。观察采访主要是现场观察。它可以获得大量的第一手材料和生动的“独家细节”，可以丰富口头采访的内容，可以避免采访对象的限制。观察采访通常用来补充和丰富口头采访，加强报道的现场实感。观察采访要注意观察的重点，要注意捕捉现场实感，要善于分辨假象。书面采访是特殊情况下采取的一种采访方式，它主要通过书信的方式，向采访对象了解某些情况。书面采访要精练，同时还要注意时效性，不要因信件的辗转而耽误了时间。书面采访还可以与电话采访结合起来。

二、常用的采访方式

采访的具体方法多种多样，可根据不同的报道内容、编辑部限定的发稿时间、采访对象的不同特点，以及通讯员本人的习惯等因素灵活掌握。通常情况下，狭义的采访采取从小到大、从点到面的方式，广义的采访采取从大到小、从面到点的方式。具体来说就是：如果采访有了具体题目或线索，可单刀直入，直接进行采访，并逐渐扩大线索，丰富报道内容；如果不是具体的题目或线索，可从大处入手，先了解面上的情况并逐步缩小范围，最后选定具体的题材或题目。

通常使用的采访方式有以下几种：

1. 找领导谈

这是到某个地方或单位采访时经常首先采用的方法。为了了解全面情况，包括工作过程、成绩、缺点、经验、教训、上级的指示、领导上的部署、群众的反映等和了解领导对你准备报道的事件或问题的看法、评价，听取对报道思想的意见及建议，以便从政策和事实上报道得更加准确，可以找领导谈。

2. 开调查会

这是比较简便而又效果显著的采访方式，无论是了解全面情况还是重点了解某个问题都可以采用。

3. 个别访问

为了了解某个具体问题或细节，可以找当事人或其他知情人做细致调查。对于某些不便于让更多的人知道的问题，或者有一些人士，不愿意当众反映，这样个别访问就更为必要了。就一般新闻采访中的人物采访，对采访对象的个别访问恐怕就要占用更多的时间。但总体上来说，这是一个很好的采访方法，不仅可以获得真实可靠的第一手材料，而且可以增强对新闻事件的感受和认识。许多用这种方法写出来的新闻，感情充沛，材料丰富，情节细腻，具有较强的感染力。

4. 翻阅书面材料

翻阅有关单位的书面材料，直接获得该单位的某些新闻资料，有时则只能以此作为了解情况、发现线索、进行间接采访的一种手段。许多记者在直接介入新闻事件或新闻人物之前，常常喜欢用这种方法来“打前站”，从而使正式采访更容易地进入主题。

5. 现场采访

现场采访是获取第一手材料的好方法。“百闻不如一见”，许多事情只听别人介绍是不行的，还要现场进行采访。现场采访还便于感受新闻事件的气氛，激发写作的热情，从而增强新闻的感染力。

以上几种采访方式，有时可以单独使用，有时则需交叉使用，只有有了较多的实践经验，才会逐渐运用自如。

三、做好采访工作的必备条件

国外一位著名记者曾言：“作为一名记者，你要有所作为吗？靠几小时写稿不行，要做全天候的记者才行。”

1. 处处留心

中国古语有云：“处处留心皆学问。”实践表明，生活中有许多细微、平凡的线索，是完全可以从某一个侧面、某一个角度、某一个片段折射出具有深刻社会意义与时代精神的光彩，这就叫小中见大。小事件，小人物……唯其小，人们往往不怎么重视。要想掌握以小见大法，千万要处处留心、事事好奇，用敏锐的洞察力，明察秋毫，从沙土中一眼能辨出哪一粒是金子来。

2. 抓住群众关心的小事

名人政要，当然需要关注，但世上主要是普通人；大事虽有，但少，小事虽小，但多，如若用心，从小事中也可写出大新闻。什么样的凡人、小事才能写新闻，才可以小中见大？这其中有个小与大的辩证法。简言之，别看人物小，意义却大；别看事情小，背景却大。比如，一位新闻工作者去湖北兴山一带出差时，目睹王昭君故乡的香溪河受到沿河开采的小煤窑以及乱扔的垃圾的污染，写了一篇《谨防香溪变臭河》的稿，被《法制日报》采用。

3. 抓住普遍性的问题

工作在基层的通讯员，不能听到什么就采访什么，看到什么就写什么，而要从日常生活所掌握的大量素材中，挑选那些带有普遍性、倾向性的问题，作为采访写稿的重点，这样的稿件才能有分量。比如，原材料涨价是多数企业感到头疼的问题，一位通讯员在与老工人交谈中，听到这样两句话，“铁耙子聚财财源广，皮笊篱节约不漏汤”，从中受到启发：企业要消化原材料涨价因素，其实质是加快改革、改善管理的问题。经过调查写出《用“铁耙子”聚财，靠“皮笊篱”节资，面对原材料涨价经济效益不减》一稿，很快在北京一家大报头版显著位置刊登。

四、采访前应做的准备

“凡事预则立，不预则废。”采访工作也是如此，采访的成功，也离不开采访前的充分准备。采访前的准备工作可分两部分，即平时的准备和专题性的准备。

1. 平时的准备

这里所说的平时的准备就是平时资料的积累（包括理论、政策、资料积累）。

首先，要系统学习新闻理论，同时，要特别关心当前的形势，以及党的重大决策。作为新闻工作者必须站在理论的高度看形势。熟悉党的路线、方针、政策。要对自己所在系统、部门的政策规定，认真地学习和领会。掌握党在不同的社会历史时期的不同路线、方针、政策，提高判断是非的能力。

其次，要学习相关业务知识。通讯员应培养自己成为一个杂家，什么知识都应具备。特别是自己所在的单位，经常要报道的一些基本情况，更应该知之甚详，烂熟于心。对于新闻的十八般武艺，只有不断磨炼，才会熟能成巧。

最后，要积累知识资料。采访范围内的行业和人物，应经常积累材料，收集有关专业知识，有关单位或行业的基本情况，形成适应新闻报道的最佳知识结构，最好是建立起自己的资料库。

新闻报道涉及面很广，只有平时做大量的艰苦的资料积累工作，写起稿子来才能得心应手，才能写出高水平的报道来。

2. 专题性的准备

专题性的准备也就是接受某一具体采访任务后所做的采访准备。其准备工作大致分为三个方面。

首先，要熟悉与这次采访任务有关的情况和各种资料。在全局范围内出现了什么新情况、新问题、新发展。

其次，是政策准备，要认真学习与这次采访任务有关的党和政府的方针、政策，了解领导部门有何见解、主张。

最后，制定采访提纲，采访提纲一般分为两种：一种是简单的采访提纲，拉出骨架就可以了，不用很细，这种简单的采访提纲到实际中可能还会有很大变化；另一种是专题采访提纲，这就需要有个总体设计，规定好总的采访目的和要求，以及各单项目的和要求，确定好采访对象，明确召开哪些类型座谈会，等等。

总而言之，采访前的准备做得越充分、越周密越好。这样进入实地采访，就可以提高效率，缩短采访过程，收到事半功倍的效果。

第三节　通讯员的采访艺术

一、要学会抓到新闻素材中的第一手材料

新闻素材中的第一手材料能够准确地反映客观事物，掌握第一手材料有益于产生正确的新闻主题；掌握第一手材料也是新闻必须完全真实原则的要求。那么，怎样才能获得第一手材料呢?

1. 要脚踏实地、深入基层

俗话说，涉浅水者得鱼虾，涉深水者获蛟龙。采访也是一样，只有深入第一线才能获得第一手材料。特别是有些重要事实，不要满足于听别人的介绍，就是一些已经发生过的事件，也要尽量到现场看一看，亲自掂一掂事实的分量，看一看事件发生的环境。现场采访是别人无法代替的。

2. 采访要不带“框框”

这是抓第一手材料的必备前提。所谓不带“框框”，就是采访要遵循忠于事实、实践第一的原则，不掺杂任何有碍于准确反映事实的主观因素，如实地、不打折扣地把客观事物全貌记录在案。做到这点，还必须注意以下四种关系：

一是采访目的与事实的关系。采访是有目的的，但目的只能决定采访范围，不能决定事实本质。当目的与事实有偏差时，要忠于事实。

二是采访准备与事实的关系。采访前需要做好有关情况的准备，但不能形成

“框框”带下去。在采访准备阶段，连尚未见面的事实都“预备”好了，这会妨碍抓第一手材料的。

三是加工提炼与事实的关系。加工提炼是在尊重事实的基础上，不能超前脱离事实提炼加工。

四是主观倾向与事实的关系。当事实与主观愿望发生矛盾时，要坚持事实第一，防止到手的材料被人为地调了角度，变了味儿。

3. 要“打破砂锅问到底”

第一手材料，常常不是一次采访就能得到的，而需要一而再、再而三地追根寻底，步步深入。同一事物，各人的讲法总是不相同的。同时，事物的本身，也显示着许多变体，要寻找真的底蕴，采访务必求深细。鲁迅先生说：“对于任何事物，必须观察准确、透彻，才好下笔。”这就是说，不仅要看到采访对象的外貌，还要看到场景、气氛；不仅要看到事物的现状，还要看到它的成因；不仅要看直接事物，还要看到相关事物。只有具备“打破砂锅问到底”“不畏浮云遮望眼”的精神，才能把问题弄个水落石出。

二、要善于在交谈中发现线索

怎样才能在平时采访活动中发现线索，就需要有从众多的事物中通过分析比较，筛选有价值信息的本领。同时，在采访中听介绍的时候，一定要边听边动脑分析，尽量启发被采访者多谈一些与新闻有关的素材，也是相当关键的。要想在交谈中发现线索，就要注意以下几个方面：

1. 要善于启发交谈者讲话的愿望

这就要用启发式的语言进行交谈，要循序渐进地、一个问题一个问题地谈，不能一个问题还没谈清楚，又提出第二个问题，这样，会使任何问题都谈不清。

2. 要善于抓住中心问题

凡与采访关系不密切的问题，尽量少谈，或者不谈。应先向被采访者说明自己所要了解的问题，这样可以给交谈的对方一个思考的时间，使交谈者按照你的采访思路谈问题。交谈是双向的活动，边听应边给予积极、适当的反馈，比如选准适合的机会附和一句，或者微微地一笑，或者赞同地点一点头，这样可以促使对方津津乐道，取得更好的交谈效果。

3. 要善于抓住细微的变化

不同性格特点、身份、地位的采访对象，必须采取不同方式进行交谈，有时可以单刀直入，一下子就触摸到采访的中心问题；有时就需要通过一些细节，悄悄地靠近主题。要注意抓住被采访者的一些细微变化，要从他的变化中悟出新意来，通过这些新意再提出一些新鲜问题，做深入采访。

三、采访活动要创造良好的访问条件

在采访活动进入执行阶段时，除了一些必要的采访方法、技能、技巧要掌握外，应特别注意创造一些必不可少的辅助条件，这是采访活动提高效率的重要保证。通常要创造的良好访问条件有下述诸项：

1. 商定较适宜的访问时机

从事任何一项活动，必先对这项活动产生注意，继而靠一定的注意稳定性去支配从事这项活动的兴趣和热情。采访活动也毫不例外。欲使采访对象接待并配合采访，就得先使其对采访活动产生注意和一定的注意稳定性。

2. 设计较得体的仪表风度

对美的追求是人类的一种共性需要，也是增进采访双方关系的重要因素。经社会学家有关调查和实验表明，陌生人相互初次见面时，对方外表的魅力与想再次与之见面的相关系数远高于个性、兴趣等相关系数，通常人们称此为“首因效应”，或是“第一感觉”“第一印象”，这些关系到交往双方对对方的评价，关系到彼此的交往能否持续。一般情况下，若是首因效应或第一感觉、第一印象好，交往双方就会产生强烈的交往愿望，反之，则厌恶交往。

3. 讲究文明的言谈举止

在采访中，通讯员稍有不慎，或是一句话，或是一个动作便刺伤了对方的自尊心理，使采访对象感到受信任程度突然削弱，以致使正常采访受阻。事实上，此时双方的相互需要并没有减弱，只是采访对象的情感心理发生了较大变化，以致感到受辱、困惑，因而报之以气，或报之以怨。所以采访时要注意自己的言行，才能保证采访的顺利进行。

4. 保持较融洽的访问气氛

从事任何活动都会产生一种情感，而且，什么样的情感会导致什么样的活动效率。情感通常表现为两极性，即肯定或否定、积极或消极、热情或冷漠、紧张或轻松等对立性质。同样是对待通讯员采访，有些采访对象就表现得热情和轻松，有些则表现得冷漠和紧张。

5. 摆正较合理的相互关系

采访中，通讯员与采访对象之间的关系怎么处理，也是关系到活动效率的一个重要条件。在这个问题上，通讯员的态度端正与否则是关键。通讯员应当尊重采访对象。自尊，才能自爱、自信，给对方留下较好的印象；尊重对方，是深化交往、发展关系的基础。

6. 穿插较丰富的形态语言

通讯员与采访对象坐在一起时，并非只是通过言语形式作为唯一交流手段，同时展开交流的还有一种形态语言手段，通常也叫作“非言语手段”。这主要由表情手段构成，可分为：面部表情，是人最主要的表情动作，在采访活动中起着重要作用；体态表情，人的站、坐姿态和举手投足等，均可表达一定的信息；手势，是人们在交谈中用以加强言语效果的表情动作，恰到好处的手势既可传递信息，又可产生强烈的感染力。

四、在采访中必须注意自己的言谈举止

通讯员在采访中，必须从以下几个方面注意自己的言谈举止：

1. 谈话的语言要有礼貌

比如与不相识的人初次见面，可说“久仰”；与对方好久不见面了，可说“久违了”；有了过失请人原谅，可说“请多包涵”；有事找别人商量，可说“打扰了”；求人帮助，可说“请劳驾”；不能陪对方说话，可说“失陪了”；自己的意见讲完后，可以说“请多多指教”；归还对方物品时，可说“奉还给您”；采访告别握手时，可说“谢谢”；如果是采访几个人，临走时，要挥手或拱手说“谢谢大家”，如果条件允许的话，还要一一同大家握手告别。

2. 不要轻易打断别人的谈话

在采访中随意插话，这是一种极不礼貌的行为。对方谈起一些与采访无关的问题时，也尽量不要打断对方的谈话，要等到对方讲完后，再转移话题。在听对方讲话时，应以目光注视对方，表示专心；但是与女性谈话时，不要总看着对方，要谦让、谨慎，不要乱开玩笑，争论问题要有节制，与对方的座位距离要适度；对方讲话时，不要左顾右盼，一会儿拿起书、报翻一翻，一会儿看一看自己的手表，表现出一种心不在焉的样子，这很不好，要注意克服交谈中的不良动作和姿态，始终保持热情。

3. 少谈与采访无关的问题

与女性交谈时，一般不要询问人家的年龄、是否结婚、工资多少等私人生活方面的问题，同时也不要谈论女性胖瘦、身体保养、穿着打扮；特别是对方不愿意回答的问题，不要寻根问底。

五、与采访对象进行谈话可采用的方式

通讯员与对方谈话的方式，要因人、因时、因地而异，大致有这样几种方式

可以借鉴：

1. 迂回侧击式

通常适用于不善言谈或不愿意交谈的人，因为彼此不熟悉，想交谈但过于紧张，举止不自然，不知从何谈起，这就要先拉家常，拣对方最熟悉、最便于回答的事聊聊天，然后再接触正题。

2. 开门见山式

通常适用于自己熟悉的对象和干部，对于这些人过多寒暄，反显多余，不如直截了当地提出问题。

3. 探讨启发式

对方对某一问题一时谈不清楚时，为了启发对方思考，引导对方把问题谈深谈透，时常采用这种方法。新闻工作者可以和采访对象互相交谈，探讨问题，设身处地地把握对方的情况、心理，作出某些假设，启发对方思考、印证。

4. 激将式

在前几种方法不奏效时，激将法有时可使对方吐露真情。有的被采访对象怕见报、怕当典型，闭口不谈事实材料。比如，时常会遇到采访某人的英勇事迹，对方却连说“没啥，没啥”，不肯正面回答。假如有意从反面提问“传闻说的不好的事情”，对方会立刻回答“根本没有这个事”，接着就能进入正题了。这种方法不宜多用，只有在非用不可的情况下，方可一试。

六、在采访时要掌握提问这门艺术

语言是人类交际的工具。因此，谈话艺术渐渐地被人们重视。在采访活动中，谈话中的提问，像一颗颗“问路石”，也是采访成败的关键。采访提问是艺术，不可轻视。提问一定要看采访对象、新闻事件性质和场合。掌握提问这门艺术，谈话的态度是重中之重。

1. 分层次提问

向被采访者提问题不要一下子全提出来，要由表及里、由浅到深。这种方式是先谈些与采访事件有关系的小问题，这些小问题都谈清楚后再谈主体问题，所有问题都谈清楚后，再提出下一个问题。

2. 问话要抓住对方心理

因为被采访者是处于被动地位，采访者提出的问题，有时会使他紧张，有时会使他愉快，有时会使他悲伤。采访者提出的问题如适应对方的心理，被采访者就可能多谈一些情况，否则就会产生相反效果。所以，必须根据对方的不同心理，提出适合对方的年龄、身份、民族、性格和文化素养的问题。在不同的场合，要注意不同的问话内容，不能不分场合、地点什么都问。比如，采访一位工人，在谈到他妻子时，刚好他妻子病故，这正是他痛苦的时候，就不要再问他妻子是怎样支持他搞革新的事了，可以把话避开，引到别的话题上去，过几天，等他情绪好些再谈。

3. 注意避开一些不该提问的问题

比如不要问一时回答不清的问题，可将该问题分解成若干个小问题，让对方回答。不要提对方根本不了解的问题，也就是不要提对方回答不了的问题。不要提诱导性的问题，暗示人家按照你的意图回答。不要过于轻率地提问题，特别是私人生活方面的一些不愿公开的隐私问题。不要提审问式的问题，可以改变一下口吻，用引导的方式，在交谈中发问，在发问中交谈。这样能使被采访对象感到心情放松，双方的感情容易交融，在无拘无束中会谈出许多生动的情节来。

4. 提问宜简洁

对每个要提的问题通讯员应事先在其长短上精心设计、推敲，原则是宜短勿长。原因在于，人的记忆能力有限，提问一长，采访对象容易忘，以致常常出现这种局面：当通讯员提了一通较长的问题后，采访对象又要求采访者把刚才的问题重复一遍。

5. 提问宜具体

任何事物都是错综复杂的，且有个形成、发展、结束过程，如果笼统、抽象地提问题，采访对象就难以回答。因为这不符合人的思维心理活动规律，思维心理活动不是一下子能完成的，得有个具体过程，而具体化是思维的主要组成部分，能促使人们的思维活动更深刻、清晰地发展。根据这一原理，通讯员在提问时就应按照事物形成、发展到结束的全过程，将一个大的、总的问题破开，化成若干个具体问题，一个一个地细细问清，即提问要具体化。

6. 提问宜灵活

在具体发问时，可以是直接发问，也可以是间接发问。直接发问，指就某件事的结果发问，用封闭型发问。如“你早饭吃了吗?”“吃米饭还是面食?”等，这种发问方式固然简洁明了，但对方遇此发问，限制性较强，不欲多言，往往以“是”或“否”回答，新闻内涵较少。

7. 提问宜自然

采访者提问和采访对象作答，实际是在进行一场谈话。是谈话，就必须受“谈话法”的基本方法所支配。采访是真正的谈话，还是僵化式的问答，这是检验一个采访者成熟、老练程度的标志，也是采访深入、报道深刻与感人的前提。谈话，首先就得有亲切、自然的谈话气氛，而解决问题的关键，则是要求通讯员将所要发问的问题设计成讨论形式，然后，对方就这些问题展开讨论，那么，就易谈得自然、亲切、深刻。

总而言之，作为一名通讯员，采访提问时应该重视自己的态度。如果把向被采访者提问看成向对方学习，学习就必须礼贤下士，有个谦虚的态度。虚心才能学到东西，才会使采访对象把你看成朋友、看成学生，真诚地和你交谈。

七、在平等的采访氛围中显出提问的尖锐性

在采访活动中，抱以怎样的态度和情绪，往往影响思路的拓展和对有效信息的获取。采访者与被采访对象的关系是一种平等的关系。如果把新闻采访的具体操作视为一种优越资本，势必造成采访对象的抵触情绪，从受众的收听、收看效果来看，也显得高高在上、没有根基。而过于温和，又很难得到采访者想要的东西，因此，如何在平等的氛围中显出提问的尖锐性，才是提问的关键所在。

说起来容易，做起来难，许多采访者不知不觉就被采访对象带到了他们的思路中。央视节目主持人王志说："关键是要摒除杂念，我又不是有求于你，你答应我采访就应该配合我。如果想得很复杂，把你得罪了怎么办，那就必然会心虚，难免被别人牵着鼻子走。你接受我采访，我很感激，因为你配合了我的工作，除此之外不能有其他心态。"但在一些电视节目中，常看到有记者对一些被采访对象盛气凌人，且不顾被采访对象的感受，就是观众看了也不舒服。事实上，即使被采访对象是一名在押罪犯，他的人格也应该受到尊重和法律保护。所以说提倡提问风格的平等性很重要。

提倡平等性并不等于失去了原则立场，也不等于对任何事情持中庸态度，面对棘手的事件，为揭示它的真相，提问必须一针见血，它的尖锐性要得到体现。

特别是在舆论监督报道中，被监督对象本身并不想说什么，甚至掩盖都来不及，如果没有好的采访方式，显然不会有好的收获，而如果问不到点子上，舆论监督的效果就会大打折扣，因此平等的采访是一种处事原则，但挖出采访的实质内容才是提问的目的。

八、记采访笔记要注意的几点

准确、详尽、清楚、精当的采访笔记，是加工冶炼新闻成品的原料仓库。

因此，许多经验丰富的通讯员，都很重视记好采访笔记。随着科学技术的发展，录音机、摄像机等先进设备的使用在新闻采访中越来越普及。但有的场合使用这些设备，往往容易使被采访者感到拘束。所以，记好采访笔记永远是通讯员应掌握的一门重要技术。

怎样记采访笔记？常用的基本方法有十条。

1. “眼见”要注意抓特征

新闻采访的十八般武器，“眼睛是最锐利的武器”。采访中要注意用眼睛观察，以抓取采访现场和采访对象的一切外部、外在及外貌特征。采访时眼睛观察到的东西很多，一般来说，与采访对象和写报道有关的、有特征的均应记入笔记。

2. “耳闻”要注意抓重点

“耳闻”，即口头采访。不仅要听，还要问，与被采访者讨论。这是最基本、最常用的采访方式。口头采访，不可能也没必要将被采访者的谈话内容一句不漏地记下来，而要集中精力抓要点。

3. 记“事”时不忘记“识”

“事”即事实材料，“识”即思想认识。

对采访中听到的故事和事实材料很重视，询问记录得也很详细，这是必要的。对被采访者介绍故事和事实材料过程中，所表述的思想认识、好的见解等内容更要记好。因为记“事”不记“识”，就如同只留住了盒子，而忘了其中的宝贝。实践证明，记“事”中不忘记“识”，采集的事实材料才有灵魂，写出的报道才有思想深度。

4. “人云”也要记“己思”

“人云”，他人所讲；“己思”，自己所思。笔记要边记采访时的现场观察和被采访人的谈话内容，边记采访者当时的思考、判断、推理及得出的结论。比起那种采访中只顾埋头记，不动脑子想，采访之后再从头熟悉、消化材料、构思写作提纲的做法，往往会收到事半功倍的效果。

5. 记下被采访对象重要的、关键时刻的原话

原话是最珍贵的历史记录，新闻写作中，引用被报道对象关键时刻的原话，往往使人物性格更加突出鲜明，使作品生辉。记原话最重要的是准确，只有准确，才有使用价值，才能鲜明地表现人物的性格特点和思想风貌。

6. 记下拨动心灵处

新闻不是纯客观报道，新闻要教育人，首先要感动人。感动人就需要有激情。新闻采写是一个带有强烈感情色彩的活动。通讯员的政治倾向、思想感情，贯穿在整个采访活动的全过程。对感动自己的地方，采访中一定要足够重视，并记录下来。

7. 记下疑问处

采访中，由于各种原因，被采访者提供的同一事实、细节、时间、情景等，有时有出入，甚至互相矛盾。对于这种当时或仅靠一人无法搞清楚的地方，要记

下来，以便进一步核实。

8. 记录要及时整理归类

通讯员应该养成及时整理采访笔记的习惯。整理，实际上是一次对素材再加工的过程，也是积累资料的有效方法。不但可以使采集到的新闻素材更加完善、系统化、条理化，有助于综合利用新闻资源，还可以起到练笔的作用。

9. 记录要力求准确、详尽、清楚

记笔记，越准确、越详细越好。此外，字迹还要清楚。有的采访笔记，可能就是当时用一次，没有保存价值，有的则可以作为自己的资料，有的重大事件的采访资料还要长期保存。

10. 记录要提高速度

掌握既快又好的记录技术，是新闻采访的一种特殊需要。

在记录中可以创造出一套适合自己习惯的快记本领和记录符号。

将常用的固定长句、词组，简写或缩写，如“公共汽车的行驶路线”写为“公汽~线”。有的记者还创造了一些其他的记录符号，只要自己固定使用，约定成习，也不失为方法之一。

九、做好采访记录需要掌握的要点

做好采访记录，是通讯员采访过程中的一个重要环节。要想做好采访记录需要掌握以下几点。

1. 记要点

由于通讯员采访时，不可能把对方的话全记录下来，也没有必要全记录下来，那么记些什么呢？有的采访记录中，没有抓住采访的重点，这是相当失败的。记要点，也就是记下采访事件发展过程中的几个主要环节，思想认识的几个主要方面，人物事迹的几个主要情节，某一项工作的主要经验教训及重要背景材料。

2. 记特点

一般来说，与被采访对象和与报道有关的有特点的东西都要记录下来。

3. 记易忘点

这通常包括时间、地点、人物的姓名、数字、地方方言、人物的个性语言及各类业务专用术语等。

4. 记疑点

在采访中常常有以下一些情况发生：对采访对象的谈话一时还不能理解，或者还有疑点，由于各种原因，被采访者所讲的事实不详尽，与旁人介绍的有出入，出现了疑点。应记下这些疑点，待采访告一段落时，请对方给以解释或补充。比如，采访一个先进人物，对方谈他是怎么工作的，很可能全是流水账，这样记录下来就显得缺东西。这时既要按照对方讲话的思路往下记，又要将自己想出来的问题记录下来。

十、采访时要不断构思

在采访过程中，采访者对采访事实和当事人表达出一种认识、见解，冒出一些思想“火花”，灵机一动，突然觉得文章这样或那样开头最好。对这些一闪即逝的灵感，要简单地记下来。一名有经验的通讯员，往往在采访过程中就为写作打好“腹稿”，采访完成，腹中构思的新闻胚胎也就大致形成了。

采访和写作，实际上是一个统一过程的两个阶段。前一个阶段，在采访过程中明确要写的稿子的主题思想，打好腹稿；后一个阶段，以主题思想为统帅，边构思边剪裁运用采访材料，写成稿子。这两个阶段互相连贯，互相渗透，很难完全分开。

实际操作时，最好是在采访本上，每一页中间都留一条空白，一边记上采访时的现场观察和被采访人的谈话内容，另一边记上通讯员自己当时的思考、判断、推理及得出的结论。有的事实材料旁边，还可以记下自己回去写稿时，准备如何运用这些材料的设想、角度等想法。著名导演谢晋说过，第一次看电影文学剧本，总是把自己看第一遍时流泪的地方记下来，在导演时紧紧抓住不放。这一点对于记采访笔记也是值得借鉴的。记下采访中的思考，是一个边采访、边消化、边构思的过程。

第二章　通讯员新闻写作概述

第一节　新闻概述

一、新闻的含义和特点

1. 新闻的含义

新闻有广义和狭义之分，狭义的新闻是指媒体对社会新近发生的信息的传播，广义的新闻指社会新近变动的消息。

新闻，是以宣传为手段反映当前生活的一种社会意识形态。新闻是报刊、广播、电视经常大量运用的一种文体。新闻，是消息、通讯、特写、速写等体裁的统称。

2. 新闻的特点

新闻主要有以下几个特点：

（1）真实性

新闻，要求报道真实的事实。人们通过这样的真实事实，可以启发人们了解大千世界的风云、社会发展的趋向，生活演进的动态……

真实性，是新闻的生命线。如果新闻不是写生活真实的事实，那就不会取得人民的信任。新闻中所列举的真实事实还必须是典型的、带有普遍意义的能反映本质和主流的真实事实。

（2）实证性

实证性，就是说新闻要让事实本身说话。新闻反映生活的特殊规律主要就是让事实本身说话。

写出确定事实的基本要素。一般应交代清楚有关的人物、事件、时间、地点、因果、意义等要素。

(3) 及时性

新闻既然是新近发生或发现的事实的报道和述评，那么就必须有新的事实，新的内容，表现出新的特点与新的意义。否则，写人家已写过或人家早已知道的过时的事实、过时的内容，或者一条新闻隔了十天半月才报道，那就不叫新闻了。要突现新闻的“新”，就得要及时地捕捉，及时地采写，及时地报道。可以说新闻是一种极重时效的文体。新闻的价值很大程度上取决于迅速及时地采写与报道。

(4) 广泛性

新闻是由新闻机构发布的，它是面向全社会，对广大群众传播最为广泛的信息形式。正因为新闻具有这样的广泛性，所以新闻一经发布就会引起全社会广泛的关注，产生广泛的影响。

(5) 开放性

由于新闻是不受空间限制的一种宣传形式，因而它具有冲破闭锁隔绝现象的开放性。由于有了迅速灵敏的新闻传播，使当今世界每个角落发生变化的重要信息，能在瞬间传遍全世界，于是遥远的距离得以缩短，孤陋寡闻者得以开阔视野，居于斗室、足不出户可以了解宇宙星云、天下大事。

(6) 变动性

新闻以生活中发生的具有新闻意义的事实作为归依。而生活中的事实不断地有所变动，新闻所要反映的正是变动中的客观事实。

二、新闻材料和新闻背景

1. 新闻背景材料

新闻背景材料是新闻事实的从属部分。

新闻背景材料在新闻报道中的位置却是灵活多样的，不是固定不变的。

2. 新闻材料

新闻材料只是采访所得材料的一部分，特指写入新闻作品中的材料。新闻材料不等于采访所得材料。

在新闻写作中直接材料和间接材料都不可少，它们是相辅相成的。

(1) 从获取材料的方式分

新闻材料可分为间接材料和直接材料。

①间接材料是新闻报道中运用最多的材料，间接材料就是别人提供的材料，记者的报道实际上是转述别人提供的材料。从新闻事实到记者，中间经过一次转述者，叫第二手材料；经过两次转述者，叫第三手材料；经过三次转述者，叫第

四手材料，以此类推。需要注意的是，转述的次数越多，失真的可能性就越大。因此，记者在运用间接材料时，要认真分析。

②直接材料正是记者从新闻现场亲耳所闻、亲眼所见、亲身所感得来的，比起间接材料要真切得多，给广大群众的感觉也可信得多。直接材料在报道中常常成为最重要、最生动的材料。直接材料的优点是真实可信，生动形象，而且对间接材料还有订正作用。

（2）从材料性质分

新闻材料可分为言论性材料、新闻事实材料和背景事实材料三种。

①言论性材料是指，记者引述别人的言论来说明新闻意义、本质的材料。

②新闻事实材料，是新闻报道中的主体材料，也是新闻评论中的主要论据。构成新闻事实的具体材料包括事件的称谓、规模、形态、原因、结果，事件发生的时间、地点，事件中的人与物，等等。

③背景事实材料是指，记者在新闻报道中为了说明新闻事实的真实情况而引用一些与新闻事实有关的历史事实或现实生活中的相关事实来衬托新闻事实的材料。

3. 新闻背景

所谓新闻背景，是指新闻事实发生的历史条件、现实环境。能对新闻事实起到说明、补充、衬托作用的历史条件、现实环境，又被称作“新闻背后的新闻”。

新闻背景可分为以下几类：

（1）从材料的性质内容角度分

背景材料可分为政治背景材料、经济背景材料、文化背景材料、地理背景材料等，也可分为人物背景材料、事物背景材料，等等。

（2）从新闻背景与新闻事实的时间和空间距离分

背景材料可分为纵剖面背景材料与横断面背景材料。纵剖面背景材料，也就是历史性背景材料；横断面背景材料，就是现实背景材料。

第二节　新闻报道概述

一、新闻报道的含义和分类

1. 新闻报道的含义

所谓新闻报道，就是媒体对新近发生的事实的报道。新闻的本源是讲究用事实说话，新闻是对客观事实进行报道和传播而形成的信息，反映在新闻信息中的内容必须对事实进行真实传达。但是，客观事实本身不是新闻，被报道出来的新闻是在报道者对客观事实进行主观反映之后形成的观念性的信息，是记者把自己对客观事实的主观认识传达出来而产生的信息。

2. 新闻报道的分类

（1）按照新闻事实发生的地域和范围来分：有国际新闻和国内新闻。

（2）按照新闻的性质来分：有政治新闻、经济新闻、科教新闻、军事新闻、社会新闻、文艺新闻、体育新闻和会议新闻等。

（3）按照新闻的特点来分：有事件性新闻与非事件性新闻，单一性新闻与复杂性新闻，动态性新闻与静态性新闻，本体新闻与反应新闻。

（4）按照新闻的题材来分：有典型报道、综合报道、述评性报道、批评性报道。

（5）按照新闻传播的手段来分：有口头新闻、文字新闻、广播新闻和电视新闻。

二、新闻报道的要求

1. 新闻报道的基本要求

新闻报道的基本要求是保证新闻报道的真实性、时间性和思想性。此外，新闻是选择具有新闻价值的客观事实进行报道，对客观事实的选择也是新闻报道的一个重要环节，是新闻写作活动中选择素材的过程，没有意义或意义较小的客观事实一般不能成为新闻报道的对象。

2. 新闻报道的具体要求

（1）新闻报道的真实性

新闻报道的真实性主要包括以下内容：

①新闻五要素必须明确无误

新闻五要素即新闻的时间、地点、人物、事情经过和事情发生的原因必须具体、确凿，不能含糊不清。

②不能搞虚实报道

新闻事实发生的环境和条件、过程和细节、人物的语言和动作（包括心理活动和思想活动）都不能进行“合理想象”式的报道，更不能搞虚虚实实的“创作”式报道。

③引用材料必须有根有据

新闻中引用的数字、引语、用典，以及其他背景材料都必须有根有据。

④尊重事物的本来面目

新闻中对事实的解释和说明，必须符合事物的本来面目，不能夸大、扭曲或变形。

（2）新闻报道的时间性

新闻报道的时间性指的是新闻报道的及时性、时效性、时宜性。新闻报道的时间性要求的具体内容是：

①新闻报道必须迅速及时

迅速及时地反映生活的变化是新闻的主要特点之一，只有保证新闻报道的及时性，对新近发生的事实进行及时反映，才能充分发挥新闻报道的作用。

②报道新闻要在真实、确凿和不泄密的基础上求快

真实性是新闻的生命，对新闻报道的其他要求都不能违背这一原则，一定要在对事实进行充分了解与核实的基础上进行报道。同时，还要考虑政治方面、法律方面的因素，保证在不泄密不触犯法律的基础上进行报道。

③要注意掌握新闻报道的时宜性

及时的新闻，一般应该是切中时弊的，是当前人们关心的或感兴趣的，是能够对当前的实际生活产生一定影响的。

（3）新闻报道的思想性

新闻报道的思想性的具体要求是：

①新闻报道中要体现马列主义的立场、观点和方法。这一点体现在记者对待新闻事实的报道立场、分析方法与所持观点方面。

②新闻报道要密切结合当前形势、任务，有的放矢地提出问题和解决问题。这一点主要体现在报道的主题方面。

③新闻报道要正确地宣传党的方针政策。这一点主要体现在新闻报道内容方面。

三、新闻报道的基本方法

1. 概括事实

这是报道新闻的基本功之一，任何新闻报道都离不开对客观事实的概括，这不仅因为要用语言传达任何客观事件的总体情况和来龙去脉都需要概括，还因为新闻一般要求精练、简明。对新闻事实的概括要立足全局，抓住特征，正确反映整体。

2. 精选事例

在报道中，结合对事实的概括报道，选择一定的具体事例，既能提示新闻报

道的主体，又能使报道生动感人，这些事例不应随便选，而应具有典型性、具有鲜明个性，能够说明问题、能够给人留下深刻印象。

3. 再现场景

再现场景就是将新闻事实的现场情况逼真地描写出来，产生使人如临其境、如闻其声、如见其人的效果，从而增强报道的说服力和感染力。

4. 对比衬托

在新闻报道中使用对比性材料能够更明确地表达记者要说的话，比如揭示新闻事实的意义，突出新闻事实的变动程度等。

总之，新闻报道与文学作品、评论文章、理论文章不同，它的主要内容是对事实的报道，记者的观点、感情也要通过对事实的报道来体现。但是，新闻报道用事实说话，并不是绝对排斥议论和抒情，有时在报道事实的同时加上一两句精辟议论，可以使人们更好地理解新闻事实；真诚而自然的一两句抒情，可以增强新闻报道的感染力。

第三节　新闻写作概述

一、新闻写作的原则和特点

1. 新闻写作的原则

(1)“用事实说话”原则

“用事实说话”，就是通过报道事实向读者阐明某种思想和观点。作者的倾向性通过事实自然而然地显示出来，而不是特意将它指出来。

西方新闻界提倡所谓的“客观报道”，还在新闻分类上提出纯新闻、硬新闻等概念，以强调用事实说话的原则。对此，我们应有自己的分析。

首先，我们要指出，真正纯客观的新闻报道是没有的。新闻作者报道任何事实，都不可能没有自己的观点。即使在文字上没有明显的倾向性，在题材的选取和应用上也必定有倾向性，不然，就无法解释他为什么选择某一事实而不选择另一事实，为什么对某一细节详细叙述而对另一细节却一笔带过或干脆不提。自以为纯客观报道，其实是一种不露声色地影响读者的技巧。

其次，我们要学习“客观报道”的技巧。早在1956年6月28日，刘少奇同志在同新华社负责人谈话时就指出：我们“要学习资产阶级通讯社记者的报道技巧，他们善于运用客观的手法，巧妙的笔调，既报道了事实，又挖苦了我们，他们的立场站得很稳”。那时，我们对新闻技巧的掌握还不纯熟，向西方记者学习的确是必要的。现在我们已经有了一整套用事实说话的方法。总之，我们虽然并不认同那种“纯客观”的说法，但我们坚定地恪守用事实说话的原则。

（2）精选事实，以小见大原则

新闻写作者必须有一对慧眼，能在纷纭的现实世界中精选出最有价值的事实。有价值的事实未必就是大事，有时，一个小小的事实却能显示出整个社会的特点。人们说，一滴水能映出太阳的光辉。在新闻写作中，我们就是要努力地寻找能够映出太阳光辉的这一滴水。

（3）正反并举，对比衬托原则

有比较才能有鉴别，有时，新闻作者只需将今昔、正反等不同的事实组织在一起，读者自己就会通过比较得出结论。

（4）集点成面，点面结合原则

这里所说的“点”，指发生在特定时间和空间中的具体事实。“面”，则是指整体的面貌。“面”虽然也是事实，但需要归纳概括，不像“点”那样具体客观。要想充分地体现“用事实说话”的原则，集“点”成“面”是一个有效的方法。

（5）目击实录，再现场景原则

在新闻叙事中，现场目击的记录、亲身经历的讲述、口述实录，最具现场感和逼真性，也最能体现“用事实说话”的原则。这三种叙事方式的共同特点是：

首先，采用第一人称叙述。作者或被采访者现身说法，讲述自己的亲眼所见和亲身经历，提供给读者的是不容置疑的第一手材料。

其次，事件在“现在进行时态”中展开。在这样的叙事中，读者能获得同步经历的真切感受。

最后，逼真的现场感，形象生动。

（6）要言不赘，画龙点睛原则

新闻写作提倡“用事实说话”，并不是一味地排斥议论。相反，适当时候那种言简意赅、一语中的的议论，能够使事实更清楚、更完整。在仅仅叙述事实不能准确传达意蕴，或者事实的意蕴过于隐蔽，不在一定程度上予以揭示容易引起误解的时候，适当的议论跟新闻报道的客观性原则并不矛盾。不过，在新闻中议论切要注意以下两点：

首先，议论必须是从新闻事实中自然而然引发出来的。不是离开事实的任意发挥，也不是在事实之外硬贴上一张理性的标签。

其次，议论必须是要言不赘、十分精练的。传说张僧繇画金陵安乐寺四白龙，点睛后即飞腾而去。新闻事实就是那龙，而其中的议论就是那点睛之笔。这个比喻说明，有了点睛之笔，文章才能活起来。同时也说明，点睛之笔，一点而已，文字上惜墨如金，十分简约。

(7) 适时引语，借口说话原则

有时，新闻的作者也可以把自己想说的话，借别人的嘴说出来。如果自己出面评论新闻事实，是主观的议论，但是将别人对事实的评论记述出来，就是一种客观报道了。在新闻叙事中，这也是一种可取的手法。需要注意的是，所引的别人的语言，必须是真实的、准确的，不得歪曲原话，不得断章取义。有时还有通篇借口说话的写法。

2. 新闻写作的特点

(1) 敏于捕捉

新闻工作者，要写出好的新闻，就需要有敏于捕捉蕴藏在现实生活中的丰富而有意义的新闻题材的特长。新闻工作者就是要追新逐异，并且着力于标新立异，新闻要力避老生常谈地依样画葫芦，力避不能敏锐报道与评述生活的陈腔滥调。但对生活中的种种“新异”，一般人往往习以为常，熟视无睹。加之生活在前行的轨迹中闪现的新光异彩，总是一掠而过，一瞬间便成陈迹。这就要求新闻工作者有敏锐地捕捉新异从而摄取新闻的能力。这种敏锐能力不是轻易就能具备的，需要新闻工作者有较高的思想理论修养，深入生活，留心各种各样的事情，将新的发现、新的感受、新的分析思考写进“新闻手记”。这样的功夫下得越深，捕捉新闻的敏锐感就越强。

(2) 勤于采访

新闻工作者的实践，主要是指采访的实践。

采访是一门专门的科学，采访是一个完整的系统工程，采访也是一种独特的艺术。

采访要顺利进行并获得理想的效果，就要拟写采访提要，找准采访对象，注意采访方式。

(3) 精于构思

有了从采访中获得的真实情况，要拟定出切乎要旨的新闻稿，还要精心构思。一篇新闻立什么主旨，选取什么材料表现主旨，材料的详略处理，先后安排等，都得一丝不苟地精心构思。这里的一个“精”字体现了写作主体的匠心独运。

(4) 疾于运笔

如果有了材料，又下过一番构思的功夫，就得疾于运笔，迅速成篇，交付发表，这样才不致贻误时机。

运笔要“疾”，不仅仅是从时间上要求快，还要快中求好。

运笔之疾的能力，是从艰苦笔耕中获得的，只有勤耕不辍，才能有敏捷的才思，才能“妙笔生花”。

二、新闻写作的基本要求

1. 新闻要真实

（1）新闻写作的生活真实与本质真实

通常，人们把真实区分为生活真实（现象真实）和本质真实两种类型。简单地说，在生活中真正发生了的事实，属于生活真实；未必是在生活中真正发生过的事件，却能反映出生活的本质和规律的，称为本质真实。

有些文体，只要求具备两种真实中的某一种。而新闻作品，则要求生活真实和本质真实同时都具备。

新闻写作是再现形象，所陈述的事实，所描写的人物、景物，都实实在在存在着。新闻写作的任务是记录这些实在的事件、人物、景物，通过记者的眼、笔或口，再现给受众。从生活真实方面说，新闻写作要求：

①所写的内容，在时间、地点、人物、事件、原因、结果六个方面，都必须与事件发生的原始状况相符。

②在写作细节方面，必须认真、准确，不能编造，更不得添油加醋、移花接木、夸大缩小。

③在使用引语时，必须照引原话，可有合理的选择，但不得对原话进行歪曲、增删，也不能断章取义。

在本质真实方面，新闻写作要求：

①运用于分析和解释的背景材料必须真实、准确；

②所运用的判断、推理等思维形式必须正确，合乎逻辑。

（2）在文本中真实能否真正实现

在文本中真实能否真正实现？这是一个很复杂的问题。新闻是以语言为媒介的信息载体，不是事实本身。在新闻中语言是表达现实生活的工具，但语言和现实生活毕竟是异质的东西，不可能完全等同起来。

由于语言和现实生活的异质性，当我们把现实生活转变为语言的时候，新闻不可能对现实进行复制和还原，只能是对现实的摹写和表现。在用抽象的语言文字表达现实生活时，一定的模糊性、伸缩性、不确定性是不可避免的。所以，新闻文本和它的表现对象之间，只能是相近、相似的，而不会是完全相等、相同的。如果认为新闻的真实是相对的，新闻的内容与事实本身相符（而不是完全吻合）就是真实的，那么，新闻真实的实现并不十分困难。

（3）新闻失实的表现

在新闻写作的实践中，经常出现失实报道。主要表现形式为：

①捕风捉影，无中生有。无中生有，这种现象较少见，但情节最为恶劣。有两种情况：一种是记者自己捏造的。少数记者私心作祟，为了搞“独家新闻”一鸣惊人，苦心孤诣炮制假新闻。20世纪70年代报上登过一则“美人鱼”的照片，鱼头，女人身，文字注明此美人鱼是在非洲某一湖里发现的，后来弄清楚是用鱼头照片和女人身体照片剪贴拍出来的。

像这样采访不深入，道听途说，捕风捉影，造成失实的情况很多。但只要坚持实事求是的原则，有认真负责的写作态度，就不会做出这种欺骗读者的行为。

②张冠李戴，移花接木。在新闻写作中，这种张冠李戴、移花接木的手法，绝对不能用。就是把甲做的事情转移到乙的身上，或者把两件没有多大意义的事情像树木嫁接一样组接成一件事，采取小说创作中那种“杂取种种，合成一个”的方法，也许真可以“化腐朽为神奇”，制造出一个很有价值的新闻来。只是，这样写出来的纯属假新闻。

③添枝加叶，夸大事实。在新闻报道中，如果能有一些生动精彩的材料，当然可以提高新闻的可读性，甚至使新闻的质量上升一个档次。但是，这些材料是可遇而不可求的，如果没有，不能编造。

另外，有些报道在强调某点的时候，运用夸张的方法，说一些夸大不实的话，这也是应该严格防止的。

过度的夸大容易防止，小处的添枝加叶却是不少人都有的习惯。破除虚荣心和名利观念是关键，绝不能为了个人利益，写有偿新闻，胡乱吹捧，伤害读者。

④现象虽有，本质失实。客观事物的现象是纷繁复杂的，人们在认识过程中常常不能一下子就把握住它的真相和本质。如果只抓住了一些表面的现象甚至是假象进行报道，虽说文中所写的具体事件是真实的，时间、地点等各种要素也没有偏差，但由于认识和评价与实际不符，仍然是失实的。也就是说，现象是真实的，本质是失实的。

现象是否真实是硬性的，可以用种种客观的手段进行核查。本质是否真实是软性的，本来就没有有效检验的手段，再加上作者是对自己的主观认识的准确性进行检验，当然更难发现谬误。不过，如果能够反复核查事实，多方征求意见，加上自己多方向多层次的深入思考，真正把握住事物的本质也不是太困难。

⑤曲解事实。在报道中，曲解事实的新闻也时有发生。比如1995年9月，电视台一条新闻说：今年报考师范院校的学生比往年明显增加。原因是由于教师工资待遇提高，社会地位提高，使更多的考生选择了教师职业。实际上报考师范院校人数增加的主要原因是其他许多院校都改为交费上学，而师范院校是公费上

学，对于大多数中低收入家庭的考生来说，不得不更多地走向师范院校。不仅师范院校，农林、地矿等院校的考生也较过去增加，而同时师范院校的应届毕业生中仍有不少人设法“跳槽”。

这种新闻失实多是为了迎合某种政治需要，配合某项宣传任务而强扭角度造成的，或者是由于片面地孤立地简单化看问题造成的。

（4）坚持新闻真实性是记者的职责

捍卫新闻的真实性原则，是记者、编辑的神圣职责。

①实录不等于自然主义记录。面对新闻事实，记者可以报道，也可以不报道；可以速报，也可以待时再报；可以重点报道，也可以淡化处理。但是报道出来的内容，必须和实际发生的事实相符。新闻记者是时代的记录者，就应该坚持实录精神。事实是怎样的，就怎样报道，不唯上，不唯风，更不唯利，只唯实。

②坚持“实事求是”精神。记者对于新闻事实的可见形象，坚持实录就坚持了真实。对于新闻事实的内在本质、原因、意义的揭示，仅靠实录是不够的，还需分析、研究。而分析、研究，必须“实事求是”，“实事”就是面对的新闻事实以及背景事实；“是”就是事实的内在本质，内含的道理、原因等；“求”就是从总体上，从相互联系中，认识新闻事实的本质，把具体事实的真实和总体本质的真实统一起来。

③提高记者、编辑的辨别力。辨别力，是经验、知识和分析能力的综合表现，需要长期的积累、锻炼。需要观察，需要思考，需要实践，需要理论。记者、编辑必须深入实际，参加到人民群众的实践中去。记者、编辑要深入实际，又要出于实际、高于实际，也就是说能用马列主义、毛泽东思想的科学原理和科学方法，认识实际。

记者、编辑只有在具备敏锐的观察力和辨别力的情况下，才可能及时识破假象，不被谣言迷惑。

2. 新闻要精练

（1）新闻以短为主

新闻的短，并不是说只要短就好。短只是形式上的要求，在内容上，还要求丰富精深。其具体要求为：

①现代社会讲究快节奏和高效率，拖沓的新闻不受欢迎。

②新闻的传播一般都是一次性的完全传达，不宜太长。新闻不像文学作品那样，可以在长长的一段时间里慢慢品读，一本书一篇妙文可以读上一年半载甚至数年，新闻必须在极短的时间内完成信息传递，自然不能写成长篇。

③读者要求新闻提供足够的信息数量，以便对社会现实有全方位的了解。这样，每篇新闻的篇幅就必须短小精悍。

④新闻媒体的版面和时间有限，容不下鸿篇巨制。虽然现在新闻媒体越来越多，报纸的版面越来越大，广播电视的播出时间也在延长，但它们的新闻版面和栏目依然容量有限。

（2）把新闻写短的方法

怎样才能把新闻在形式上写得短，而且内容又丰富精深呢？下面几点仅供参考。

①一事一报。一事一报适用于多种新闻体裁，是新闻写作追求简洁精练的手法之一。集中报道一件具体的事实，不蔓不枝，笔无旁涉，自然容易把新闻写得短小精悍。

②提取精华。对于复杂的事件，要想写得言简意赅，可采用提取精华的写法。下例中，虽因概括性太强而稍感觉枯燥，那也实属无奈，但文中的数字和比率，即精华部分，使事件有了清晰的描述，仍不失为一篇成功的报道。

③巧取一隅。对于复杂的事件，还可以只表现它的一个小小的局部，把更多的部分留给别人去写。这样写虽有不够完整之嫌，写好了也不乏新鲜感。把一个局部强调出来，本身就有些出人意料，立意不俗，就容易吸引读者。

④选材典型。选择典型事件，就是选择那些既有共性特征又有个性特点，有着广泛代表性和强大说服力的事件和材料。人们通过典型事件，能够举一反三，由个别见出一般，由现象认识本质。

⑤以小见大。下面这则新闻，从农民买电脑、上网，在网上谈生意这一小处着眼，从而让读者看到了农村日新月异的变化和中国改革开放以来的新面貌。

【写作范例】

千人小村已有 75 台电脑
水龙村 21 家企业上网建主页

——1999 年 12 月 5 日《人民日报》

本报××12 月 4 日电　记者×××报道：户均拥有电话 1.18 部，每百户拥有计算机 25 部，每百户互联网注册率达 30%以上，村里 21 家产值 100 万元以上的企业在互联网上建主页，有一个村级综合信息库及一个集语音、数据、图像“三网合一”的信息网络，因此，玉环县水龙村最近成为××省第一个“信息化示范村”。

水龙村是一个小村，面积不足 1 平方公里，人口不过千余，但它却是个经济强村，298 户村民中有 72.6%的村民自办企业，去年，该村工农业总产值达 2.366 亿元，村民人均收入 8800 余元，有 32 家企业年产值超 100 万元，有 6 家企业年产值超1000万元。

随着经济的迅速壮大，水龙村的农民企业家们越来越感到，必须及时获取市场信息，必须与省内外、国内外商家建立广泛而便捷的联系。近几年，不断有村民购买计算机，上互联网。今年4月，玉环县政府决定把水龙村建成“信息化示范村”。村委会出台优惠政策，买电脑者奖励800元，上网手续费由村集体支付，并举办了两期共40多人参加的电脑培训班，大大加速了“信息化示范村”创建进程。到今年10月，全村已拥有计算机75部，已注册互联网用户91户。

水龙村在创建“信息化示范村”过程中，发生了三件意想不到的事：第一件是意大利用户在网上寻找中国各类汽车配件的化油器产品时，相中了水龙——玉环县化油器总厂的产品，他们专程赶到该厂洽谈，现已有了意向书；第二件是××市汽车部件贸易公司在网上了解到水龙村的有关信息，派出3人到水龙村考察了8个企业配件生产现场；第三件是澳大利亚一位客商在互联网上查到了水龙阀门厂的网页，即派人到该厂考察，并提供图纸，提出厂方专营、产品包销等意见。经这几个月网上洽谈，现在生意已经做成，阀门厂的产值因此从300万元跃升到1200万元。

⑥跳跃组合。叙述事件，一般都要沿着设定的线索，或时间顺序，或空间顺序，井然有序地向前推进。凡有转折处，则要安排过渡段、过渡句或关联词语架桥铺路，实现文脉的贯通。而在新闻写作中，有时为了压缩篇幅，干脆取消过渡语句，直接把不同角度、不同阶段的事实一条条摆出来，段与段之间有着明显的断裂，这就是跳跃组合。

3. 新闻要快速

（1）新闻写快的方法

“快”是新闻的传统。网络新闻的面世，把这个传统发挥到极致。许多网上新闻报道的是刚刚发生、正在发生的事儿。

①须具备新闻敏感，具备较高的分析事物、洞察事物的能力，以便能够迅速抓住采访所得材料中最新鲜、最有价值、最本质的东西，这是写快的先决条件。

②要有熟练的新闻写作技能。熟生巧，巧生快，这是一条规律。

③要有争分夺秒的精神。不要等采访完了，四平八稳地坐下来写，应该在采访的同时就构思写，甚至是边访边看边写。动态性报道应该是采访完了，稿件也基本写出来了。

④事先酝酿。对于一些预发生事件，可以在事件发生前根据已掌握的材料写好初稿或片段，等新闻事实发生时，再到现场边访边修改。例如一些重大庆祝活动、外事活动，乃至一些体育新闻，常常采用这种方法，但必须注意实事求是，不能不顾

实际。

⑤要学会写短新闻，短才能快。1984年新华社记者高××仅用10分钟左右就采写了我国运动员许海峰在美国洛杉矶第23届奥运会中以566环的好成绩获男子自选手枪冠军这一好消息。

【写作范例】

我国选手获得奥运会第一块金牌

——新华社洛杉矶1984年7月29日电　记者高××

中国在奥运会历史上“零的纪录”的局面在今天11时（北京时间30日凌晨2时10分）被中国射击选手许海峰突破。许海峰以566环的成绩获得男子自选手枪冠军，夺得了本届奥运会的第一块金牌。

中国体育代表团副团长陈先在许海峰获得金牌后对新华社记者发表谈话时说，这对中国运动员是极大的鼓舞。这是中国在奥运会历史上得到的第一块金牌，实现了“零”的突破，在中国体育史上具有深远的意义。他表示感谢运动员和教练员做出的艰苦努力。

许海峰今年27岁，是安徽省供销社的职员。他在获得金牌后对新华社记者说，这还不是他最好的成绩，只不过是正常发挥了技术。他最好的成绩是583环。他表示要不骄不躁，继续努力，争取今后取得更大成绩。

（2）新闻快发的方法

①事前准备。事前准备包括心理准备和材料准备两个方面。心理准备就是“时刻准备着”的精神状态，一旦有新闻事件发生马上就能放手抓住。材料准备是对可能发生的新闻在事先所做的必要了解。

②采访及时。记者在发现新闻线索后，要立即到位进行采访。现代先进的电子设备和通信工具，为记者采访提供了许多便利条件，如可以利用录像、录音的方式进行采访，甚至可以用电话对千里之外的人进行采访。

③出手成章。“出手成章”就是写稿快，能在几分钟或十几分钟内写成一篇短新闻，能在一小时或几小时之内写完一篇较长的通讯或专访。除“出手成章”外，还要有“出口成章”的本领。有些新闻为了赶时间，来不及写出稿子来，就直接向编辑口述。

④迅速传递。现代新闻的传递手段很多，例如电报、电话（尤其是无线电话，更为方便）、传真、电子邮件等。现在实行的实况转播，那更是快到了极点。

4. 新闻要鲜活

新闻除了事实新鲜、角度新颖以外，行文时还要注意做到形象生动，让读者如闻其声、如睹其物、如临其境。具体写作时要注意以下几点：

（1）抓好细节

下面这则消息，尽管作者没有展开详细描绘，但是这个3岁小娃娃边吃早餐边看通知，以及最后声明“我不去”时的神态表情，还是跃然纸上，令读者忍俊不禁。就是这两个细节，把整个消息带活了。

【写作范例】

三岁娃娃将被征入伍

合众国际社纽约电

谁也搞不清楚这是怎么一回事儿——本周五，居住在纽约市约克城高地的3岁小女孩皮丽·夏普洛收到了应征入伍通知书。

昨天，她像平时那样吃早餐，她边吃边看一张华盛顿征兵处寄来的通知单。根据这张通知单，她得在“从18岁生日那天起30日内报到入伍”。

尽管小皮丽仍有许多年时间考虑这件事，但她已明确表示：“我不去！”

（2）写出人情

要想写好事，先要写好人。而要想写好人，就必须写出他的人格、性情。

（3）扣人心弦

如果能让读者看不完不愿撒手，不管怎么说都是一种成功。这首先来自事实本身的魅力，其次还要看作者组织材料和表达的功力。

要想扣人心弦、引人入胜，仅靠事实本身的魅力还是不够的，还要讲究笔法。

例如下面这则报道的事实就很有魅力，但在笔法上稍有欠缺。

【写作范例】

澳机历险记

——1992年5月5日《工人日报》××

悉尼警方最近披露了一则令人惊异的消息：一位从未摸过飞机操纵杆的乘客竟能在飞机驾驶员因病昏厥的情况下，驾驶飞机飞行20多分钟，机上全体人员均安然无恙。听到这则消息的记者们莫不称奇叫绝并为之庆幸。

3月30日，晴空万里，澳大利亚的一位20多岁的飞机驾驶员精神抖擞地驾驶一架双引擎小型飞机从墨尔本飞往新南威尔士。飞机一直平稳地向前飞行着，乘客们也悠闲地看着电影。飞行了30多分钟后，驾驶员突然满头冷汗，因头部剧痛而晕倒。

除驾驶员外，飞机上还有三男一女共四位乘客，但他们谁也没有驾驶过飞机。得知驾驶员昏厥后，乘客们不觉心头一震。在这千钧一发之际，乘客中一位戴眼镜的男士挺身而出，立即机智沉着地充当起“飞机驾驶员”来了；正巧另一位男士熟悉电信业，他立刻发出了国际无线电求救信号；而其余的两位乘客，则全力以赴地抢救那位年轻的飞机驾驶员。这几位乘客在这险象环生的危急关头，显得秩序井然沉着冷静，这就是他们后来奇迹般脱险的关键。

墨尔本机场飞航管制员收到飞机发出的呼救信号后，当即通过电台发出了“如何使飞机保持平稳和正确的航向”的重要指示，同时他向上司报告了这架飞机的险情。机场当局马上举行紧急会议并当机立断派出一架直升机和一架飞机跟随那架正在历险的飞机以便及时给予引导和指示。“新驾驶员”得到及时的指导，感到激动万分，心里也踏实多了，于是便聚精会神地继续驾驶着飞机……

过了20多分钟后，那位得急病的飞机驾驶员奇迹般地清醒了，他立即接替“新驾驶员”，重新掌握起飞机的操纵杆，机上的全体乘客禁不住大声欢呼起来。又飞行了10多分钟后，这架历险的飞机便安全平稳地降落在丹尼利昆机场上。

这真是绝路逢生，可谓奇迹。

5. 新闻要幽默风趣

对新闻来说，总是进行严肃的说教是不行的，一定要讲究幽默风趣。下面这篇特写就具有十足的幽默风趣感。

【写作范例】

装了假牙的狗

——1939年2月9日×国《×××时报》

大多数狗的上排牙齿是尖的，就像一排字母“V”。

住在华盛顿西区3333号的麦克斯·芬克尔有一条愁眉不展的宠物狗巴斯特·芬克尔，这条狗的牙齿被磨圆了，就像一排字母“U”。

巴斯特是三年前到芬克尔家的，当时它长了一口结实的犬科动物犬齿。它能咬得动最硬的牛排，对客厅里的地毯也不放过，此外，餐厅里的硬核桃木家具它也啃得津津有味。

不管它的主人——一位牙科技师如何劝告，这条狗总是用错牙齿清洁剂。

食物的残渣在牙刷刷不到的地方堆积起来，发酵后产生了酸性物质，这使巴斯特痛苦不堪。

巴斯特不咧嘴还好，一咧嘴就难看得要命。

它的主人赶紧用科学为它解除痛苦，在它的坏牙上装了一副假牙。由于没有狗的假牙，便给它装上了人的假牙。

在巴斯特痛苦不堪的牙床上业已镶了两枚金齿冠。这狗一开始拒绝戴满口假牙，总是设法在院子里用爪子挖个坑把假牙埋起来，而不是夜间把它放在杯子里，用水泡它。

现在，巴斯特已经习惯了。

他的主人说："不过，我再也不给狗做假牙了。现在它乱咬东西比过去厉害了两倍，连喂它东西吃的那双手也不放过。"

三、新闻的写作要点

1. 用事实说话

事实是新闻的实体，也是新闻的存在形式。没有事实的支持，就没有新闻报道。因为，新闻的指导性、政治性等，都是由事实派生来的，不是独立存在的。

新闻报道坚持用事实说话，因为事实本身具有强大的说服力。

人们读报纸、看电视、关注传媒，主要目的是想获取信息，知道一些新鲜事，而不是首先想知道一些道理，而且在读报或者看电视的过程中，人们对越感兴趣的信息，就越想知道得具体一些，这里的具体就是事实。

2. 用典型事实说话

典型事实是记者表达倾向和观点要考虑的事情。在新闻报道中常有这样的情况：一个事实选择得好，它可能有以一当十的作用；如果选择得不准，哪怕列举出不少事实，记者想说的话或希望表达的观点，仍然模糊不清。这种以一当十的新闻事实就是典型事实。

典型事实的特点，表现为：

①必须是鲜活的读者所未知的事实。

②必须具有重要性而且是具体的事实。

3. 用背景材料说话

新闻报道中的背景材料，常被称为"新闻背后的新闻"。背景材料在新闻报道中的一个重要作用，就是通过灵活地使用背景材料，巧妙地表达记者的观点。

一般来说，在新闻写作中，主要通过以下方法来运用背景材料说话。

（1）善于联想

善于联想是一种通过把所报道的新闻事实，与其他一件或几件事实关联起来陈述的方法，暗示与引导读者进行联想，从而得出结论。

（2）善于对比

通过背景材料进行对比与衬托。俗话说：“不怕不识货，就怕货比货。”讲的就是把两件事或更多的事实放在一起对比，横向对比、纵向对比都可以，这样有助于发现问题，认识事物的本质。新闻写作也常常采用这个方法来发表无形的意见。

（3）让不同的背景材料表现不同的观点

新闻事件是复杂多样的，每个新闻事件经常可以找到多方面的相关背景。如何选用背景，选用什么样的背景材料，反映出记者或媒体观察、考虑问题的不同出发点与立场。报道同一件新闻事实，由于选择和运用了不同的背景材料，从阅读的效果分析，会对人们的判断产生不同的影响；从用事实说话的写作方法分析，记者可以表现不同倾向性的观点。

（4）综合立体地使用背景材料加大说话的深度和力度

下面两篇稿件同样是报道 1994 年珠海机场建成通航，由于背景材料选择运用的不同，就使得这两篇稿件在“用事实说话”的力度与深度上拉开了距离。

【写作范例】

新华社对外稿：

珠海机场通航

新华社珠海（1994 年）5 月 30 日电　华南广东省珠海市的第一个机场建设今天竣工并通航。

正在珠海视察的李鹏总理出席了机场的通航仪式并为第一个航班剪了彩。

机场建设历时两年半，耗资 20 亿元。机场 4000 米长的跑道是全国第二长跑道，仅次于西藏的拉萨机场。

这一新机场的导航和地面设备均为世界上最先进的设备。

【写作范例】

中国视机场建设为地区发展的重要条件

美联社中国珠海 1994 年 5 月 31 日电　李鹏总理星期二在中国最富的一个南

方省，正式开通了一个大型国内机场。

李在民航高级官员和地方负责人的陪同下参加了珠海机场的通航仪式，并为通航剪了彩。珠海是位于广东省的一个经济特区。

珠海机场是由一个旧军用机场改建而成的，距葡属澳门 33 公里，是繁荣兴旺的珠江三角洲四大新机场之一。

其他三大机场均为国际机场，它们是：澳门机场，预期今秋晚些时候通航；香港的赤鱲角机场，预期 1997 年或 1998 年通航；深圳新机场，已经通航。

中国将最终掌握所有的这四大机场，因为香港和澳门的主权将分别于 1997 年和 1999 年回归中国。

珠海机场的年吞吐量为 1000 万旅客和 40 万吨货物。旅客候机大楼的面积达 9.16 万平方米，是目前中国最大的候机楼。

机场将开始部分投入使用，1996 年旅客吞吐量将在 150 万，1997 年达 280 万。珠海市市长梁广大说，珠海地区经济高速发展，早就需要有一个这样的机场。

中国是世界上第三大国，随着 70 年代后期的经济改革，坐飞机旅游的需求剧增。从 1980 年到 1994 年，国内航线客运量年均增长近 20%，达 4000 万人次，是这一时期世界客运量年均增长的 3.5 倍。

这两篇稿件中，新华社的稿件显然写得过于简单了，包括使用的背景材料也过于单一，只是集中在机场的设施方面，如说明此机场跑道是仅次于拉萨的全国第二长跑道。而美联社的报道却从珠海机场这一个点出发，通过充分、灵活、综合地调动大量的背景材料，把它的建议意义一步步放大。通过多层次丰富的背景材料，回答了“为什么要建设珠海机场”这个问题，表明了中国视机场为地区发展重要条件的新闻主题。

4. 通过再现场景说话

“再现场景”，就是把新闻事实的某些现场情景具体地描述出来。

新闻中的人和事，一般都是有形可感、有物可托的。把它们逼真地再现，使新闻报道做到有神、有形，使读者仿佛亲历其境、亲眼所见，这种方法自然会加强新闻的可信性和说服力。

“场景再现”在有关新闻写作的一些论述中的目的是：“让受众犹如身历其境地感受新闻的存在和发展”。这种再现的写作方式虽然难度比较大，但它所增强的可感性显著，对读者说服的效果相应地增强。

第一人称再现法，是“再现场景”常用的一种手法，也就是由记者直接把读者带入现场，它具有特殊的真实魅力，使得读者在“请看事实”的过程中，接受与领会了记者传达的信息、想说的话。在批评类的报道中，通过“场景再现”让事实说话，即记者目击记，更是经常使用的一种方法。

5. 借助直接引语说话

所谓直接引语，是指记者通过采访得来的被采访者的原话。在报道中直接引用原话已经成为现代新闻写作不可或缺的手法。直接引语用得好的报道，内容文趣盎然，生动真实，现场感强，且观点鲜明。

直接引语的作用表现在：

①直接引语是新闻报道中不同身份、不同个性人物所说的话，直接地引用它们，可以使报道具有现场感，富有变化和人情味，有助于克服新闻写作中容易出现的单调乏味与概念化。

②直接引语一般都有出处，即消息来源，有助于提高新闻的真实性。如果直接引语来自重要人物或重要机构，还有助于提高新闻的权威性。

③直接引语可以使记者利用新闻报道中的人物之口，讲出自己希望说出又不便直接出面说的话。

【写作范例】

澳督告别澳督府

——新华社澳门1999年12月14日电　记者××

今天中午12时许，60岁的澳门总督韦奇立慢慢走过澳门市政厅礼堂新铺的大红地毯，亲手为自己的大照片揭开幕帘。他神情有些凝重，鼻子微红。他有一段时间没有说话。

随着深玫瑰红色的丝绒幕帘徐徐拉开，葡萄牙委任的最后一位澳门总督韦奇立的肖像照出现在白色的墙壁上。这是悬挂在澳门市中心这座标志性建筑的第51张，也是最后一张澳督的照片。

按照此间的传统，澳督离任前，他的照片通常要在这座有125年历史的葡萄牙风格的建筑物中挂出。

照片是一幅普通的头像特写。有些谢顶的澳督似在深思。这位澳督在澳门总共工作了8年零8个月。今天，他被澳门市政厅授予荣誉市民称号。

然而，再过六天，当中国政府恢复对澳门行使主权的时候，韦奇立将作为一个历史人物在黎明前离开澳门。至此，葡萄牙人已在这块中国领土上居留了446年，并进行了长期的殖民统治。澳门回归中国是西方统治在中国乃至亚洲的终结。

今天的仪式只是澳督近期系列告别活动中的一项。从12月9日开始，他就忙着向公务员和神职人员辞行，出席大学的送别仪式，参加土生葡人的告别晚宴，并与下属在大三巴和府邸留下最后的合影。19日下午4时30分，他将最终离开竹仔室官邸。

辞行时，澳督总是谦和地与人们一一握手，并在城区街巷不时主动与相遇的市民寒暄。

韦奇立是葡萄牙南部拉戈阿镇人。他被任命为澳督前一直在军队任职，最高的职务是葡萄牙三军总参谋长。此前他并不十分了解中国。

“今后我会经常回想起澳门，”韦奇立对周围的人说，“她已是我的第二故乡。”

韦奇立说，澳门是独一无二的城市，它不平凡的人们、它的大海、它的文化，它的一切都妙不可言。

澳督在澳门的8年，是澳门历史上极不寻常的8年。在此期间，澳门特别行政区基本法通过，首任行政长官、第一届立法会和司法机关均顺利产生。公务员和法律本地化进程加快，中文官方地位得到确立。

“他经常关注澳门的平稳过渡，葡中双方均认同他为保持澳门稳定和保存澳门特色方面而建立对话和争取共识的能力。”澳门市政执行委员会主席麦建智说。

韦奇立说：“令我感到非常骄傲的是过渡期，因为我们一方面与中国政府，另一方面与澳门市民有非常好、非常成功的合作，这一点十分重要。”

事实上，中葡在解决澳门问题上的友好协商已被舆论引为处理国际复杂争端的范例。

澳督夫妇随后与来宾们一起喝了告别的葡萄酒。韦奇立认真地说，将来还会作为一个游客造访澳门，看看未来的澳门。澳督此时露出了笑容，他确信特区政府将以良好的方式履行自己的职责。

韦奇立忆及1991年4月上任时曾对澳门市民做出多项承诺，但至今还有一些没有兑现。他对此表示遗憾和歉意。

自1616年葡萄牙任命首位澳门总督后，共有包括韦奇立在内的127位葡萄牙人出任此职。12月20日后，这个称谓在澳门将成为历史。

第三章　新闻语言、体裁与结构的写作

第一节　新闻语言的要求

一、新闻语言的含义和特征

1. 新闻语言的含义

新闻语言，指通过新闻媒体，向受众报道新近发生的具有新闻价值的信息时所用的文字语言。它具有客观、确切、简练、朴实、通俗等特点。

2. 新闻语言的特征

(1) 准确、简洁、鲜明、生动

新闻写作中所需要的语言，是传播信息的语言、报道事实的语言、解释问题的语言、快速交流的语言。因此，根据新闻写作的时效性（新鲜、快速、简短）与可读性（具体、生动、通俗），其语言不但要具有准确性，还要具有简洁、鲜明、生动的特色。这里所说的准确性，包括以下含义。

①在时间、空间、形态、色彩等方面，语言与客观事物之间要高度吻合。

②对事物属性、特征——也就是“质”的判断尽可能没有偏差。

③对事物的数量、程度——也就是“量”的把握上精确无误。

④排除主观臆断和以偏概全。

⑤慎用可能产生歧义的词语。

新闻语言的简洁、鲜明、生动具体体现为以下两点。

①它的受众多，它必须满足生活在快节奏的现代社会中大量受众对信息的需求。

②新闻传播的基本原则是“用事实说话”，即传播者的意图应该是相对隐蔽的，新闻语言还要做到不致使受众产生被人强迫的感觉而加以拒斥。

为了让读者能体会到新闻语言的这一特征，不妨看一看这个例文。

阿被劫持客机上四人戏剧性脱逃

××社供本报特稿　英国警方说，当地时间晚8时，有4人戏剧性地逃离停留在伦敦郊外斯坦斯特德机场的阿富汗航空公司客机。

警方说，这4人是从这架被劫持的飞机的驾驶舱逃脱的，他们均是男性，警方已将他们拘留，但还不能确认他们的身份。据悉，警方目前正在调查这4人是劫机者还是人质，并对他们脱逃后对客机上其他人可能产生的影响进行分析。

据报道，目前客机上一切都很平静。英国警方对这次劫机事件的和平解决表示乐观。

这架阿富汗航空公司波音727飞机是6日从喀布尔机场起飞后不久被劫机分子劫持的。此后，该机先后在乌兹别克斯坦、哈萨克斯坦和俄罗斯境内作短暂停留，7日凌晨降落在伦敦郊外的斯坦斯特德机场。据报道，劫机者要求阿富汗武装派别塔利班释放一名叫伊斯梅尔·汗的反塔利班联盟的重要人物。但塔利班联盟否认卷入了这起劫机事件。迄今为止，劫机者已先后释放了28名人质。

（2）新闻语言要有时代感

新闻语言生命力的一个重要特征是要有时代气息。现在媒体上几乎每天都会有新词出现，词汇翻新很快。因为这种语言是社会语汇最直接、最真实、最迅速、最广泛的反映，作为一名记者既应该保持对新鲜事物的敏感，也应该保持对新鲜语言的敏感。同时新闻报道的时效性与新鲜感，在一定程度上也需要通过具有时代气息，包括社会上最新流行的一些语言传递出来。

（3）新闻语言应有不同的风格

新闻语言在符合准确、简洁、鲜明、生动的基础上，针对不同的报道、不同的作者应该有不同的语言要求。

①新闻语言风格取决于人物报道中被采访者的语言个性。比如，某著名记者就曾经比较过他的《县委书记的榜样——焦裕禄》和《为了周总理的嘱托》两篇人物通讯语言风格。在《县委书记的榜样——焦裕禄》中，主人公焦裕禄不仅有与农民交谈时那种生动的口语，还有向干部群众作报告时富于鼓动性的语言，以及同人们说理时带有一些哲理的语言。作为领导干部，他又很注意语言逻辑的准确、严密。在这篇人物通讯报道中，记者所用的句子一般比较长，有不少

是结构复杂的复句。在语言上也比较正式，在不少地方还带有政论的语言色彩。而在《为了周总理的嘱托》中，因为主人公吴吉昌的语言是很生动的农民语言，明快、简短，有时还很幽默，因此该篇通讯的语言尽量接近吴吉昌的风格，多用农民的口语，句子要简短，多用单句，少用或者尽量不用那些带有修饰语、附加语的复句。

②新闻语言风格取决于新闻事件本身的基调。不同内容、不同题材的新闻事实，它的基调是不同的。例如，有的新闻题材是严肃的，有的新闻题材是活泼的，有的新闻题材是华丽的，有的新闻题材是平实的，有的新闻题材是欢快的，有的新闻题材是凝重的，等等。分清新闻题材的基调，对一名记者来说，准确地把握新闻事实，在写作中选用恰如其分的语言表现新闻事实有着重要的作用。也就是说，在确定了报道题材基调的时候，也就确定了撰写这篇报道时的新闻语言风格。

③消息与通讯对于语言的要求有所不同。一般来说，通讯的语言比消息更形象、更丰富，有更多的感情色彩。消息比通讯更惜墨如金，消息的语言是一种具体陈述与抽象概括相结合的语言；而通讯承担着展开事实、描写事实、再现事实乃至解释事实的任务，它比消息报道的内容更详细、更深入，它是对消息提供的事实作进一步必要的补充，或是对消息所报道的全部事实或某一部分事实起“放大”的作用。同时通讯报道的范围也比消息更广泛，因此，它可以也必须更多地调动各种修辞手法，更多地借鉴文学写作的技巧。

(4)“白描”是新闻语言的主要特征

在新闻写作中，白描是指文字描写的具体方法，即不尚修饰，不用或少用形容渲染，以质朴的文笔，力避浮华、做作，简练而直接地勾勒出事物的特征。白描虽然是描写，但如果从形式上看，白描与直接叙述没有很大的区别。可以这样说，白描是直接叙述和描写的高度统一。它洗尽铅华、质朴平实，透明度高，有利于把复杂的问题用简单的方法来处理，进而突出事物的特征，即突出新闻价值，便于受众在快速交流中接受。

二、新闻写作对语言的运用

俗话说：“讲话要有口才，作文要有文采。”无论是口才还是文采，都离不开运用准确、鲜明、生动、形象的语言。有些文章、报道，读来有声、有色，原因之一是成功地运用了语言。

语言学在新闻教学里面很重要，语言是我们最重要的交际工具，新闻传播还是离不了最重要的工具，哪怕报纸、网络传播、电视新闻还是离不开语言这个最重要的工具。

然而有些新闻工作者有时在面对弱者和困难时，则采取了冷漠和调侃的语言，如某报报道一跳楼自杀者，标题为《昨晚上演高空飞人》；某省某大报刊登图片报道，针对长春街头的流浪汉，用了这样的标题——《睡在街上羞不羞?》；某省某行人被农用车撞倒，又被该车从头部轧过，当场惨死于血泊中，9 月 6 日，该省一媒体赫然出现《骑车人“中头彩”惨死》的标题。作为一个常人，这样的悲惨场面谁也不愿意看到。而该报却颇费心思，采用了双关（中头彩）的文学化表现手法，以期为标题增添一些娱乐元素。

高度重视新闻报道中的语言问题，尽量避免这些弊病，用准确、客观、公正及规范化的新闻语言以胜任媒体“社会的良心”这一角色，适时、正确地引导社会舆论，应该成为媒体一以贯之的努力方向。但现实中的一些新闻语言不仅违背了新闻报道的客观、公正原则，也降低了媒体自身的文化品位和职业形象，更给社会和受众造成不良的后果和影响。

从新闻社会功能的角度来看，新闻语言要努力达到与受众情感上的共融性，这不仅是实现新闻社会功能的需要，也是人性情感的需要。现在新闻正呈现着硬性向软性转化的趋势。新闻语言如何实现与受众情感上的共融呢？我们所追求的这种情感上的共融也要流露得自然得体，使受众在接受新闻信息的过程中潜移默化地被感染。新闻的语言不一定要有华丽的辞藻，不刻意摆着华而不实的花架子，也不用做作的情感来骗得受众的同情，我们要的新闻语言是朴素、实在，就要是“有真意，去粉饰，勿卖弄”的。

三、新闻语言对新闻从业者的要求

从新闻传播效果的角度来看，新闻语言要努力追求与受众的理解上的一致性，从而使受众对新闻的接收转变为正确的接受。新闻语言要讲究“通俗易懂”“简洁明白”。对于新闻语言的规范化运用，我提出了一些自己的看法：

1. 新闻报道不能洋洋洒洒，下笔千言却言之无物，而要实事求是，一是一，二是二，一点也夸张不得。初学写新闻报道的人都容易犯这样的毛病，即“失实”和“溢美”。

2. 新闻语言要包含尽可能多的信息量，以消除受众认识上的不确定性。信息量体现在内容和表现形式两方面。如果一篇新闻价值很高的报道，语言冗长拖沓，显然会在节奏上影响原有的信息量。

3. 要把文章、报道写好，固然有思想内容、写作技巧、新闻实效等各种要素，而运用好语言也是一个不可缺少的重要因素。

4. 写新闻稿，细节很重要，往往能够展现社会生活的大背景和人物性格的独特性，更传神，更准确。同时，在一篇报道中要交替使用记叙、描写、引语等多种写作手法，这能使新闻语言充满表现力、感染力，更能够反映事件整体状况和塑造一些具体可感的人物形象，易产生生动活泼的报道效果。

5. 新闻语言要从群众语言中吸取营养。新闻语言来源于社会生活，来源于群众的生产实践，它总是随着社会实践的发展而变化。群众中蕴藏着最丰富、最生动的语言矿藏。群众语言是新闻语言取之不尽、用之不竭的乳汁。

6. 多媒体时代的到来，使得多样的新闻语言自觉地互相融合，既体现了当下新闻媒体对传统新闻语言的挑战意识，又表达了媒体个性张扬、自我发展的诉求，同时提升了新闻媒介的竞争力，适应了受众新闻思维变化和受众心理需求。

总之，新闻的语言运用要在长期的写作实践中摸索，不断总结经验，然后才能出好作品，出精品。

四、新闻语言的六忌

1. 忌含糊

语言含糊笼统，让人不得要领，这是新闻语言的大忌。《××发现“妇女文字”》一文，就有这样的毛病。

××省××县举世罕见的“妇女文字”，已由××民族学院×××整理成书，即将由中国××出版社出版。

“妇女文字”是当地瑶族妇女都会写的一种奇特文字，属表音文字，有600多个字形，有些与甲骨文、篆书相似，有些与楷书相似。它记录的是当地瑶族群众使用的一种“土话”。由于这种文字只在妇女中流行，当地称为“妇女文字”，简称“女书”。一些学者认为，这是一个惊人的发现，将引起人类学家和语言学家的关注。

××××年到××××年，×××曾六次到中国南方进行民族风情调查，其间发现了这种奇特的文字。

发现了一种只由女性使用的文字，这新闻确有惊人之处。也正因为它的惊人之处，人们便有更多地了解它的愿望。根据文中介绍，这种文字记录的是当地的一种土话，那么这种土话不可能只在妇女之间使用，为什么只有妇女会书写这种文字呢？男人们对它究竟是不得习用还是不愿习用？这其中必定有一些传统文化或习俗上的原因。另外，作为一种人类文化史上罕见的独特发现，它的发现过程也是读者关心的。×××是男是女？他（她）是怎样发现这一奇迹的？对此作者也没做任何介绍。总之，读了这篇新闻，感觉是作者也很糊涂，对所报道的事实所知有限。如果真是这样，那就应该调查清楚再向读者报道。

2. 忌矫饰

有一篇人物特写，这样描写一位女诗人。

所以，熟悉或不熟悉××的人，都感觉到××身上那种早晨般的清新和傍晚般的浑浊。这，正是诗人在自我和世界之间构筑的最佳对应关系，有识之士预言，××的世界是一片晨雾，一片永远不会散尽的晨雾。

……是从人的本质构成，准确地说是从一个女人感觉的深处，去对生命原动力的把握和体验……是一种神秘化的自然，是心灵更广阔的时空的冲撞……

……她以恬淡而优美的诗篇，使自己的灵魂挣脱肉体的躯壳而获得了独立的存在方式，她以定向不定量、内涵十分丰厚的诗的语言为媒介，再塑了自己傲然独立，超群脱俗的“内在生命”……

不要说在新闻中，就是在文学那种强调语言的“陌生化”“反常化”的语境中，这也是雕琢过甚的败笔。别说新闻事实杳无踪迹，连抽象的概念也被撕扯成一堆玄虚朦胧的文字碎片。只觉一片华丽而浑浊的浓雾遮蔽了一切，真让人“不识庐山真面目”了！

3. 忌堆砌

在阅读新闻时，有时能见到这样一些句子：“天空的彩霞映照得场上格外通红。”其中“格外”和“通”都是强调程度的副词，语意重复了；“胜利凯旋归来”，其中“凯”就是胜利，“旋”就是归来，等于把相同的意思说了两遍。这样的废话说多了，篇幅大了，信息却没有增加。

除这样简单的语意重复之外，有时还会有不厌其烦地罗列细节和数字的现象，同样也是语言的堆砌。有一段文字这样介绍一位农民勤劳致富的事迹。

×××种承包地55亩，去年收小麦1.25万公斤，稻谷1.15万公斤，黄豆1000公斤，赤豆、绿豆等500公斤，山芋干1000公斤，花生2000公斤，共2.85万公斤，收入1.22万元；同时他利用余粮和稻谷，饲养耕牛9头，出售小牛4头，收入2500元；出售6头肥猪，收入1400元；出售100只家禽，收入300元；小四轮跑运输，收入1800元；利用板桥火车站一个货位，（三人合伙）出售砂石，自己净得1800元。全年总收入达2.28万元。

简直是一笔流水账！材料缺乏整理，语言更是缺少概括和提炼。这样写数字虽然很精确，主人公的事迹却很模糊。

4. 忌混乱

一位伟人曾经提醒我们，说话和写文章都要注意语法、逻辑、修辞。这里所说的混乱，主要是指违背逻辑。逻辑混乱的文章，读者很难看得明白。下面就是一段逻辑混乱的文字：

为达到赚钱目的，竟私刻杂技团公章，从濮阳市少林武术培训中心带走6名少年到南方“走穴”，谁知原定返校期限成了一纸空文。1月底，记者从濮阳市区公安分局了解到，6名被当成“摇钱树”的武校少年终于被救了回来。

这是一篇消息的导语。劈头一句话就漏掉了主语，让人搞不明白事件的行为主体是谁。经猜测，行为主体应该是犯罪嫌疑人——是他为达到赚钱的目的，私刻杂技团公章，骗走了6名武校学生。但接下来的一句是“谁知原定的返校期限成了一纸空文”，这很让人摸不着头脑。“谁知”表示没有料到，难道是犯罪嫌疑人没有料到吗？当然不是。这真是“你不说我还明白，你越说我倒越糊涂了”！那么到底是谁没有料到？读者只好再猜：是武校方面没有料到竟被人骗了。

这段文字的主要问题是叙事角度混乱。在一句话中，作者一会儿站在犯罪嫌疑人的视角上说话，“为了达到赚钱的目的”，一会儿又站在武校的视角上说话，“谁知原定返校期限成了一纸空文”。读者因此找不到观察事物的立足点了，感觉自然是一片混沌。另外，“期限成为一纸空文”的说法也欠斟酌——期限是文书吗？

5. 忌空洞

在极“左”路线横行的时期，报纸广播上空话、假话连篇累牍，人们在学习、讨论甚至在生活中，也大量使用一些言之无物的公式化的套语，这是“四人帮”推行的专制文化对语言实行暴力侵犯的结果，最终丰富多彩的中国文化几成沙漠，语言也在长期的囚禁中干枯，变成一堆空洞干瘪的概念。粉碎“四人帮”后多年，这种余毒还难以肃清。1985年某刊第6期转载了一篇题为《万能表》的讽刺短文。

在______以来的大好形势下，在______会议精神的鼓舞下，______厂党委认真贯彻执行______精神，组织党委一班人围绕______专题，反复认真学习了______文件。通过学习，深刻认识到______的重要性，进一步明确了开展______的重要意义，从而大大增强了贯彻执行______的自觉性。在提高认识的基础上，他们针对本单位______的特点，狠抓了____的工作，做到了______，从而有力推动厂里的生产。到____为止，全厂已超额完成______计划的百分之____，总产值达到____，比去年同期增长百分之____，群众高兴地说：____。目前______，全厂干部群众正在成绩面前找差距，为争取____作出新的贡献。

[注] 本表结构严谨，层次分明，段落清楚，主题突出，适用所有工矿企业的新闻报道。大、中、小学文化程度的同志均可使用，使用时稍加填写就可成为一篇正规的“新闻稿”。

又过去十几年了，这篇短文中所讽刺的现象，在新闻中仍时时能看到一些痕迹。例如最近的一篇会议新闻。

发扬民主 加强团结 坚定信心 继往开来

××××三次会议胜利闭幕

本报讯 ××××三次会议圆满完成各项议程，×月×日上午在××胜利闭幕。

省党政军领导×××、×××、×××……到会祝贺。

会议通过了××××、××××、××××……

省××主席×××在会上作了重要讲话。×××指出……

上午×时×分，大会在代表们雄壮的国际歌声中闭幕。

跟《万能表》又有多大区别呢？这样的报道，谁会浪费时间和精力去阅读？

6. 忌语病

或许是由于新闻写作讲究出手成章，在语言的推敲上无暇过细的原因，目前在报刊广播中出现的病句实在太多，应该引起新闻界的注意。例如下面这些句子。

××国艺术家的演出，博得了各界观众热烈的欢迎，对这次成功的演出给予很高的评价。

……像一阵春风吹遍了全县的每一个乡镇，开遍了每一个村庄。

他们在全厂推广了技术革新。

“演出”可以博得欢迎，但不能对自己给予评价，因此可见第一个例子犯了句子成分残缺的毛病，它的后一个分句缺了主语。第二个例句中的“春风”，可以“吹遍”但不能“开遍”，主语和谓语明显搭配不当。第三个例句中的谓语

“推广”，只能带名词性宾语，而“技术革新”是主谓词组，带有动词性，属于动宾搭配不当。

五、如何做到新闻语言的真诚

1. 真实新鲜，再现新闻事实

真实是新闻的生命，新鲜是新闻存在的价值，这是新闻最基本、最核心的特点。从本质上说，只有富有“时代感”的语言才能更真切地反映时代的“真”。

2. 朴实真挚，语言情感化

情感的共融不仅是一种感受力量，更重要的是可以成为一种动力，以“情感传播”达到宣传、教育和整合社会的目的，而要实现情感共鸣，朴实真挚的语言是必不可少的。

3. 生动形象，具有感染力

新闻报道要力求语言生动有趣。动词是最生动、最活泼的元素，新闻作品中恰如其分地使用动词，就可以把新闻写活，使新闻事件富有现场感，使人物动起来，具有亲和力。

4. 通俗简练，信息量丰富

新闻在本质上是一种信息，提供信息是新闻媒介的首要功能。在某种程度上，新闻报道的信息含量直接影响到报道的质量和传播效果，要想增加新闻的信息量，提高新闻的可视率，通俗简洁的语言是关键，而新闻语言不仅局限于文字或口头描述，还包括图片和画面。

5. 普遍关注，体现人文关怀

大众文化正在以强大的冲击力和广泛的消费群体席卷着各类媒体，新闻报道也不可避免，民生新闻概念的提出，不仅打破了过去时政新闻是电视新闻主流的格局，更是将普遍关注、体现人文关怀的理念提升到了一个新的高度。

第二节　新闻节奏的掌握

一、新闻报道节奏的含义

对一个新闻事实，若采用的报道形式合理，就会使传播的效果大为增强，而注重报道的节奏则是增强传播效果的一种有效方法。

节奏，原意是指音乐中有规律出现的强弱、快慢的变化。而我们这里所说的新闻报道节奏，是指在新闻写作过程中，通过作者的主观努力，使新闻呈现一种文字上或结构上或不同报道之间符合事件特点的、有规律的变化。这其中既包括一篇新闻中某段文字音律上的节奏，也包括一篇新闻作品的整体节奏，即通过内容的虚实、强弱的变化而形成的节奏，还包括一组新闻前后呼应配合的宏观节奏。

在某个新闻报道中采取什么样的节奏，应该说是有一定规律的。例如，采写内容较为平和的稿件，一般节奏要比较舒缓；而报道急难险重任务，则一般要节奏鲜明。在这里，节奏就像队列行进：或是齐步走的挥洒自如，或是正步走的刚劲有力，或是跑步走的急风骤雨。我们不能说哪种报道节奏好，就像不能说哪种行进方式好，而只能是哪种步伐更适合于哪种场合。如果报道时不注意依据报道事实调整选择节奏，就像踢着正步去完成紧急任务一样，不仅形式与内容搭配莫名其妙，而且结果只能是把事情办砸。

二、新闻报道语言的节奏

以平仄音调的变化与配合，形成音乐般的节奏美感。

在标题制作中，就专门有一种利用中国传统的对联形式的方法。如《错批一人　多生三亿》《紧急，两架客机空遇大雾　安全！幸有海军热情导航》。在新闻中加入脍炙人口的古代诗词也可增强新闻的节奏感，增强新闻所要努力营造的气氛，创造氛围美。

语句中文字的多少，形成不同的语速，前后呼应形成节奏。

三、谋篇布局的节奏

节奏是建立在语句节奏基础上，但同时又要超越单纯语句节奏。因为单纯语句的节奏控制，使新闻读起来朗朗上口，而新闻节奏最主要的作用还是要使新闻报道前后脉络清晰，事实发展水到渠成，或意料之外、情理之中。所谓“大象无形”，虚与实、抑与扬、动与静相结合，也是控制节奏的有效方法。

四、故事情节的节奏

新闻故事情节上的抑扬也同样可以形成节奏。火山被压抑得越久，喷发的力量也就越大，同理，新闻故事情节上的先抑后扬亦可达此效果。

五、小标题的节奏

使用小标题是节奏调整的最简洁，也最有效的方法。有时只要一句话，就可挥洒自如地在不同的节奏间切换，使新闻达到好的宣传效果。如长篇报道《20岁的生命礼赞——追记新时期的好战士李向群》（原载《人民日报》），以“滚滚长江水，永远记住了他的名字”“静静相思河，永远记住了他的名字”“清清南渡江，永远记住了他的名字”3个小标题，使文章在李向群劳累过度牺牲前后、在部队的成长轨迹、牺牲后故乡人民的思念3个不同场景、不同报道节奏之间自然、顺畅地过渡、发展。

第三节　新闻体裁的把握

一、新闻体裁的含义和分类

1. 新闻体裁的含义

新闻体裁，一般指新闻媒体所传播的新闻作品的各类载体形式，是新闻内容与表现形式相统一的报道样式的通称。

新闻体裁作为新闻内容的表达方式，也是新闻内容最常用的分类方式，它往往依据新闻内容的基本性质对新闻进行分类，有消息、新闻通讯、新闻特写、新闻专访、新闻分析评论等。

2. 新闻体裁的分类

新闻体裁大体分三类：

第一类：新闻报道，包含有消息、通讯、新闻特写、新闻公报、调查报告、专访等。

（1）消息

消息是新闻报道中最重要的题材。它从现实生活中选择最新鲜的事实，及时加以报道，文字简洁，主题突出，是新闻报道的主要形式。

（2）通讯

通讯是由消息演变而来，因篇幅可稍长，能对新闻事实进行更具体、形象、生动的报道。

（3）新闻特写

新闻特写是截取新闻事实的横断面，即抓住富有典型意义的某个空间和时间，通过一个片段、一个场面、一个镜头、对事件或人物、景物作出形象化的报道，给人们留下深刻、鲜明的印象，使人们感受到如临其境、如见其人、如闻其声。

（4）新闻专访

新闻专访是记者事先选定采访对象，对特定的人物、文体、事件和风物进行专题性现场访问之后所写的报道，是集新闻性、思想性、知识性和趣味性于一体的一种可读性很强的新闻体裁。

第二类：新闻评论，包含有社论、述评、编辑部文章、评论员文章、思想评论、理论文章等。

（1）新闻评论

新闻评论是一种对最新发生的新闻提出一定看法和意见的文章，是就当前具有普遍意义的新闻事件和重大问题发表议论、讲道理，有着鲜明的针对性和指导性的一种政论文体，是各种形式评论的总称。

（2）社论

社论是最为重要的新闻评论和舆论工具，是报纸编辑部就重大问题发表的评论。

（3）述评

述评是带有夹叙夹议、边叙边评性质的新闻，它是以新闻为主，述评性新闻不同于评论，而以新闻事实为依据，反映社会热点或国内外重大事件或问题的新闻体裁。

（4）思想评论

思想评论是以思想现象为写作对象的一种评论文体。具有及时性、针对性、论辩性和平易性的特点。

第三类：副刊体裁，包含有散文、杂文、小品、诗歌、小说、剧本、报告文学、回忆录、曲艺等。

所有这些与新闻有关的体裁，都是网络新闻资源系统中不可缺少的形式。各类新闻资源都有适应自身定位和表现内容需要的常用体裁，要从资源性质和体裁的固有联系出发，在把握体裁特点及其表现功能的基础上，紧紧围绕发挥多种体裁相互配合的互补效应，恰当调动、巧妙运用各种新闻体裁。

二、把握新闻体裁应注意的事项

所谓新闻体裁，是指新闻写作的表达形式。在新闻写作时，由于表达主题手法不同、选择材料的角度不同、组织材料的结构不同等，所以新闻报道的体裁是多种多样的。在写作时应注意以下三点：

1. 要“量体裁衣”

写什么样的新闻采用什么样的体裁，内容决定形式。动笔之前，应当分析自己掌握的题材内容如何，再确定选用哪种体裁合适。如果报道的内容只能写一条消息，却硬写一篇长通讯，因材料不典型，写出的稿子，只好堆积事例，添些空话、废话。其原因除了盲目追求写通讯之外，主要是没有做到“量体裁衣”。许多有经验的通讯员的写作实践证明，一篇稿件要运用体裁得当，只有“量”（确定报道主题和选择题材）得准，才能“裁”（选用体裁）得巧。

2. 要“抓住时机”

在采写各类新闻及运用体裁的时候，要抓住报纸、电台、电视台根据党中央一个时期宣传重点所提出的报道中心，就是所谓的抓住宣传时机。只有根据这个报道中心，去采写稿子，选用恰当体裁，才能达到“适销对路”。可见，新闻写作时运用什么样的体裁为好，既要“量体裁衣”，又要抓住宣传时机，否则，难以得到最佳的宣传效果。

3. 要“有针对性”

做到有针对性，就要考虑到报道的具体内容及其新闻价值，又要考虑到报纸、电台、电视台的不同需要，以及应当宣传的范围。这样写出的稿子，才能避免盲目性，做到有针对性，提高用稿率。

第四节　新闻结构的引论

一、新闻结构的含义

新闻结构就是指消息这一文体的内部构造成分及其组合方式。

所谓的内部构成成分，就是指组成一篇消息的基本零部件。它一般包括：标题、消息头、导语、主体、背景和结尾。

所谓的组合方式，就是指新闻报道的各种布局形式，即怎样把导语、主体和背景这些零部件有机地组合成一篇完整的消息。

二、常见的几种新闻结构

新闻文体的组合形式。新闻一般由标题、导语、主体、背景和结尾组成。但不是每篇新闻都具有这 5 个部分，有的新闻就没有导语和背景。常见的几种新闻结构是：

1. 倒金字塔式结构

（1）特点：①它的导语一般采用“部分要素导语”，即在新闻导语中突出一两个最吸引人的新闻要素；②对于过程的叙述往往比较简略。

（2）适用范围：适用于时效性强、事件单一的突发新闻，而对于某些非事件性新闻就不适宜了。

（3）优点：能迅速地把最新鲜、最重要的事实，开门见山地告诉读者，使读者一目了然，节省读报时间。

2. 金字塔式结构

又称“逆转倒金字塔式”。

（1）特点：把最重要、最精彩的内容放在后面，按时间顺序，依次叙述。

（2）适用范围：适用那些故事性强、以情节取胜的新闻，尤其适合现场目击记。

3. 车辐式结构

（1）特点：以一个中心事件或事物为纲，其他事实像车辐一样辐射出去。

（2）适用范围：宜于报道比较散的事件。

4. 并列式结构

（1）特点：把众多主要事实并列叙述。

（2）适用范围：适合报道事实各部分的重要性相等或相似的新闻，多见于公报式新闻。

三、新闻结构的规律要求

新闻的结构一般由五部分组成，阅读时要特别注意把握其结构。

1. 标题浓缩核心内容

新闻的标题就如人的眼睛，要能传情达意，表达出新闻的核心内容，帮助读者迅速了解新闻的主要内容，以吸引读者了解详情。

2. 导语扼要揭示核心内容，先声夺人

导语是新闻开头的第一段或第一句话，它主要是告诉读者这条新闻的内容是什么，制造适当气氛，使读者乐意读下去。它要求用简洁、生动的语言把最新鲜、最重要的事实放在前面，以便先声夺人。

3. 主体内容充实，层次清楚，语言简明

主体是新闻的主干，它要承接导语，用实在的、典型的、具体的材料，印证导语中的提示，对导语的内容作进一步的扩展和阐释。

4. 背景烘托和深化主题，不喧宾夺主

任何新闻都是在一定的环境和历史条件下产生的，这就是它的背景。好的背景，能烘托和深化主题，同时增加知识性和趣味性，帮助读者理解新闻的内容。

5. 结语注意简要概括，进行评论或提出希望

结语是整篇新闻的收笔之处，它的作用是阐明事实的意义或指出事件发展的趋向，给读者以完整的感觉，也可给读者留下思索的余味。一般有对事实结果简要概括、对主要内容进行评论和根据报道的内容提出希望三种形式。不过，背景和结语有时可以暗含在主体中。

第四章　新闻标题、导语与引语的写作

新闻标题是在新闻之前对新闻内容加以概括或评价的简短文字，其字号一般大于正文。其作用是划分与组织新闻内容、揭示新闻内容、评价新闻内容、吸引读者阅读。接不同的分类标准可以分不同的种类，制作方式也多种多样。

新闻标题既不同于公务文书的标题，也不同于文艺作品的标题，它的种类较多，结构较复杂，而且还存在着内在的逻辑关系。因此，无论记者还是编辑要想制作一条准确、简约、传神的新闻标题，非得花费一番心思不可。

新闻标题从种类上来分共有9种，即主题、引题、副题、插题、提要题、边题、尾题、栏目题和通栏题等。

依据标题所要表达的内容，还可以分为实题和虚题，实题是新闻标题中叙述事实的部分，虚题是新闻标题中发表议论的部分。

第一节　新闻标题的组成与写作

一、新闻标题的含义

新闻标题是在一篇或一组新闻正文之外，用以提示消息内容或特点、区别于正文字体或字号的简要文字。

标题是新闻的“眼睛”，是对新闻内涵的高度概括和浓缩。新闻的内涵包括两个方面：一是新闻事实；二是媒介对新闻事实的评价、态度。制作标题是新闻报道的延续和新闻稿的最后完成。“题好一半文”，好的标题是作者智慧的结晶。

二、新闻标题的作用

新闻标题的作用主要体现在以下六个方面。

1. 尽快选择信息帮助读者

人们总是根据自己的需要有选择地接受信息。哪些看，哪些不看；哪些先看，哪些后看；哪些粗看，哪些细看，各人不同。由于标题是新闻事实的浓缩，因此能够满足读者选择的需要。

2. 帮助读者理解新闻主旨

标题透射着媒体对新闻事实的评价，凝练了报道的主旨，便于读者理解。

3. 向受众广告新闻内容

在新闻中，那些最有价值的内容，往往是报道意图的集中体现，也是受众最关心的东西。但是，它往往会被隐藏在长篇的文字叙述之中，不容易为人们所注意。

4. 强调和评价核心内容，吸引读者注意

新闻标题的字号比行文的字号大，并且版面编辑常给标题加上一些装饰图案，使标题显得很打眼，吸引读者去看。同时，标题还对所报道的事实有一定的评价作用。如：

雅安地委领导班子深入基层形成风气

（新华社1996年3月27日发）

吓得鸟兽直跳脚　拔得孔雀羞见人

“人与动物同过年”活动惨遭夭折

（《大河报》2000年2月10日）

5. 满足读者了解基本新闻事实的需要

有的读者时间很紧迫，不可能把一张报纸从头看到尾，浏览标题则可以使他们尽快了解其中的大事，了解一张报纸的主要信息。一些完全式标题所陈述的往往是新闻的核心，看一眼这样的标题，也就了解了新闻的基本内容。

6. 突出重点美化版面便于阅读

标题是新闻的“眼睛”，一则新闻的“眼睛”加上栏题、通栏题，构成了报纸版面的“眼睛”。倘若没有这些“眼睛”，整版文字黑压压一片，令人感觉沉重，分不清眉目。各种标题大小相应，疏密相间，错落有致，再加上文字符号变化，线条、图像以及色彩等手段的运用，使版面主次分明，富于变化，呈现动态，既能给读者以美的感受，又能方便阅读。

一般情况下，报纸的正文都是用五号或小五号宋体排印，显得洁净、庄重，阅读时的视觉感也比较舒服，不易疲劳。但是，如果标题也这样，就太死板了。新闻标题的排印，字体字号和版式都十分丰富多彩。仅从字体上说，目前常用的就是标宋、黑体、楷体、魏碑、准圆、舒体、隶书、隶变、行楷、琥珀、水柱、综艺等，再加上字号大小的变化，版面显得十分活泼美观。

如果一个版面上有几个精彩的标题，马上就能吸引读者的注意力，使他迫不及待地开始阅读。

三、新闻标题的分类

1. 完全式标题

既有主标题，又有肩题（也叫引题）和副题。完全式标题多用于报道重大事件、重要因素较多的新闻。如：

〈肩题〉四架飞机、一辆汽车攻击世贸中心、五角大楼、国会山、戴维营

〈主题〉恐怖分子袭击美国

〈副题〉江泽民当夜致电布什向美国政府和人民表示深切慰问，向死难者家属表示哀悼

江泽民对我在美工作人员、留学人员、旅美华侨和在美港澳台同胞的安全深表关心

（《北京青年报》2001 年 9 月 12 日头版）

2. 主肩式标题

由主题和肩题构成。如：

〈肩〉在不少严肃艺术场所举步维艰纷纷“转向”的时候

〈主〉北京音乐厅缘何“火爆”?

（《人民日报》1995 年 4 月 1 日）

3. 主副式标题

由主标题和副标题构成。如：

〈主〉金瓶掣签在佛教界反响热烈

〈副〉高僧大德们表示这一盛事完全符合历史定制宗教仪轨

（《人民日报》1995 年 12 月 1 日）

4. 主标式标题

只有一个主标题，这是短讯、国际新闻采用最多的标题形式。如：

拉宾遇害，举世震惊
有史以来第一只太空鸡破壳而出
北约野蛮轰炸我驻南使馆
中国克隆牛诞生

一般说来，主标题较短，也实，标的是新闻最主要内容。肩题，有两种情况，一种比较实，或者是对主要新闻事实的概括，或者交代新闻事件的条件或新闻事件中的主要人物等。如：

〈肩题〉上午回答清华学生提问，中午与江泽民话别，下午游八达岭
〈主题〉布什昨日满载而归

（《北京青年报》2002 年 2 月 23 日头版）

〈肩题〉昨天，江泽民主席与布什总统共同会见中外记者时指出
〈主题〉中美间共同利益增多了

（《北京青年报》2002 年 2 月 22 日 5 版）

另一种比较虚，是从主要新闻事件中引申出来的思想、观念等。如：

〈肩〉继承和弘扬韬奋真诚为人民服务的精神
〈主〉首都各界纪念邹韬奋诞辰一百周年
〈副〉江泽民李鹏题词　李鹏发表讲话

副题，比较实，是主标题的具体化。主标题一般较短，副题和肩题往往比主标题长。有些副题，类似新闻提要。如：

〈肩〉坚决惩治腐败带头廉洁奉公
　　　振奋党心民心保证改革开放
〈主〉中共中央国务院决定近期做七件群众关心的事
〈副〉中共中央政治局全体会议通过要做的七件事是……

在一些重大题材的报道中，有时在副题之外还加提要题，提示新闻的主要内容，放在副题之后，也以串文方式安排，既可运用于单篇新闻报道，也可运用于

组合性报道。如《北京晨报》1999 年 12 月 21 日头版以 3/4 的版面刊出澳门回归交接仪式大幅彩照，文字亦很夺目，其标题如下。

〈主题〉澳门回家了

〈副题〉中葡两国政府澳门政权交接仪式隆重举行

江泽民宣告中国政府对澳门恢复行使主权

〈提要题〉从这一刻起，澳门的发展进入了一个崭新的时代，中国政府将坚定不移地贯彻执行“一国两制”“澳人治澳”、高度自治的方针。

四、新闻标题的构成

1. 正题

正题也叫主题或母题，是标题的核心部分和精华所在，它表达新闻的主题思想和核心内容，在新闻标题中的地位最为重要。如果新闻采用的是无正副、主辅可言的单标题形式，这个标题就相当于正题。如果新闻采用的是多题式，那个字体最醒目、字号最大的标题就是正题。

正题一般是一个句子，只排印为一行。个别时候也可以排为两行，由两个分句组成。正题要做到一目了然，独立成句。编写正题需要注意以下两个方面的问题。

（1）完整清楚地表达新闻事件

正题不能依赖引题和副题而存在，相反，引题和副题是依赖正题而存在的。正题要能较完整地表达新闻事件。

（2）可以虚实结合，但要以实为本

为了写得新颖活泼，生动有趣，正题可以采用虚实结合的写法，但必须以实为本。这里的“实”，是指直述其人其事；“虚”，是指运用比喻、象征、双关等修辞手法，间接揭示事实。

2. 引题

引题又叫肩题，放在主题的前面，其字号一般小于主题而大于副题。引题是将新闻中的一个侧面作为前导引出主题，同时具有辅助阐明主题思想的任务。

引题的字数不宜多，一般不超过一行。多数是一句话，也可以是大致对偶的两个分句，如果分成三个分句，注意各个分句要短小，彼此要大致匀齐。引题的作用主要有以下几个方面。

（1）概括意义

把新闻事件的意义和价值用简要的语言概括出来。

（2）说明来源

新闻事件或某一重要观念来自哪里？在引题中交代它的来源。

（3）渲染气氛

先描绘出现场那种特有的气氛，然后在正题中叙述主要新闻事件。

（4）提出问题

新闻事实有时是由现实中存在的某一问题引发出来的，把这个问题在引题中提出来，既能交代事实产生的根源，又能引起读者对这一问题的重视。

（5）交代原因

在引题中需要交代新闻事件的发生原因。

3. 副题

副题又称子题，是对正题的内容进行补充的标题。副题的位置在正题后面，字号较小。在复合结构的标题中，它与引题的分工一般是“引题主虚，副题主实”。由于是实题，副题字数比主题和引题都要多，字号较小。根据需要可以做成多行副题。

副题的形式比较灵活，可以是一句完整的话，也可以是用逗号隔开的几个分句；可以在正题下面居中排印，也可以在正题下面像正文一样（但比正文字号大，字体也跟正文有明显区别）排印，一行印不完折到下一行，并不居中对齐。

副题的作用就是对正题的补充。它通常比正题要具体，其表现如下。

（1）作出评价

就是对新闻事件的性质和意义得出一个结论。如：

本报记者电话采访显示2000年文学期刊变化不大

表明文学期刊趋于理性，立足于自身定位

（《文汇报》1999年12月15日）

“文学期刊趋于理性，立足于自身定位”是新闻作者的认识和评价，这一补充可以帮助读者理解正题。

（2）交代详情

对在正题中不能涉及的详细情况进行交代。如：

我国自然保护区面积逐年扩大

占陆地国土面积7.64%，超过世界平均水平

（《人民日报》1999年12月29日）

虽然正题“我国自然保护区面积逐年扩大”是基本事实，但有些笼统。在副题中补充一些详细材料，整个事件就清晰得多了。

（3）强调特征

对新闻事件的特点和特殊意义作些强调。如：

我国传统医药研究与开发获重大成果

纯中药强力镇痛剂“康赛德”问世

首次以纯天然植物制成；打破吗啡类药物一统局面

（《经济日报》1999 年 11 月 29 日）

“纯天然植物制成”是其独特之处，“打破吗啡类药物一统局面”则是其主要意义。

4. 组合类型

作者可以对新闻的三个标题，根据需要加以选择，组合成几种不同的标题类型。

（1）全题式

正题、引题、副题俱全，各司其职。如：

干流封冻长达 1100 公里

严防黄河闹“凌灾”

党中央、国务院高度重视，国家防总和水利部已派工作组赴现场协助抢险

（新华社北京 2000 年 2 月 11 日电）

（2）单标题

这是一篇新闻的首选。如果用一个标题就能完成表达，那就绝不再用第二个、第三个。比较单纯的新闻，用一个标题完全可以把新闻事件表达得清清楚楚。如：

长江巫峡溶洞发现古人类遗址

（《光明日报》1999 年 12 月 3 日）

（3）引题式双标题

就是引题加正题，没有副题。如：

投资空间大　工农都得益

大中型企业悄然进军农业

（《人民日报》1996 年 1 月 14 日）

（4）正副式双标题

没有引题，由正题和副题组成。如：

我国将全面推动养老金社会性发放

到2000年年底，80%以上企业离退休人员实现由社会服务机构发放养老金

（《人民日报》1999年12月2日）

五、新闻标题的结构安排应注意的问题

1. 必须正确体现辅题与主题之间的逻辑关系。

主辅题之间存在着一定的逻辑关系，如因果关系、目的与手段的关系等。制作标题时要注意把这种逻辑关系正确清楚地表现出来。

2. 主题的分行要自然，便于阅读。

六、新闻标题的制作

1. 题文一致

即新闻标题必须与新闻内容相一致。这种相一致包括两方面含义：

（1）标题所提示的事实，要与新闻内容一致。具体来说，其一，标题所写的事实应是新闻中本来就有的，不是虚构的。其二，标题可以从新闻中选择某一事实，但是这种选择不能不顾及事物全貌，不能歪曲整个新闻的基本事实。

（2）标题中的论断在新闻中要有充分依据。标题可以具体描述新闻事实，也可以对新闻中的事实进行概括，作出论断，但所作概括和论断一定要有充足的新闻事实作为根据，而不能片面、夸张、拔高。

2. 制作程序

一般都要经过读稿、命意、立言、修正四个步骤。

（1）读稿，即精心阅读稿件，这是制作标题的第一步。认真阅读导语及全文，提炼出最重要、最新鲜的内容。

（2）命意是对标题内容的酝酿与构思过程，目的是在通读原稿的基础上，把新闻中最具有新闻价值和社会意义的事实提炼出来。

（3）立言在标题制作过程就是把命意阶段已经确定的标题的内容和表现方式用适当的文字把它表达出来。标题立言要注意力求深入浅出，通俗易懂，生动引人。

（4）修正是制作新闻标题最后一个程序，也是必不可少的一个程序。只要时间允许，编辑应对标题进行仔细推敲。

3. 制作要求

准确鲜明，言简意明，易读易懂，突出精华，生动活泼。

（1）准确鲜明：新闻要准确地宣传马克思主义，宣传党的各项方针政策，所以新闻标题须切实做到表意要准确，表态要鲜明。表意准确：标题表意要准确；评价事实要准确；运用文字要准确。表态鲜明：指标题报告事实有鲜明的倾向性，笔下带有感情。态度可分为肯定、否定和中立三种。实题表态主要是通过叙事中对事实和词语的选择以及表现方式的运用来表示。虚题表态则主要采用议论的方式来表现。

（2）言简意明：简洁明快的标题使读者一瞥就能了解其中的意思，被读者接受。要使标题简洁明快，应做到：善于省略；锤炼语言；善于利用标题之间的关联性。

（3）易读易懂：标题文字应生动易懂，少用古字，方言、技术术语等如果搬到标题之中，有的会造成阅读及理解障碍。

（4）突出精华：①将新闻中的精彩部分作为标题的写作内容。即将新闻中最具有新闻价值和社会意义的事实写在标题之中。②将标题所写内容中的精彩部分放在主题之中。

（5）生动活泼：标题要把新闻中的精华告诉读者，还应讲究生动性，以优美的形式吸引读者。

七、提高新闻标题写作水平的要求

1. 标题文字的简练

标题是标明文章内容的简短语言，新闻及时迅速地报道新近发生的事件，篇幅一般不长。因此，题目更求措辞精练。但精练并非无限制地压缩文字，而要以概括文章的内容为前提。标题文字简练是以恰到好处为原则而非一味简短。

2. 标题语言的概括性强

新闻常以导语的形式来概括事件的主要内容和中心意义，语言简明。标题也用来概括新闻的主要事实。可见标题的概括性更强。正因此特点，仅阅读标题就能获得许多信息。

3. 标题语言的修辞艺术

尤其是这些修辞的运用都从表达需要出发，为传情达意服务，不脱离内容的表达而沉湎于形式技巧的玩味，即通过完美的形式表达健康的思想内容并取得良好的表达效果。

八、“比较”与“否定”做好标题

做出一个好题目来就必须多动脑。自觉多拟出几个题目来进行比较，这往往不仅是必要的，而且是必需的。特别是要勇于对拟出的题目进行否定，否定的过程其实正是激荡脑力、有所创新的过程。没有否定的过程，脑力激荡不起来，“灵感”不出现，好题目往往做不出来。同时要注意听取别人的否定意见，从别人的否定意见中脑力往往更容易受到激发和震荡，进而拟出一个更好的题目来。只有广纳博采，反复比较、多次否定，才能做出好题目来。

第二节 导语的写作

一、导语的含义

导语是新闻的开头部分，紧接在标题之后，一般由最新鲜、最主要的事实或依托新闻事实的精辟议论组成。

它用最精粹的文字，写出新闻中最主要、最新鲜的事实；或者揭示题旨、制造悬念，唤起阅读兴趣。其主要任务是用最少的语言传达尽可能丰富的信息。

二、导语的分类

1. 直接导语

直接导语是导语的主要形式，就是直接叙述新闻事实的导语，其特点是直截了当，完全是客观叙述。主要适用于时效性强的新闻和硬新闻，以及广播、日报等快捷的媒体。

直接导语的特点是开门见山，直奔要害，简洁明了。如毛泽东亲自写的消息《中原我军占领南阳》的导语。

在人民解放军伟大的胜利的攻势下，南阳守敌王凌云于四日下午弃城南逃，我军当即占领南阳。

（新华社郑州1948年11月5日电）

一般来说，直接导语叙述的事实，是非常单纯的，只包含一个明确具体的新闻事件。如：

集歌舞娱乐健身功能于一体的鞍山“皇家不夜城”开业不到7天即被责令关闭，目前仍在停业中。鞍山市委、市政府对此的解释是：它位于鞍山烈士纪念馆一层，“不能容忍在烈士头上跳舞”。

（《工人日报》1996年3月25日）

直接导语也可以将两个新闻事实合并在一起叙述出来，但这两个事实必须有紧密的关联。如：

广州医学院疫苗科研工作取得了两项成果。一种治疗慢性粒细胞白血病的新药和一种预防幼儿肝炎病毒的疫苗相继研制成功，为癌症和肝病患者带来了福音。

（《粤港信息日报》1999年11月8日）

直接导语也可以是综合性的。如：

农业领域有巨大的投资空间和发展机会，正逐渐成为越来越多的大中型企业的共识。一批先期进入农业的企业奋斗经年，已经硕果累累，更多的大中型企业正陆续制订计划、筹措资金启动项目，准备全方位参与农业的深层次开发。

（《人民日报》1996年1月14日）

（1）用具体的而非抽象的事实概述

人们认识事物的规律是由具体到抽象。具体的事物不但容易理解，也容易引起人们的兴趣。写作中，应选择典型的具体的材料在导语中加以叙述。

（2）增强提炼与概括的能力

记者要在纷杂的材料中提炼出精华，以平实自然的语言加以概括和直接陈述。

2. 评述型导语

夹叙夹议、有述有评的导语，称评述型导语。其优点如下。

（1）评述型导语中的评，可以发挥“深奥，玄妙”的作用

此处指新闻事件深层的、一般不易为读者所注意、所了解的含义。通过导语中的议论，在消息的开头就将其昭示给读者，可以使读者一接触新闻就获得某种启迪，从而对消息全文产生兴趣。

（2）评述型导语可以直截了当地发表意见，能够直接影响舆论

评述型导语可以引起共鸣，可以令读者对导语之后的“如何”以及“为何”

产生兴趣。

①评述型导语中的评，应是言人之所未言，深刻而有新意。

②评述型导评中的评，应是少而精，点到为止，不宜展开。

③为了使导语中的评更具客观色彩、更有说服力，有时也为了防止因记者直接评论而招致被动，可以使用引语方式发表意见。

如《关肃霜一身功夫举座叫绝》（《解放日报》1982 年 3 月 12 日）的导语。

一两年前，报纸上曾提出："京剧向何处去？"昨晚看过云南省京剧院著名艺术家关肃霜首场演出的观众会告诉你：这颗古老的艺术明珠没有失去光彩。戏在人为。如果各地多出几个关肃霜，京剧就不会衰亡。

3. 间接导语

间接导语又可称为延缓性导语。它不直接叙述新闻事实，而是通过描绘场面、渲染气氛、解释概念、介绍背景、引用典故等方法，先作铺垫，然后再说出新闻事实来。这样写的目的是增强阅读的趣味性。如：

直到最后一刻，丹尼尔·莫伊尼汉还在说，他不知道是否应该辞去美国驻联合国大使的职务。他说："我下了 30 次决心，就像马克·吐温讲的'戒烟容易得很，我已经戒了一千次'。"上周，莫伊尼汉最后下了决心：辞职。

（《时代》杂志）

空军一号欢快地飞越中西部，午餐在途中进行。总统刚刚在他的座位上坐稳，麻烦事来了。"总统先生，有个不好的消息报告你。"白宫办公室主任理查德·查理报告说，"帕特·莫伊尼汉辞职了。"福特抬起头来，吃惊地问："为什么？"

（《新闻周刊》）

在实际应用中，要注意间接导语的适用范围。

（1）间接导语适用于时效性较弱的新闻和软新闻，相比之下，快新闻和硬新闻无暇迂回，最好是直截了当。

（2）间接导语适用于周刊、杂志等出版周期较长的刊物，因为出版周期长，报道的新闻一般都落在别的媒体的后面，就必须靠加强趣味性来赢得读者了。

4. 比兴式导语

"比"是打比方，"兴"是"先言他物，以引起所咏之词"，即由另外一个事实引出消息中要报道的事实。比兴式导语可以使消息形象生动。先说"比"在导语中的应用，如《森林公园的特色》（《文汇报》1986 年 8 月 24 日）的导语。

听说上海一东一西镶有两块玉，西边是块“汉白玉”，即波光粼粼的淀山湖；东边是块“祖母绿”，那就是满园覆翠的“森林公园”。

再说“兴”在导语中的应用，如《彩烛生辉不掉“泪”》（《南京日报》1982年2月6日增刊《周末》）的导语。

“春蚕到死丝方尽，蜡炬成灰泪始干”，是唐代诗人李商隐脍炙人口的名句。不过，如今的蜡炬（烛）却不一定都流“泪”了。市日用杂品商场正在出售的河北产各种工艺彩烛点燃时就无烟无“泪”。

5. 橱窗式导语

有如橱窗展示样品，由典型事例构成的导语，为橱窗式导语。

橱窗式导语多用于综合性新闻。其特点不是靠描写或议论，而是靠讲故事吸引读者。写入导语的具有代表性的故事，有如一只小小的麻雀，五脏俱全，可供解剖。通过讲述这个典型事例，读者可以了解事物的细微部分，获得具体的印象，受到感染，为之感动，产生兴趣，进而由感性认识转入理性思考。

写作橱窗式导语，关键是注意故事的典型性、人情味及趣味性。

三、导语的重要性

写一则新闻，导语的设计十分重要。其作用不仅在于对主体内容的提炼，而且在于提高新闻的整体效应。

从受众心理进行分析，导语的作用起码有以下几点：

1. 引发受众兴趣和注意力

新闻的开头如何，与其整体的关系非常大，它直接影响到受众的阅读兴趣、情绪和所处状态。记者如果在撰写新闻时精心设计好导语，新闻就会像磁铁一样紧紧吸引住受众，使之产生浓厚的兴趣和高度的注意力。

2. 调动受众思维的积极性

新闻的导语如能通过适当的引导，激发受众积极思考，新闻的效应也能真正发挥出来。那么，怎样调动受众的思维积极性呢？众所周知，有引导就会产生思索，有思索就会产生求知的欲望。因此，导语通过巧设疑问，能起到开启受众思维的积极作用。

3. 从受众关心的问题入手

每一时期、每一阶段，都有受众关心的热点和难点问题。而这些热难点问题，正是新闻媒介所要关注的焦点。如果记者能从解决问题入手，撰写好导语，这对受众来说是至关重要的。

新闻工作者怎样恰当地设计和撰写导语呢？

（1）要精，有概括性。导语要切中新闻的重点，语言要精练、概括，不能拖泥带水，不能泛泛而谈。

（2）启发，吸引受众。报道的新闻，导语设计应有针对性和启发性。“针对性”是指导语的内容要正视问题，不要回避矛盾；“启发性”是指导语要善于引发受众思考，有启示作用。

（3）要活，不拘一格。导语不仅要概括新闻的内容，还要紧紧扣住受众。这就需要记者在尊重新闻的真实性和客观性的前提下，讲究灵活多样的报道方式。实际操作中，可以变换一个视角，找准导语的切入点；从受众心理需求入手，适当运用对比、比喻、拟人等修辞手法，烘托气氛。

四、导语的写作要求

1. 要有时间观念，并注意新闻根据

新闻的信息量既与新闻自身的重要程度有关，也与它的时效性有关。越是及时的新闻，其信息量也就越大。在导语中要突出最新鲜的事实，突出距报道最近的时间。

2. 导语必须有实质性内容，不能虚晃一枪、空泛无物

所谓实质性内容，即指新闻事实，或者事实中的要点，如某人讲话中特别值得关注的部分等。既然导语的任务是开门见山，报告新闻事实、吸引读者，它就不能不按照这个要求来写，否则，读者从导语中一无所获，甚至感到莫名其妙，便会对整篇新闻失去兴趣。

3. 将最具新闻价值、最有吸引力的事实写进导语

导语写作仅有明确、具体的事实还不够，记者必须将新闻事实中的精华挑选出来，写入导语。只有抓住了特点，才能使导语具有鲜明的个性，脱出一般化、公式化、概念化的窠臼。中外新闻学家都曾指出：导语必须与报道的主题相一致，必须在导语里糅进包含主题的东西；导语必须反映出新闻的核心与精华。

大体上有三类材料应在导语写作的首选之列。

（1）最新鲜的材料

这类材料主要指在时间上它们是刚刚发生、新近出现的，或者虽然不是新近发生的，却是至今为止人们尚未知晓的。

对于刚刚发生的事件，视情况而定，导语可突出“何时”要素。广播电视

新闻常用“本台刚刚收到的消息”来显示时效，报纸上的某些快讯，导语中注明的事件发生时间，甚至具体到几时几分几秒。

有些事件错过了最佳报道时机，只好寻找与该事件有关的新变动，以此为由头，在导语中突出新意。尤为重要的是，切记将最新的事实、信息置于导语，而不要让它淹没在一般性的事实之中。

（2）要选择最重要、最具影响力的材料写作导语

开始构思导语之前，不妨先将有关材料分解成若干独立的部分，比较、掂量一下，看看哪部分材料最有资格充当导语。

（3）选用最有趣、最富有戏剧性和人情味的材料写作导语

导语的基本目的是吸引读者。能够吸引读者的第一要件是新闻事实和信息的重要性、影响性；其次便是能够引起读者兴趣的新奇的、有故事性、有人情味的事实。在分拣材料构思导语的过程中，如果发现这类材料，不妨将其推至导语中去写。

4. 炼字炼句，简明扼要

导语不可太长。字数过多，会淹没“亮点”，冲淡趣味性；还会导致沉重，令读者失去耐心。导语要写得简洁，简洁是和明了相联系的。句子越短，概念越少，越容易理解。

5. 力求优美生动

导语应给人以美感，这是导语吸引读者的又一手段，也是导语写作的更高追求。导语的美，来源于开掘、反映出新闻事实内在的美；讲究文采，做到语言美。

五、导语写作的技巧

俗话说：好的开始是成功的一半。导语的写作，在新闻中有着引领性的功效：它既是新闻稿标题和主体部分的衔接，在整体的结构中承上启下，导出主体内容的完整信息，又是新闻稿的“广告栏”，如一道明亮的风景线，牢牢地抓住读者的心。

导语的写作既要从新闻事实的实际情况出发，又要有创造性。写法因事而定，因人而定。但是无论采用什么写作方式，都必须照顾全篇的统一、完整、和谐。导语要突出观点，点明主题，力求生动，尽可能写得简要明确，使读者知其要领。总之，写新闻导语时，要尽可能做到“五要”与“四防”。

五要：

①要事实新。

②要事实最重要。

③要有新闻根据。

④要简短扼要。

⑤要文字生动。

四防：

①防公式化、概念化，不能用空洞的议论代替事实。

②防一开头就用很多的名字、机构和衔称，一连串枯燥的数字，难懂的技术名词。

③防不分主次、轻重，把太多的事实塞进导语里。

④防一开始就写旧闻，孤立地写历史背景。

第三节　直接引语与消息来源

一、直接引语的含义

直接引语一般指新闻报道中人物说的原话，并且加有引号。现在新闻写作越来越重视直接引语的应用。特别是故事化新闻手法在写作中的应用等，都要求在新闻写作中重视直接引语的应用。

二、引语的震撼力与感染力

合理而精彩的引语运用无疑会使报道锦上添花，是一则消息或特写的灵魂。引用当事人的语言，使新闻事实有血有肉，可以增强说理性效果，给读者带来阅读外的享受。通过引用与之相关的权威人士的一些不同观点，给出尖锐的权威分析，则更有利于解释报道的内容。引语正确而恰当地使用会给略显深奥的财经报道或科技报道添色不少，增加了报道的感染力。

三、直接引语和间接引语

直接引语是指新闻中用引号引起来的新闻人物所说的话，引文必须原原本本，准确无误，一字不差，绝对忠实于讲话人的语言和思想，是一种明白无误的事实，是新闻当事人或目击者谈话的真实记录。

间接引语报道的是新闻人物所讲的主要意思，引文不用引号，它可以是讲话的原话，也可以是记者用自己的话进行的转述。使用间接引语时虽然不加引号，但引述的内容也必须与讲话人的原意相同或者相近。不能断章取义，不能各取所需；不能根据个人需要任意杜撰；更不能把新闻人物从未讲过的话加在他们的头上。

四、直接引语的运用

众所周知，在新闻报道中引上几句直接引语，是让新闻活起来的重要方法之一。如何恰当、准确地使用直接引语，成为当前新闻工作者必须正视、思考和解决的一个重要问题。

1. 什么情况下使用直接引语？

（1）新闻人物讲了一些非同一般的话。特别是大人物讲了一些针对性很强、所表达的意思很重要的话。

（2）新闻人物讲了一些生动、寓意深邃、令人回味的话。

（3）直接引语使稿件具有现场感和信息源的权威性。所谓现场感就是给读者一种亲临采访现场的感觉。

2. 如何使用直接引语呢？

（1）准确无误。采访必须倍加小心。

（2）不能无中生有，断章取义；也不可修改杜撰采访记录。

（3）不能杜撰新闻来源，也不宜使用匿名消息来源。

（4）引述的内容比较多时，用引号引起来的应该是最为关键的部分。

（5）最好能将直接引语和间接引语交替使用，以增加文字的变化，令文章显得错落有致。

3. 写好直接引语并不难。

（1）采访准备充分，明确采访主题，准备好提问，并初步设想下可能会得到什么答复。

（2）认真做好笔记，重要采访可录音。

（3）动笔之前，对采访笔记和录音进行整理，对需要引述的部分加以筛选，把最能说明新闻主题，最重要、最关键、最精彩的话以直接引语的形式写入新闻。

五、使用直接引语需注意的问题

1. 使用直接引语必须一字不差

引用新闻人物的语言时必须做到真实、准确，完全忠实于新闻人物的原话，切不可断章取义，任意肢解、歪曲说话人的语意。

2. 使用直接引语必须交代清楚新闻来源

为了提高直接引语的可信程度，在直接引述新闻人物的话语时，记者有必要清楚地交代新闻来源，写明白采访对象的姓名和职务。必要的话，还应该进一步提供他（她）的年龄、特点或其他与新闻事件有关的细节。

3. 直接引语要与说话者的职业、身份、性格等相吻合

在使用直接引语时，人物话语也要有个体差异。若出现张冠李戴的现象，专家说市民的话，市民说话的口气反而像专家，则会成为读者茶余饭后的笑柄。

4. 直接引语应少而精当

直接引语应当引用新闻人物原话中最精彩、最核心的部分。一般情况下，记者用引号引起来的当是“一针见血”的关键部分，以“投一石激起千层浪”的效果为最佳。

六、消息来源的含义和种类

1. 消息来源的含义

消息来源是指一则新闻中所涉及的事实和观点材料的出处，它表明事实、观点和背景材料从何而来，由谁提供。

2. 消息来源的种类

一般来说，消息来源包括人的消息来源和物的消息来源。

在网络时代，互联网已经成为传播新闻信息的重要渠道，传统媒体开始关注网络上的声音，网络上有什么风吹草动，很快就会被传统媒体做成新闻，新闻记者也越来越愿意借助和利用网络资源来获取新闻信息。

新闻记者主要从以下几个网络途径来获取消息来源：

（1）浏览论坛帖子；（2）关注博客尤其是名人博客；（3）查看企业、学校、政府等有影响机构的网络主页。

网络中有着海量的信息，获取消息来源的途径也多种多样，除了上述几种主要方式外，新闻记者还利用知名网站、聊天室、新闻跟帖等各种形式来获取消息来源。

七、在新闻写作中如何交代消息来源

消息来源分为直接来源和间接来源两大类。

1. 直接来源：是指当事人或有关部门、有关人士直接提供的事实。特点是较可靠，说服力强。

2. 间接来源：是指消息来源不是有关部门或有关人士直接提供的，而是经过转手引用其他新闻媒介的。

一则比较成熟的新闻稿中，往往需要直接来源和间接来源互相补充，直接透露和含而不露交替使用，这样可使新闻事实较为完整，表述上也较灵活。

八、交代消息来源的注意事项

新闻中交代消息来源还有以下几个注意事项：

1. 要确保消息来源的权威性。有时消息来源的渠道很多，但不能随便拿出一个来源来凑数。

2. 对所有议论性的材料务必交代出处。

3. 交代消息来源是指要出示与报道有关的主要事实和重要情节及观点的来源，并非新闻中每个事实、每个数字、每句话都得做到“个个有来历，句句有出处”。一般来说，属于公认的事实、属于常识性的内容以及记者亲眼看到的材料，无须交代消息来源。另外，简讯、快讯之类的体裁，也可省略消息来源。

第五章　新闻主体、结尾与背景的写作

第一节　新闻主体的写作

一、新闻主体写作概述

新闻主体，是新闻躯干部分，紧接着导语之后，内容比导语更详尽、充实，篇幅比导语长，是“新闻的展开部分”。主体的写作要求是：

1. 叙述为主，事实说话。要选择那些具有代表性、典型性的事实，用事实来阐明观点或倾向，表达主题思想。这样的新闻才能令人置信，可读性强。

2. 简短凝练，寓意深远。写作中不能因为主题的容量大而洋洋洒洒。相反，它的写作是非常考究、非常严谨的。动笔之前必须首先在认识事物、提炼主题、结构设计、精练文字等方面下一番功夫。这样才能使主体部分语言凝练，以一当十，含蓄有味。

3. 层次清晰，环环紧扣。新闻主体部分的容量是很大的，它所包括的内容也是比较复杂的，写作中必须从全盘出发，抓住主线，按照层次步步展开，这样才能主题鲜明，层次清晰，结构严谨，顺理成章。

4. 通俗易懂，生动引人。新闻应为大多数人所接受。在写作中应注意通俗性、大众化，使其准确、朴实、鲜明、生动，并有起伏、波澜，符合广大读者的阅读习惯。

二、新闻主体常见的结构形式

一是以时间为顺序。以时间的顺序来安排材料，即开始怎样，如何发展，怎么结束。

二是依据事物的联系。也就是根据主次、因果等逻辑关系，先重后轻、有点有面或并列安排结构层次。

三、新闻主体应注意的问题

1. 主干突出。新闻的主体是主干，典型材料要用在主干上。与主题无关的要舍弃，次要材料要简略。

2. 内容充实。回答导语中提出的问题，其内容必须具体、充实，这样才有说服力，才能紧扣中心，突出重点。

3. 结构严谨，层次分明。要恰当地划分段落，有条不紊地展开叙述。

四、新闻主体的作用

1. 为导语展开丰富的材料

导语总是简明扼要的，虽然它叙述了主要的新闻事实，但是十分简略，不会提供事件的全部过程，不会把涉及的方方面面都一一讲到，更不会提供翔实的数据和丰富的细节。消息主体的最明显作用，就是为导语中已经表达过的主干事实提供较为丰富的材料。

2. 解释证明导语中提出的观点

导语中提出来的观点，要在主体中得到充分的证明。导语中可能引起疑问的地方，在主体中要有充分的解释。

3. 满足读者了解新闻详细内容的欲求

如果读者对某一新闻感兴趣，他就不会满足于导语所提供的那些简单介绍，作者有责任在主体中向读者提供详细的内容。

第二节 新闻结尾的写作

一、新闻结尾的含义

新闻结尾特指能深化报道主旨的新闻的最后一部分，但新闻的最后一部分不一定都称得上是结尾。新闻结尾的写法较为灵活，有的另起一段，置于文末；有的主体写完，新闻事实交代清楚就自然收尾，不必专门立段。

一篇好的新闻作品，除了有个叫得响的开头，还有一个精彩的结尾。写好结尾，能使新闻作品富于严密的逻辑性，给读者以完整、丰满的印象。

二、新闻结尾的形式

新闻结尾的形式是多种多样的，常见的有以下几种：

1. 评论式。在新闻收结的地方对所报道的事实加以评论。具体表达时，既可以是直接发表议论，也可以是借别人之口进行评议，或者转述有关的评价。

2. 总结式。一些内容较为复杂的新闻，可以在结尾处来一个概括性的总结，使全文的内容最终归纳在一个点上。

3. 启发式。在新闻事实已表达清楚的基础上，再引导人们进一步联系现实、认清责任的写法，就是启发式。

4. 展望式。在新闻事实表达完毕之后，对其发展方向和结果作出预测，通常都是描绘乐观的前景，展示事物的发展趋势。

5. 引用式。在新闻的结尾引用相关人物的话来做收束，也是新闻常用的结尾方式之一。

6. 背景式。前面已对新闻背景做了全面介绍。如果新闻背景出现在新闻的最后，就是背景式的结尾。

7. 数字式。在结尾的地方列举一些数字，有时能使新闻事实更丰富、清晰。

8. 补充式。在将要收结的时候，又对新闻事实做适当的补充。这些补充的内容，一般不是核心新闻事件，但必须跟核心新闻事件有紧密联系。

9. 卒章显志式。在新闻结尾，把新闻报道的事实所蕴含的生活道理点出来，使新闻描写的个别事实释放出普遍意义。

三、新闻结尾应遵循的原则

结尾的形式可以多种多样，但这并不是说可以想怎么写就怎么写，而应遵循一些基本的原则。

1. 紧扣主题，切忌漫无边际。新闻结尾应该紧扣新闻事实脉络而不空泛，要有点睛之笔，给读者留下深刻的印象。同时，结尾的内容要有事实，但这个事实最好不是一般的具体事实。新闻的结尾内容要有所浓缩和集中，主题思想应凝练而有所升华。

2. 增添信息，切忌重复絮叨。一些稿件之所以败在结尾上，很多是结尾重复絮叨，要么对前文进行概括总结，要么对前文中的某一新闻事实进行再叙述。结尾应结合它在稿件中所处的地位和作用，精心设置其内容和形式，确保能提供更多的新闻信息，帮助读者对稿件的新闻价值有更深刻的认识，以增强稿件的表达效果。

3. 顺势而行，切忌节外生枝。每篇新闻都有其内在的叙述线索，都会通过起承转合、起伏呼应，展现新闻事实间的内在逻辑关系。作为结构内容的结尾，应沿着新闻的表达线索，顺势而行。

4. 遒劲有力，切忌拖泥带水。简洁明快，是结尾写作的一个基本要求。有的作者稿子写到最后，突然“文思泉涌”，于是东拉西扯，势必冲淡主题；有的写到最后，感到主要任务已完成了，就草草收笔；还有的不注意选材，按照主题表达需要，故事本来已经讲完了，可又像拍电视连续剧似的写起了续集，影响了稿件的表达效果。结尾应按照稿件的叙述节奏，简要明了，遒劲有力，给人回味，给人启迪，不能拖泥带水，没完没了。

5. 首尾呼应。一篇新闻作品，在写作过程中，应该时刻注意报道的首尾相呼应，以便读者加深对全文的理解。

四、新闻结尾的写作应注意的事项

新闻结尾的写作，一般要注意以下四点：

1. 要紧扣主题

结尾是新闻的组成部分，要紧扣主题，起到表现或深化主题的作用，不能偏离主题。

2. 切忌空谈空论

结尾要力求精练，力避重复、啰唆，因此结尾的内容要安排适当，防止用公式化、概念化的语言。

3. 新闻一定要有结尾

新闻的结尾，不一定是单独成段。一条简讯，乃至“一句话”的新闻，也是有头有尾的，否则读者就看不清楚，听不明白。

4. 新闻结尾宜自然，忌生硬

有时候，与其勉强地写出一句结束语，不如听其自然地将新闻收住，这也是结尾。有时正文部分把事情讲清楚了，首尾圆妥，也算是有结尾。新闻写作不可能没有结尾，但不是任意加上去的“尾巴”。

第三节 新闻背景的写作

一、新闻背景的含义和分类

1. 新闻背景的含义

新闻背景就是作者在行文中，对新闻事件产生的相关条件和有关知识所作的必要交代和介绍。

介绍背景，能对新闻事实起到说明、补充、衬托作用，并且有利于了解新闻发生发展的来龙去脉，加深对新闻的认识和理解，深化新闻的主题，并有丰富内容、增加知识性和趣味性的作用。

2. 新闻背景的分类

按照写作手法的不同，背景可以分为以下三类。

(1) 对比性背景材料

作者在报道某一新闻事实时，为了突出其性质、特点及意义，运用今—昔—今、正—反—正的思路，把新闻事实的历史形态或相反情况作一定的介绍，这些与新闻事实形成明显对照和衬托的材料，就是对比性背景材料。

(2) 说明性背景材料

即对新闻人物或事件的政治背景、地理环境、历史演变以及其他情况作介绍和交代，用来说明事物产生的各种因素，揭示事物发生和变化的意义。

对新闻事实产生的相关条件，主要有历史、地理、经济、政治、文化等方面的相关条件进行交代，以及新闻事件的来龙去脉。

(3) 注释性背景材料

即对概念、术语、著名历史事件和人物以及有关科学知识进行解释的文字，包括叙述人物的出身、经历，介绍产品的性能、特色，注释专用术语和技术知识等，以帮助受众正确理解新闻所提供的事实，认识其意义。

这样的背景材料不仅使新闻事实更完整清晰，还能开阔眼界，扩大读者知识面。

二、新闻背景的作用

1. 延伸思路，深化主题

如果把新闻事件看作一个在特定时间和空间中存在着的“点”，那么这个“点”必须有它引人注目的魅力，否则，不能成为新闻题材。不过，完全局限在这个“点”上，就缺乏纵深的空间感，把人的思路限制死了。

2. 注释解说，帮助理解

消息的内容必定会涉及一些一般人不懂得的知识，如果不做注释，就会给读者造成阅读的障碍。

3. 丰富内容，增加趣味

有了背景材料，消息的内容比单一事实报道要丰富一些，这是无须解说的。另外，有一些背景材料本身有较强的趣味性，这也可以增强作品的可读性。

三、新闻背景的写作艺术

1. 新闻常用的背景有如下四种：

（1）人物背景。新闻人物的首次出现，或读者对新闻人物不了解，则需要对新闻人物的来历、简历进行说明与交代。

（2）事物背景、新闻作品中的新事物、新发展、新创造、新产品等，往往需要向读者介绍其历史、缘由、意义、特征、功效、性能等，以便让人更全面地了解该事物的有关情况。

（3）历史背景。为了说明或衬托事实的发生、发展，加深对新闻意义的认识理解而写进新闻的历史性材料。

（4）地理背景。用来说明或注释新闻事实发生的地理位置、地理环境或客观条件的那部分材料。

2. 新闻背景的写作手法是：

（1）注释法。注释背景用以帮助读者看懂新闻内容、增长知识和见闻的背景材料。通过注释背景，帮助人们理解和领会新闻的全部内容。

（2）对照法。对照法也叫对比法，就是通过对事件进展各个方面进行对比，衬托出新闻事件本身的意义，帮助读者加深对新闻事实及其特点、意义的理解。在写新闻事实的同时，用背景材料在里边作必要而鲜明的对比，这样，新闻就会内容突出，个性鲜明，主题深刻，事实生动。

四、新闻背景写作应注意的问题

1. 不要偏离主题。背景是新闻内容的有机组成部分，是为说明、深化主题服务的。写作中要精选、巧用，不得盲目塞入，更不要偏离新闻主题。

2. 不要喧宾夺主。背景是新闻的从属部分，是服务新闻事实或新闻主题的。它的写作应该是简洁凝练，不宜过长过多。

3. 不要写得枯燥无味。背景运用得好，可使新闻满纸生辉，余味无穷。写作中必须抓住引人注目的材料，精巧谋篇，使之与新闻事实搭配得体，这样的新闻才不会枯燥无味。

第六章 新闻报道的“度”和“点”

第一节 新闻报道的角度和深度

一、新闻报道角度的含义和作用

所谓新闻报道的角度，是指采访到可报道的题材，选择一个“最佳”的方面来表达，把新闻写透写深又写活，使广大读者喜欢看。因此，选择报道的角度，关系到新闻工作者通过哪一点哪一个侧面来反映事物或人物。

苏东坡有一首描写庐山的诗：“横看成岭侧成峰，远近高低各不同。不识庐山真面目，只缘身在此山中。”这首诗说的是庐山的绚丽多姿，从不同角度望庐山各有美妙的胜景。读这脍炙人口的诗句，可以从中领悟到一些有关处理新闻写作角度的道理。

角度，有如拍照。拍照可以正面拍，也可以侧面拍，可以俯拍，也可以仰拍。唯其角度各异，才能拍出千姿百态的景物或人物。要是所有镜头只对准一个角度拍，就很单调，千篇一律。从拍照选取角度的事实说明，认识任何事物，不但要抓住普遍性，而且要抓住特殊性。只有抓住特殊性，才能具体、深刻地认识某一特定事物。我们接触的人不计其数，怎样才能认准确呢？就是要抓住那个人同另外许多人相区别的特征。我们写新闻，就应当研究报道对象的特殊矛盾，抓住它最有特点的东西来写，才能写得深刻、生动、具体而有新意。选取好的角度还有另一种意思，就是避免主题重复。角度选择得好与坏，直接影响到新闻报道的成败。角度不好，一般化，老一套，就无新意，就会削弱新闻的价值，毁坏新闻的生命，降低新闻的作用。角度选择得恰到好处，新闻主题就能表达得好，新闻的价值就倍增。

总的来说，新闻的角度就是记者落实新闻主题的一种特别方法，是记者选取和表现新闻内容的切入点。也就是说，它是新闻主题的具体体现，是为表现主题服务的。选定新闻的角度，是记者动笔写稿的首要一道“工序”。新闻角度反映稿子的宗旨，宗旨不明，写稿就无从着笔。对于有经验的通讯员来说，选对了角度，新闻就完成一半了。反之，角度选得不好，先天不足，即使下功夫再大，也会劳而无功。因此说，“新闻角度”是新闻稿件的灵魂。

二、选择最佳报道角度的方法

选择最佳的报道角度要从以下四个方面进行考虑：

1. 要打破只从正面看事物的老框框，善于从它的各个侧面或反面去观察、描绘。这样既易于找出报道的新角度，又能防止报道的片面性，可写出别具一格的新闻报道。一篇稿件能否见报，除了要有好的内容外，更重要的是要有新的角度。如果善于从侧面选择不同的角度进行报道，往往能以小见大，写得也深刻些。

2. 要摆脱实际部门总结工作或布置工作的束缚，善于从群众生产、生活及其各种各样人的活动中去表达事物。摆脱固定工作角度，力求从群众角度写稿，往往报道的新事物、新经验、新人物等，才能出现新意、新面貌。

3. 要跳出工作过程或生产程序的“轨道”，多从思想领域找“新闻”。如果局限于成绩是怎样取得、会议是怎样开的、领导是如何讲的、群众是怎么说的这些去写稿，势必从工作角度“做文章”。应该把采访的重点放在思想领域，放在群众身上，写的稿件努力揭示新闻人物在工作、生产、生活中遇到的思想上的矛盾，以及内心世界闪光的东西。从这样的角度写新闻，易于脱开技术性、业务性，增强报道的思想性。

4. 要善于驾驭事实，从中抓本质，抓特点，学会分析、归纳、综合。新闻报道既要全面，又要集中。这里的关键在于新闻工作者所选取的角度是否典型，是否反映了事物的本质。还要根据所占有的材料，寻找事物的特点，突出主题。

三、新闻价值在于思想深度

新闻报道中不着边际的“空话”“大话”，其实正是新闻报道失实的要害所在。既然一切文明史都是思想的历史，新闻是历史的记录，记录者就不能没有新闻的思想深度；不是说新闻工作者是社会活动家吗？社会活动家不能没有社会灵魂；不是说要发挥新闻的指导、引导、导向作用吗？没有思想的事实如何显示力量？没有思想深度，哪来“导”的力度？

新闻的思想深度观念强了，搞深度报道也就有了主观能动性的前提。如果这个前提不明朗，深度也就无从谈起。

四、和谐的客观性与思想性

新闻报道是发生客观事实的反映，一味地追求报道的思想深度会不会违反新闻的客观性原则呢？这里需要弄清两个问题：一是新闻所体现的思想从哪里来，二是如何体现新闻的思想性。

首先解释的是，新闻报道的思想性与新闻事实的客观性并不矛盾，恰恰相反，两者是完全一致的。“事实是形，思想是魂。”根据客观的新闻事实，包含丰富的思想。同新闻事实一样，这些思想也都是客观的，看如何认识，抓取哪一个切入点。强调新闻报道的思想性，并不要求也不允许杜撰个什么思想强加到新闻事实中去，而只是要求报道人员挖掘新闻事实本身所反映的思想性，再用客观的语言组织报道出来。新闻报道的思想性一定要追求，杜撰、编造思想的做法一定不可取。

其次，在体现新闻的思想性方面，消息、通讯、新闻追踪等纯事实报道，除了需要特别强调者外，通常都让事实本身来体现，字面上“引而不发，跃如也”。“引而不发”的好处是，可以让受众更充分感悟新闻的思想，而不致局限在报道所点明的某一个思想里。新闻分析、新闻述评等叙、议结合的报道，也要注重以事实说话；议论要以事见理，既见解新鲜又恰如其分。

总之，坚持新闻报道的思想性与新闻事实的客观性相统一，坚持以新闻事实体现思想性与恰当地阐发新闻事实的思想性，是开展深度报道的基本要求。

五、认识能力与报道深度

报道的思想深度与报道人员的认识能力成正比，思想深度是认识能力的具体表现，认识能力是思想深度的主观前提。

然而，不管认识能力如何，在具体的新闻采写实践中，还少不了从三个方面力求报道的思想深度：

一是采访，抓思想。采访过程中，一开始就全神贯注地注意对象讲话的思想内涵。抓住容易一闪而过的思想火花，特别是有新意、有个性的想法、说法。思想火花是新闻事实所含思想深度的闪现，在整个写作布局中，有的用作大标题，有的用作副标题。抓住它们，也就在一定程度上抓住了报道的思想的纵深。

二是学习，炼思想。联系报道对象的具体实际，学习党中央的有关精神，学习有关的理论和经典著作，学习同类内容的优秀新闻作品，等等。这种学习，不是简单地“拿来”，而是以学求悟，求有所发现，悟有所创新，从而更深刻地认识对象、认识对象的新闻传播意义。

三是研讨，汇思想。在采写过程中，注意同所有对象讨论思想；必要时专门邀请一些善于思考、认识水平高的人开研讨会。多多与不同新闻战线的记者们探讨新闻写作经验，请他们谈见解、感想，共同感悟，让别人的丰富思想融入自己的长期积累的认识水平中去。

第二节 新闻报道的舆论度

新闻舆论监督是舆论监督的重要形式，舆论监督控制力的加强，有利于优化舆论监督效果，增强主流媒体的舆论监督地位，对引导新兴媒体舆论监督方向也具有重要意义。

非流言、及时性而非滞后、真实性而非跟风、系统性而非分散，体现在对事件发展和解决中推动作用的关键性。因此，主流媒体必须把握好契机，更及时、准确、全面地对社会热点加以报道，既不同于小报、网络的无原则炒作，也不同于境外媒体歪曲事实或节外生枝，而是做到“掷地有声”，“言出必信”。

尽管常规性报道是媒体的立足之本，但公众聚焦的突发事件往往会形成报道亮点与焦点，最能吸引受众的关注，也最能考量新闻工作者的素质和高度，从舆论监督的报道实践来看，应在以下几个方面加以注意：

一、报道时机的把握

主流媒体的舆论监督要实时、适时，除了在新闻事件发生后即时予以报道跟进外，还应注意两个时段。首先，在网络等社会舆论出现混乱时，主流媒体要及时发布权威声音，说明真实情况，疏导不良的群体性情绪。其次，主流媒体应在社会问题凸显之前就先行给予预警和疏导。

二、报道内容的扩展

媒体舆论监督，不仅包括新闻批评，还包括公众对民主法制、两个文明建设广提建议等多方面内容。伴随国民民主意识增强，传统的批评报道要向更为广泛的公众参与方向发展。过去的舆论监督对象，多集中在滥用职权、行贿受贿、关注弱势群体等领域，如今，主流媒体亟须扩展监督触角，做好社会变革的第一瞭望人。主流媒体应借助信息资源优势，把目光投向问题尚在暗处、民众无法触及的角落，做好社会利益的代言者，化被动为主动。此外，增强新兴媒体的舆论引导能力需要进一步加强主流新闻网站建设，扩大主流新闻网站在读者中的影响力。

三、报道表达的理性

舆论监督报道并不等同于负面报道，而是从实际出发，以积极的建设性立场，在本着对公众负责的态度揭露不良现象的同时，积极探讨解决方案，推动社会进步。这要求主流媒体以理性的思维来审度问题。不回避，也不激进，不把舆论监督弄成剑拔弩张、不留余地的角斗场。首先，采访要全面深入，挖掘极具说服力的事实，实现新闻要素零误差。其次，做到公正客观，将批评与肯定相结合，用辩证眼光去看待问题。再次，坚持正确导向。以解决问题为落脚点，分寸恰当、适时适宜、注重实效。此外，还要慎重分析问题的探讨能否促进党政工作，能否给公众带来利益，当好选题的把关人，抓住主要矛盾，发挥好议程设置的重要作用。

第三节 新闻报道的关注度

一、引入的故事化

1. 以人为故事主体，基于娱乐化的调试

新闻故事化首先应将人物作为报道关注的焦点。其目的为避免受众注意力倦怠，将人物作为报道关注的焦点，改变了以往从整体上、宏观上以某一事件进行“大特写”“大透视”的写作手法，转而关注个体的生命。新闻故事化正是以个体的故事、经验为切入点和线索来引出重大的新闻事件，或揭示新出台的法规政策，或反映社会变迁，尤其是本身比较抽象、内容较为平直，或者情节曲折性不强的新闻事实，选择故事化新闻报道方式，从与该事实密切相关的某个人写起，抓住具有新闻意义的鲜活的人，写他们的思想、情感、言论、行为和命运，使缺乏活力的新闻事实产生故事化的效果，记叙也会因此变得生动有趣，进而激起受众的阅读兴趣，以此“软化”硬新闻，受众在报道中看到的将不再是干巴巴的事实罗列，而是真实的生活。充分的描写能使读者读起报道来有强烈的现场感。

在讲故事时，应努力挖掘新闻事实中具有人性、人情的色彩因素，描述人的生存境遇，捕捉生动传神的生活细节，展现人的真善美，把情感因素融入理性思索中。

提到新闻的故事化就不能不先提到新闻的娱乐化。娱乐化是对严肃刻板的宣传说教方式的一种矫正，但同时它又给新闻报道带来了浅俗化的趋向，新闻故事化正是对娱乐化的矫枉过正所进行的又一次修订，是强调报道的细节化和情节性，在顾及受众阅读快感的同时更重视挖掘新闻的社会价值。

2. 设置悬念

构成故事的重要成分是悬念和细节。悬念的功能是要吊住受众的胃口，使之非看出个结果来。要把新闻当故事讲，且要讲得娓娓动听、扣人心弦、层层剥茧、渐释悬念，揭示主题，就一定要善于运用“曲折”。这是一个技巧，也是牵引受众眼球的妙招。

3. 巧妙运用细节

每个人与众不同的地方，或是心理，或是性格，或是经历，或是情绪。在“共性”与“个性”之间，对新闻对象的细节的关注，对细节的捕捉，对细节收放自如的运用，就是抓住了新闻对象的个性。放大与深入个性的挖掘，对理解认识新闻对象，对展示事件及人物的精神世界、展现被采访者的真实情感经历有着至关重要的作用，这也决定了采访是否成功。

好的新闻作品依赖于对于细节内容的巧妙运用。细节展现着人物的行为和事态的进程，用细节展现的新闻报道才能够再现新闻事实本身的生动性、独特性、丰富性和深刻性，从而给受众留下深刻的印象。

故事化新闻报道十分注意形象化的描述，善于捕捉生动的细节，好的细节不仅增加了新闻的可信度，而且增加了故事的现场感和画面感。细节是具体的，只有记者在采访中才能获得，而编辑是无法提供的。细节的表述绝不是为了细节而细节，为了故事而故事。所有的细节、所有的表达形式，应该是为描述与解释事实本质服务的，这样才能使新闻报道文本简洁、流畅，直击人心。

4. 让场景“说话”

在新闻报道时活化关键点的场景是非常必要的。把场景逼真地再现出来，才能够使新闻报道做到有神、有形。场景描写能够烘托气氛，帮助读者更好地理解人物的性格、行事的动机和戏剧化矛盾冲突。一个好的环境描写包括视觉感受、听觉感受、嗅觉感受和触觉感受四个部分。场景的描写要力求细致，运用每一种感觉，将你所看到的、听到的、闻到的和触摸到的场景全部描写出来，不仅反映了事件本身的真实，更重要的是折射出一种背景的真实。这样的画面就能在读者心里留下有声有色的鲜活印象。需要引起记者注意的是，故事化的语言应该把直接引语写入新闻材料背景中。因为直接引语能使受众直接聆听新闻人物“说话”，能使新闻事件更增添戏剧化色彩。此外，直接引语还能轻而易举地帮助记者做到客观报道，使受众直接感受到新闻事件的真实可信。

二、选题的平民化

选题平民化的目的就是要突出新闻的大众性。新闻牵动着人民群众的切身利益，在面向领导的同时，更要面向群众，选取人们最关心、最容易理解的新闻角度，来反映和报道与人们日常生活息息相关的时政报道、经济现象、法治教育等，引起大众的共鸣。

新闻的价值取向类似民事新闻，以平民视角，讲述老百姓自己的故事，从平凡生活中挖掘有新闻价值的素材。“报道”强调实录和客观，尽量减少主观性成分、参与性的表现；“讲述”注重人情事理，对故事中的人物和行动作出一定的分析评价，更注重从人物的命运来折射社会背景变化的新闻价值取向。

三、报道的人文化

重视人文关怀已成为新闻传播界提高自身文化品位的关键，并已经体现在新闻传播的实践中。新闻题材的选择、新闻采访手法以及新闻传播效果中，都不同程度地体现人文关怀。

新闻的选题应当来自新闻工作者的采访，来自老百姓关心的问题，应该对老百姓给予严肃的关注，重点报道老百姓关注的严肃的和有新闻价值的重要问题。媒体的议程设置应更多地根据新闻工作者在基层采访的线索或公众反映的问题。

新闻报道离不开对人的关怀。真正的“人文关怀”是对“人”的“存在”的思考；是对“人”的价值，“人”的生存意义的关注；是对人类命运，人类的痛苦与解脱的思考与探索。它是道德价值的基础与出发点，而不是道德价值本身。有意识地调整自己的报道思路和写作方式，尤其在深度报道中注意人文视角。有了这样的视角，报道才能更加深入、全面，才能有灵魂。

第四节　新闻报道的关键点

一、选取恰当的新闻价值点

新闻的社会价值基础是一个历史的、民族的范畴。新闻价值的发现以社会文化环境为其本源。从历史的观点来讲，由于不同历史时期社会发展状况不一样，人们的价值观亦不一样，新闻的社会价值基础就不一样。社会文化环境的不同，决定了人们新闻价值观不同。新闻价值的最终标准，应是服务于社会，造福于社会，这是新闻社会价值的核心。

从受众角度来看，新闻价值是指为受众所喜闻乐见的程度以及它在社会中所产生的影响或效应。新闻价值点就是我们所说的认识事物的出发点，出发点不同，人们认识事物的角度就不同；出发点不同，人们认识的侧重点就不同。

二、寻觅最佳的采访切入点

采访活动质量的好坏直接影响到新闻报道质量的高低，选择什么作为采访的切入点，显得尤为重要。采访活动一方面要求新闻工作者采访前的准备工作要充分，另一方面要寻找最佳的采访切入点。

采访问题就是记者采访的敲门砖，也是采访切入点的外在表现。采访问题一定要变换角度，新闻工作者设计的采访问题，一定要是采访对象感兴趣的问题，这样才能引起被采访者兴趣，顺利地完成整个采访活动。

三、紧抓新闻的关联点

新闻事物包括着多侧面、多角度的内容信息，可是新闻报道不是事无巨细、面面俱到地进行反映，必须有内容的取舍。特别是在重大新闻报道中，必须跳出一般事件信息的常规视角，而是把新闻视角扩展到新闻信息之外的高度上，细致挖掘信息之间的关联点，让次要信息辅助重要信息源，抓住与事件主题的相关点，以突出和深化报道主题，增强报道的力度和广度。

下　编

新闻分类写作与范文

第七章　消息的写作

第一节　消息的写作技巧

一、消息概述

1．消息的含义、特点和种类

（1）消息的含义

消息通常被人们称为新闻。“新闻”一词有广义和狭义之分。广义的新闻是指各种新闻体裁的总称，包括消息、通讯、特写、调查报告等，狭义的“新闻”指的是消息。我们这里所讲的消息，指的就是狭义新闻。

消息是报纸、广播、电视中最广泛、最经常使用的新闻体裁，它是报纸的主角，是新闻报道数量最大、最常见的新闻形式，据统计，美联社、合众社每天发稿300多万字，其中，三分之二是消息。新消息的定义：用简洁明快的语言及时报道新近发生发现的有价值的实事的一种新闻文体。

新华社的每天发稿中也绝大多数是消息。

（2）消息的特点

①反应迅速，简短明快

消息，应该在事件发生后最短的时间里见诸报刊等传播媒体。

行文简洁明了是消息写作的风格。

首先，是写一个扼要的但引人注意的导语；然后，顺着这条导语，在主体部分使用现实的或者背景的材料让事实更加清晰起来；最后，来一个戛然而止——或画龙点睛或余音绕梁的结尾。

整篇作品要干净利落、清清爽爽。

②准确无误，完全真实

真实是消息写作的生命。真实性的具体要求是：人物，地点，时间，事件缘由、因果、经过等细节必须有案可查；消息中引用的资料、数据、引语、史实等现实的和背景的材料一定要确凿无疑。

③寓理于事，叙述为主

消息是事实的综合。事实胜于雄辩，用事实说话，是消息写作的一大特点。

一篇理想的新闻报道应该把读者带到现场，使他能看到、感觉到，甚至闻到当时所发生的一切。

（3）消息的种类

消息常被人们称为新闻，或者狭义的新闻。它是报纸、广播、电视新闻中使用得最广泛的一种新闻体裁。消息的具体特点不一，因此可分为不同的种类。

①简讯

简讯包括一句话新闻、要闻、快讯，即用三言两语，简要地报道新发生或新发现的具有新闻价值的事实。比如，一些报纸上辟有“简明新闻”“一句话新闻”“标题新闻”“各地零讯”等栏目，刊登的消息都属于这一类。对这些栏目报道的内容要求单一，一般不分段落。既没有导语，又不必交代背景，只要求简单明了地告诉读者某地某时发生了某事。

②短消息

即用简洁的文字，把最新最重要而又有意义的事实报道出来。一般此类消息，由导语和主体两部分组成。有的短消息也没有导语，一气写下去。但是，它比简讯、快讯都要写得具体、完整些。

③长消息

即用较多的笔墨，详细地报道新闻价值较高的重大事实。这类消息的写作有导语，还要交代必要的背景，有的写出事件的全过程或工作经验的主要内容。一般说来，长消息主要报道重要的会议、重大的事件或成就及介绍先进经验等。因为这些报道的内容重要又丰富，如果只写简讯或短消息就不能满足广大读者的需要。当然，有些重要的会议或事件，也可以先发一个短消息，然后写长消息或通讯做详细报道。

④特写消息

特写消息也称目击式消息或情景消息，即对事情的发生或人物活动的现场，给予准确、清晰、生动的描写，力求再现活生生的事实。这类消息用电影艺术的特写手法进行写作，可以单独报道某一重大事件或作为重要人物报道的一种补充。这类消息要写好的关键是，通讯员既要深入事件发生或人物活动的现场，又要善于观察。用眼睛摄取富有新闻价值的一情景或一物，才能把特写消息写得有声有色。

⑤人物消息

以人物的活动或遭遇为内容的报道。如各行各业先进人物的示范工作或在各自工作岗位上取得了新成就等，都可以写成这类消息。有些人物消息，又突出反映人物的思想或精神风貌。人物消息的写作，要求文字较简短，选材切忌贪大求全，最好是抓住人物的特点或典型事来写。写好人物消息既要抓动作，写出人物的精神；又要抓表情，写出人物的心情；还要抓语言，写出人物的个性。

⑥述评消息

不仅报道事实，而且对事实进行评价。它也称为“新闻述评”或“记者述评”。这种消息不但告诉读者发生了什么事，还帮助读者分析、解释、评价来认识这件事的来龙去脉及其意义。其写作都以报道的事实为主，以评议事实为目的。从表达来说，往往是述多于评。从这一点来说，它又区别于评论。此类消息在叙述事实中进行评论，有的放矢，切中要害，才能起到画龙点睛之妙用。

⑦图片新闻

即用新闻照片配上文字说明的一种消息报道形式。这种报道形式，主要是抓住典型的事件，或表扬或批评，做到图文结合，使读者一看便知新发生或新发现了什么事实，又能产生如临其境之感。近年来，这种图片消息受到报纸的重视，也受到读者的欢迎。

2. 消息写作的选材技巧

写消息时，选取材料有以下三个技巧：

（1）努力掌握更多更好的材料

实践证明，不了解情况和问题，只翻简报，看看总结材料所写出的新闻报道，往往是堆积材料罗列事实，或者是写“体会到”“认识到”“坚决照办”一类的空话和废话，很难写得简短。在这种情况下，即使硬要写成短新闻，往往也是干瘪、枯燥的，没有新鲜味。只有大量地占有第一手材料，才能写出既短又好的新闻报道。

（2）善于对材料进行剪裁和取舍

有些新闻之所以写得长，就是缺乏筛选和剪裁的功夫，不善于去糟粕留精华。

（3）选择典型事实

在选材时，要选典型材料，做到“以一当十”，这也是把新闻写得精练的重要一环。如果抓到什么事例就写上什么事例，缺乏典型性，既难于阐明报道主题，也难于写出精彩的新闻。材料典型，新闻才能精练。典型的材料并非信手拈来，而是从采访到的大量材料中筛选出来的。

3．消息结构的组成部分

消息结构的主要成分是：标题—导语—主体—结语。它有三种基本类型。

第一种是“倒金字塔”式，即把最重要、最新鲜的事实放在最前面，其他内容按事实重要与新鲜程度的大小依次排列。

第二种是“并列”式，即平行排列事实。

第三种是“金字塔”式，即开始设置“悬念”，将最重要的事实放在后面。

（1）标题

消息的标题可以归纳为下面三点：

①多行标题，容量很大

消息除了正题以外，还有引题和副题。

引题又可称为“眉题”或者“肩题”，其位置在正题之上，字号比正题小。

它的作用在于或交代形势、说明背景，或揭示事件意义，或烘托气氛，以引出正题。

正题又可称为“主题”或者“母题”。它是一则消息里最主要的事实和含义的概括与提要。正题是标题的主体，字号最大、最醒目。一条消息可以没有引题和副题，但一定要有正题。

副题又称“子题”或者“辅题”，其位置在正题之下，字号也比正题小。

它的作用在于或补充正题的事实，或说明正题的来源和依据，或挑明意义、展示效果，往往起提要的作用。

②虚实相间，互为补充

在新闻标题的作用上，概括事实、揭示主要内容、说明结果，即昭示“谁”“怎么样”的标题称为实题；交代背景、说明形势、烘托气氛和表明作者倾向的标题称为虚题。制作多行标题，一定要使其互相配合、互相补充，做到各行题目之间虚实搭配、相得益彰。

③准确简洁、新鲜醒目

标题的写作必须精练贴切，新颖简洁，要引起读者注意，要生动活泼，具有感染力。

（2）导语

导语的写作方法多种多样，变化灵活。常见的有下列七种。

①概述式

用凝练的语言，扼要叙述出消息中最主要的事实。

②摘要式

摘取主要事实，对消息内容进行高度概括，也是导语常用的方式。

③描写式

对事实发生的环境、时间，或人物的态度做形象、扼要的描述。

④结论式

即先将从事实中得出的结论端出，然后再做进一步阐述。

⑤引语式

引用诗词、民谣、谚语、警句、格言，或人物的话语、各种条文等作为开头，然后引出事实。

⑥提问式

响亮地提出问题，引起读者的好奇或兴趣，促其将消息读下去。

⑦评论式

对导语中的简要事实明确表态，正确与否，表示鲜明的倾向。

（3）主体

导语后面是消息的主体。消息的主体承担的任务，主要有两点：

其一是进一步阐述导语中的事实，使新闻内容更加明确。

其二是运用背景等材料补充导语，使消息的根据更确凿、内容更丰满。要注意，在主体中不要再重复导语。

（4）结语

消息的结尾是消息的尾巴，标志一条消息的终结，常常一两句话。如果事尽文止，就应自然收束。

4. 消息写作的要点

（1）消息写作手法上的要点

①以记叙方法为主，把事实的前因后果、来龙去脉照实写下来的方法。消息写作主要采用记叙方法，是因为消息的任务在于向人们报告最新事实这样一个特点决定的。叙事的内容包括5个要素：什么人，什么事，什么时间，什么地点，什么结果。

②把消息的导语写好。导语居于消息之首，是消息的“窗口”；写导语要求“立片言以居要”，用简明的一两句话扼要交代消息的核心内容，先给读者一个总体的印象，吸引读者读罢全文。

③主体部分叙事要分清主次，井然有序。主体是消息的基础，要展开叙述消息的主要事实。叙事要突出中心，主次分明，这是写文章的常识。因为消息不宜写长，一般是三五百字，所以在叙述事实时，尤其要注意集中笔墨写好事实的重要部分，以防没有主题。

④争分夺秒，事发文成。消息本身就是一种迅速及时反映现实及其变化的新闻体裁，因此写作消息无疑就要求雷厉风行，争分夺秒，力求做到事发文成。

（2）消息写作十条规则

①没有理解事件本身之前，不要动笔去写。

②不知道要说些什么以前，不要动笔去写。

③要表现，不要陈述。

④把精彩的引语放在消息的前头。

⑤把精彩的实例或逸事放在消息的前头。

⑥运用具体名词和富于动作色彩的动词。

⑦少用形容词，不要动词上再用副词。

⑧避免去作判断和推理，让事实说话。

⑨在消息中不要提些自己回答不了的问题。

⑩写作要朴实、简洁、求实、迅速。

二、事件性消息的写作

1．事件性消息的含义

事件性消息也称事件性新闻。它是以一个独立的新闻事件为核心而展开的新闻报道。它十分强调新闻的时效，其新闻价值与生命力同及时密切相关，要求迅速地反映新闻事件的发生、发展。事件性新闻包括大量的动态消息和现场特写性新闻等。

2．报道事件是消息的基本使命

这是因为：

第一，事件本身具有明显的“变”——变动的特点容易引起受众的关注。

第二，事件本身程度不同地具有典型性的特点，具有典型示范、典型示警的作用。

第三，凡事件都具有原始的戏剧性，对受众充满吸引力。

事件性报道有两种常见的角度：

一种是对事件的面貌或场景作横断面式的报道，如一些小特写、现场短新闻；

另一种是对事件发生、发展过程的纵深式报道。

对事件的横断面式的报道，主要借助某些有深刻意义的典型现象的描写，真实地再现新闻事件的生动情景，在突出表现新闻事实外部特征的同时，引发人们的思考，深入了解新闻事实的深层内容。

3. 报道事件需注意的几个问题

（1）事实要交代得一清二楚

事实交代不清楚主要有以下几种情况：

①缺少新闻要素，事情的轮廓不清楚；

②忽略了某些必须交代的细微部分，令事件模糊不清；

③事实的具体内容、事件的来龙去脉交代得不够具体。

（2）勿做表面文章

记者应是观察家与思想家，他应当能够透过事件的表面现象看到其深层的含义，预见到它的影响，并用准确的语言将事件的意义、自己的发现告诉读者。这样，消息才会有思想性、有深度。

（3）见事见人

①以人的命运为焦点报道事件；

②关照事件结果对人可能产生的影响；

③反映人在事件中的活动、心态，丰富事件性新闻的内涵。

（4）慎重报道恶性事件

①不要煽情；

②不要无意中传播作案手段、泄露破案方法；

③注意保护当事人的名誉权、隐私权；

④关注事件成因。

三、非事件性消息的写作

1. 非事件性消息的含义和特点

（1）非事件性消息的含义

非事件消息指的就是报道社会问题、社会现象、社会风情、风尚，或者某些可供参考的信息、方法等的消息类型。

（2）非事件性消息的特点

①抓渐变中的规律

非事件消息不以记录突发事件为满足，而是注重事物渐变过程中对某些带有规律性内容的揭示，一般都具有一定的分析、研究色彩，通常要求有一定的思想或理论深度。

②具有新闻性

非事件消息像事件消息一样，要求具有新闻性。然而，它对新闻时效性的要求则没有事件消息那样严格，不必拘泥于“今天”或“明天”。非事件消息所报道的内容要新鲜，要有现实针对性，而且是广大读者应知、未知而又渴望知道的。

③综合、归纳多个事件或事实

非事件消息不像事件消息那样，以一个独立事件为主体，而是综合归纳了多个事件或事实，经此衬托、说明某种新发现、新见解或解决问题的新方式。

④写作要找新闻由头，发表要寻报道时机

非事件消息由于涉及事物的渐变过程，时间跨度一般总是比较大，搞不好，写出来的东西就会"不像新闻"。为了消除这个弊病，一定需在报道时找一个较好的新闻由头。非事件消息能否发表，要看当时当地的时机是否成熟。非事件消息的报道时机总是与当前形势，当前人们所关注的"热点"问题有关，抓住了这一点，就容易达到事半功倍的效果。

⑤非事件消息仍需以写实为主

尽管非事件消息往往由多种事件通过综合、归纳、概括、提炼而成，比写事件消息，记者有更多的主观能动作用，然而仍要严格遵守客观叙事的原则。首先，要尊重事实，实事求是，按照事物的本来面目来如实报道，不允许任意夸张、曲解事实；其次，要善于"用事实说话"，通过客观叙事的方式来体现记者所欲表达的某种见解，议论不要太多，而且一定要依托新闻事实。

⑥揭示实质

非事件消息是一种透视性的新闻报道，它要求记者具有较强的政治理论素养与新闻洞察力。就报道本身来说，切不可简单地罗列现象，要通过纵横对比，层层剖析、由表及里地揭示事物的实质或新闻背后的新闻。

广义的非事件消息，包括综合新闻、记者见闻、记者述评、新闻综述、采访札记、工作通讯等多种报道形式。狭义的非事件消息通常限于消息体裁。

2. 非事件消息的写作要求

（1）将其变化、其问题性和新闻性，明显地揭示出来

非事件性新闻所报道的一些社会或自然界的现象、问题，往往呈渐变状态，不像事件，特别是突发性事件那样，容易引起人们的注意。因此，非事件性新闻的写作，要求记者通过材料的选择和运用，将其变化、其问题性和新闻性，明显地揭示出来，摆在读者面前。

（2）将分散的事项加以概括和集中

非事件性新闻在写作上有必要将分散的事项加以概括和集中。集中的一个有效手段是总体量化——剥去事件的个别的外壳，以抽象了的全局性数字，反映某些社会问题、社会现象的总体态势。

3. 非事件消息写作中的几种关系

非事件性新闻是以生产、经营、科研、学习和其他各项工作等方面取得的成就、经验和做法等为内容的报道。此类新闻题材本身不是最新发生的，而是已经存在一段时期。它没有完备的主体内容，事情的发生、发展过程没有具体时限。

从理论上看，非事件性新闻具有以下两个基本特征：一是不明显的时效性。渐进和动态发展是主要特征，没有明显的新闻由头，需要根据主题和立意的要求去发现新闻并选择时机进行播发。二是显著的思想特征。通过深入挖掘事实材料，突出非事件性新闻的意义，体现社会主流价值观，立足点是唱响主旋律。这些特征决定了非事件性新闻具有新闻学、宣传学的双重身份，具有更加直接的舆论引导功能。

把握非事件消息基本的写作报道模式和规律，增强新闻对舆论的导向功能，要从以下几个方面着手：

（1）选择好素材

非事件消息要注重两个要素：情节和情感。注重情节就是要注重细节充实、结构井然的故事，注重情感就是要把人置于真正的新闻中。

（2）策划好报道

在讲故事中夹叙夹议，带出记者的观点、专家的视点，让读者从中接受报道所蕴含的主题。

（3）处理好关系

①处理新闻资源要摆正抛弃和继承发展的关系；

②在树立新观念，采取新措施时，注重事物发展的延续性，注重对旧事物批判性继承；

③事物发展往往分很多层次，有许多表象，非事件性报道要注意选择能揭示和解释事物发展深层次因素的表象；

④事物发展有很多关联，这些关联不一定都处在同一个发展阶段和同一个发展层次，要注重梳理这些关联之间的统分关系，清晰把握事物发展的脉络；

⑤在客观事物发展进程中，有些表象只是假象，它并不反映事物的发展方向，要注重识别事物发展中方向性、实质性的发展，抓住事态进程中的关键和要害，阐述其本质和发展。

4. 报道事件的首选体裁

消息是报道事件的首选体裁，原因在于：消息具有广泛的适应性，在真实准确的原则下，消息可以用概括的手法记述各类新闻事件；消息制作和传播过程的简短、迅速的特点，也为它报道事件创造了条件。特别是面对突发性事件，消息无疑是报道事件的最佳体裁。

5．事件在新闻报道中重要性的体现

事件在新闻报道中的重要性体现在以下三个方面。

（1）事件本身具有明显的变动特点，易引起读者关注。

（2）凡事件都有其原始的戏剧性，对读者都有吸引力。

（3）事件本身程度不同地都具有典型性的特点，具有典型示范的作用。

6．非事件消息的特殊价值

（1）非事件消息以消息体裁报道非事件性事物，可进一步拓宽新闻的报道面。

（2）非事件消息可以促使采访者和媒体不待事件召唤，主动寻找报道题材，也就是说，它有助于发挥媒体的主体意识。

（3）非事件消息富有趣味性，可以给读者带来精神的愉悦。

（4）非事件消息可为媒体采制独家新闻创造条件。

第二节　消息的写作范文

▲经验性消息

【范文】

用商业行为拯救亏损企业

××出现托管公司

本报讯　完全以一种市场行为、专门接收亏损国有企业的委托管理，并使托管部分的国有资产增值的全国首家专业经营托管业的企业——×××企业托管有限公司创立。

有资料显示：全国40%国有企业的效益在“零”线以下，大批企业面临困难，效益低下，它们急需一种运营机制的改变，不仅是资金方面，更重要的是一种管理上的突破。委托管理的根本原则就是在不突破现有产权关系的框架中，调整盘活企业内部的存量资产。托管行为能避免当前兼并和破产等引起的较大社会震动，可以有效化解“企业行为政府包揽”的现象。

既体现经济效益，又体现社会效益的企业托管，是一门全新的行业。企业托管的程序是：在接到企业要求托管的申请后，首先对企业进行诊断分析，然后双方签订托管协议，托管期限一般为3～5年，合同期内若企业资产保值，托管公司收取8%托管保值费，若盈利，则收取40%税后利润。假如出现经营亏损，托管公司将抽取资金予以补偿。托管期内，托管公司除注入部分资金外，更主要靠高水平的管理输入和高素质的市场预测情报输入。在一段时间内，被托管企业将从“保姆”那里得到资金、管理、技术乃至市场信息，而付出的则是全部或部分经营管理权。

×××企业托管公司由全国最大的地方性商业银行××省发展银行和××证券咨询公司等单位组建，注册资金××××万元。

▲描写性消息

【范文】

中国女排擒韩国　亚洲杯折桂

6个3：0黄金一代谢幕

北京时间2008年10月7日19：30分，第一届亚洲杯女排赛冠亚军决赛在泰国叻丕落下帷幕，中国女排在这场老将告别战中发挥高超实力，以3：0（25：17、25：19、25：18）力斩对手韩国队，从而以六战全胜不失一局的佳绩豪夺首届亚洲杯冠军，同时也为这批老队员八年间相濡以沫的排坛征程画上了一个圆满的句号。

韩国队曾经是一支世界劲旅，近几年由于老将纷纷退役，水平急剧下滑，历数两队近10年的大赛交战史，中国队仅在1998年世锦赛中以2：3负于过对手，当时的主教练是郎平，此后，中国女排再没有给韩国队翻身的机会。

中国队今晚首发阵容分别是主攻手1号王一梅和11号李娟、副攻手10号薛明和17号马蕴雯、二传5号魏秋月、接应二传7号周苏红，自由人是16号张娜。

首局较量，王一梅率先发威，一记四号位重扣打开局面，韩国队在利用自己的防反与中国队僵持到3：3平后，逐渐在网上失去杀伤力，中国队周苏红三号位快球得手，中国队以8：6进入第一次技术暂停。之后，韩国队拦网发挥效用，拦死马蕴雯二号位背飞，将比分扳平，随之自己的一次四号位调整进攻无端下网，对自己刚刚上升的士气造成影响，中国队旋即再次将比分超出，李娟四号位扣球成功穿越对手布拦，中国队以16：12进入第二次技术暂停。中国队在接好一传的同时，魏秋月果断组织背后进攻，马蕴雯和薛明的表现不负众望，连续在背快、背飞中相继建功，局末阶段，中国队愈打愈勇，利用对手的发球出界，中国队以25：17拿下首局。

易地再战，中国队在第二局开局阶段，继续保持良好状态，进攻也辅以多样化，快速以6：2领先，迫使韩国队叫了主动暂停。之后，韩国队加强发球攻击性，连续破坏中国队的一传，并利用大梅的扣球出界，连追两分。周苏红及时在二号位的进攻得手得以稳住局势，8：4第一次技术暂停以后，薛明拦网再次添彩，致使韩国队又一次叫了主动暂停。随后韩国队在四号位的进攻犹如神助，连续三个在四号位的打手出界成功，外加魏秋月持球失误，韩国队连追四分，李娟在四号位的重扣遏制住了韩国队的比分疯涨，此后双方均出现失误，韩国队发球下网，中国队以16：13进入第二次技术暂停。中国队逐渐摸透韩国队打手出界的企图，有意识地压低手型，迫使韩国队自食扣球出界的苦果，中国队以25：19再下一城。

第三局比赛，中国队再次领先进入状态，薛明的拦网在此一阶段发挥神勇，王一梅在救起一个后区险球后，中国队在多个交手回合中三人拦网成功，以8：3进入第一次技术暂停。之后，韩国队在比分落后情况下打起了荣誉球，四号位扣球接连得分，并利用中国队一次轮次错误，将比分逐渐追至10：11，关键时刻，马蕴雯、王一梅相继进攻得手，中国队再次将比分拉大。薛明拦网成功，16：11进入第二次技术暂停。最后阶段，中国队派上冯坤、杨昊、赵蕊蕊悉数登场，黄金组合至此炫耀赛场。老将们的表现也不辱使命，赵蕊蕊背快建功，中国队进入赛点，最后王一梅一锤定音，25：18取胜第三局，总比分3：0战胜韩国队，首取亚洲杯。

冯坤、赵蕊蕊、周苏红、刘亚男、杨昊和张娜此次合作亚洲杯，已超出比赛本身含义，这场落幕战的胜利，更大意义上是对她们八年间战友情深的一个最好慰藉，让我们祝福“黄金一代”的这次完美谢幕，期待她们一路走好。

▲述评消息

【范文】

“神七”展示出中国技术实力

2008年9月29日消息　“中国神舟七号三名航天员28日安全着陆，‘神七’飞行的圆满成功展示出中国的技术实力，是中国的一大胜利。”外国通讯社对“神七”飞行进行了积极评价。

路透社9月28日报道，在经过68小时的飞行后，中国“神舟七号”三名航天员今天安全着陆。他们在太空中完成了十分具有挑战性的任务，实现了太空漫步。这展示出中国的技术实力，是中国的一大胜利。

傍晚时分，“神七”的返回舱在内蒙古草原着陆，医护人员迅速冲上前，打开舱门，检查航天员的身体情况。

翟志刚是首位迈出返回舱的航天员，他坐到椅子上并迎来众人的鲜花和掌声。他说，完成任务后，他为祖国感到骄傲与自豪。

温家宝总理在航天飞行控制中心表示，这三位航天员是英雄，他们的努力令中国成为第三个独立掌握空间出舱关键技术的国家。

温家宝说，“神舟七号”载人飞行圆满成功实现了我国空间技术发展具有里程碑意义的重大跨越……这是中国航天科技领域的又一重大胜利。温家宝补充说，中国的太空探索计划是和平的。

翟志刚身穿中国设计的舱外航天服进行了约20分钟的出舱活动。这为中国经历了地震悲剧和奥运热情的一年添上了完美的一笔。

不管是在北京、上海这样的大都市，或是边远山区，这一次太空之旅——包括“神七”上天、太空漫步和神七着陆——吸引了电视机前的无数观众，他们紧紧盯着电视屏幕，不愿错过任何细节。

美联社9月28日报道，三位中国航天员在成功完成了本国首次太空行走任务之后，于28日在举国欢腾之中返回地球。

中央电视台的直播画面显示，“神舟七号”飞船在当地时间下午5点37分降落在内蒙古草原上。温家宝总理在北京的控制中心鼓掌欢呼。

共同社9月28日报道，成功进行中国首次太空舱外活动的载人飞船“神舟七号”于28日返回地球，并在位于内蒙古自治区的主着陆场着陆，三名航天员健康良好。

今后，中国将以“神舟七号”为基础，制造带有对接功能的“神舟八号”飞船。根据计划，中国将在2010年前后发射无人飞船“神舟八号”和“神舟九号”，以及载人飞船“神舟十号”，并计划实现对接任务。

美联社9月28日报道，“航天员感觉很好。”负责指挥任务的航天员翟志刚在飞船随着一个巨大降落伞落向地球时说。

着陆后，航天员在返回舱中喝水并接受了医疗检查。他们在返回舱中待了约46分钟以适应地球重力，然后从狭窄的舱门慢慢出来。

航天员出舱后坐在椅子上向人群挥手致意。他们每人得到了一束鲜花。

“中国航天员进行了首次出舱活动，使命光荣，充满挑战，结果圆满。”翟志刚说，“我为祖国感到骄傲。”

无数中国人通过直播观看了星期六进行的太空行走，这在北京奥运会结束一个月之后进一步激发了中国人的民族自豪感。

中国也在开展月球探索计划，并且可能在十年内尝试载人登月任务——很有可能会赶在美国实现2020年重返月球的目标之前。

俄塔社9月28日报道，中国第三艘载人飞船——“神舟七号”飞船上的航天员圆满地完成了使命。

三名航天员翟志刚、刘伯明和景海鹏走出舱外。初步医疗检查表明，他们的身体状况良好。重力适应过程非常顺利。航天员们在返回地球过程中也曾报告自我感觉良好。

航天员出舱后坐在折叠椅上接受了电视台的采访。他们表示“为祖国深感自豪”。

共同社9月28日报道，中国“神舟七号”飞船今天成功返回地球。此前，一名中国航天员进行了中国人首次太空行走。

中国官方媒体援引一些官员的话说，他们希望到2020年建成轨道空间站。中国还在研制大幅度提高载重能力的新型火箭“长征五号”，预计于2014年首次发射。

德新社9月28日报道，在太空飞行三天后，中国“神舟七号”飞船今天安全着陆。此次航天飞行任务包括中国人首次太空行走。

中国有太空探索和载人航天综合计划，“神舟七号”是该计划的最新阶段。该计划还包括到2020年建成空间实验室。

▲解释性消息

【范文】

《我为祖国感到骄傲》成“神七”主题曲

9月28日电　由杨利伟、陈善广作词，廖昌永演唱的《我为祖国感到骄傲》作为“神七”主题曲及百首航天员最喜爱的歌曲，将随“神舟七号”于28日一同返回地球。

“百首航天员喜爱的歌”由中国航天员科研训练中心发起，星部落（北京）国际文化发展公司承办的。其主题曲是由“亚洲第一男中音”著名歌唱家廖昌永演唱的《我为祖国感到骄傲》。

这首歌曲以航天英雄杨利伟首次进入太空的内心感言“我为祖国感到骄傲”为题，中国航天员科研训练中心主任、航天员系统总指挥兼总设计师陈善广与航天英雄杨利伟进行歌词创作，真切反映了航天英雄奋力拼搏的精神、报效祖国的赤胆忠心以及对祖国和人民的感恩之情。

作曲家恩克巴雅尔担任了歌曲创作，他表示这首歌曲在民族音乐的根基上，融入了布鲁斯和爵士乐的元素，增强了律动性，同时融入了气势恢宏的交响乐和美声伴唱，具有很强的世界音乐风格。

据悉，此次装载在航天员电子手册内的百首歌曲，都是这半年来，由航天员中心安排航天员们业余时间“听”出来的，经过了航天员的精心挑选。其中有一些经典老歌，也有十五首从未问世专门为航天事业创作的新歌。

活动承办方“星部落”公司总策划李娟透露，航天员们音乐口味差异较大，既有代表各自年龄阶段的经典老歌，也有一批“八零”甚至“九零后”喜欢的流行歌曲，而最让航天员兴奋的是专门为此次“神七”飞天制作的新歌曲。

百首航天歌曲当中，为航天事业和航天员专门创作的十五首新歌包括民族歌手祖海演唱的《放飞中国的梦》、八风组合的《父母草原》、王莉的《和平颂》等。

▲特写性消息

【范文】

中国“神七”飞船返回全过程回放

北京时间2008年9月28日17时37分许，在太空遨游两天多的“神舟七号”飞船返回舱成功着陆。18时23分许，翟志刚、刘伯明、景海鹏三名航天员成功出舱。中国“神舟七号”载人航天飞行任务圆满成功。

以下是“神七”返回全过程：

11时06分许，航天员换好舱内航天服。

11时16分许，三名航天员穿舱内压力服，做返回准备。返回控制数据将注入飞船。

11时46分许，返回控制数据已注入飞船。

12时51分许，“神舟七号”返回舱舱门关闭，神七返回阶段开始。

15时许，三名航天员穿好舱内服。

15时26分许，担任搜救回收“神七”飞船任务的车队已从四子王旗乌兰花镇出发，正在向主着陆场进发。

15时许，三名航天员已经穿好舱内服，神态安详平静。

15时59分许，四子王旗主着陆区进入高度戒备状态，大小路口均有执勤人员把守，严禁无关人员和车辆进入。

16 时 22 分许，主着陆场地面搜救分队向飞船理论落点开进。

16 时 41 分许，各测控站点进入神七飞船返回跟踪的 10 分钟准备。

16 时 49 分许，北京飞控中心发出飞船调姿指令。飞船一次调姿到位。

16 时 50 分许，轨道舱返回舱分离。二次调姿到位。两次调姿之间的时间只有两分钟。

16 时 54 分许，北京飞控中心宣布飞船进入正常返回轨道。

17 时 02 分许，主着陆场六架搜救直升机全部起飞。

17 时 06 分许，北京航天飞行控制中心首次向各测控点发出落点预告。

17 时 12 分许，推进舱和返回舱成功飞离。

17 时 17 分许，搜救直升机到达指定空域待命。

17 时 20 分许，“神舟七号”飞船飞入中国上空。

17 时 20 分许，返回舱降落伞打开。

17 时 21 分许，飞船进入黑障区，与地面指控中心的通信暂时中断。

17 时 22 分许，飞船进入主着陆场上空。

17 时 24 分许，飞船飞出黑障区。

17 时 25 分许，搜救人员在直升机内举牌提示：搜救开始。

17 时 25 分许，三名航天员向地面通报感觉良好。

17 时 36 分许，“神舟七号”完成载人航天任务，返回舱顺利着陆。

18 时 23 分许，航天员成功出舱。

▲服务性消息

【范文】

过量服用维 E 有害身体健康

美国科学家指出，由于目前绝大多数药品公司生产的维生素 E 胶囊中只含有阿尔法维生素 E，所以大量服用维生素 E 药品会危害身体健康。

专家说，每天摄入维生素 E 的量不要超过 100 国际单位，否则对健康有害无益。他建议药物公司尽快生产伽马维生素 E 和阿尔法维生素 E 各占一半的维生素 E 药品。

▲人物消息

【范文】

体操王子　李宁

——2008 年第 29 届北京奥运会主火炬手

2008 年李宁当选中国第 29 届奥林匹克运动会火炬手，作为最后一棒火炬手点燃奥运圣火。

燃点圣火

在 2008 年 8 月 8 日晚举行的北京奥运会开幕式上，在最激动人心的点火环节，不出众人意料，由“体操王子”李宁以“空中飞人”的方式点燃了设在国家体育场“鸟巢”的北京奥运主火炬台，奥运圣火点燃的刹那，全场沸腾欢声雷动，气氛达到了最高潮。

被全球媒体聚焦的北京奥运会主火炬台圣火点燃的时刻终于到来。在经过许海峰、高敏、李小双、占旭刚、张军、陈中、孙晋芳的手手相传后，“体操王子”李宁的出现引爆了全场的最高潮，这一刻，全世界的目光都集中在了中国北京国家体育场，都集中在了李宁的身上。

李宁高擎着手中被点燃的火炬，徐徐升到空中，并作出跑步姿势，在国家体育场上空环绕。随着他的步伐前进，一幅“祥云”卷轴徐徐展开。并在主火炬塔下点燃奥运圣火，霎时焰火、欢呼融成了“鸟巢”的最强音。

情况简介

1988 年汉城奥运会后退役，并进入了商业界，以其姓名命名的“李宁牌”服装及健力宝饮料多次赞助各种体育活动，为体育事业的发展作出了巨大贡献。李宁有“天才”“神童”“体操界的巨人”“中国王牌”等美誉，是体操界少有的获得此类荣誉的运动员。

从事体操运动十几年中，李宁获得的奖牌多达 100 多块。

7 岁开始练习体操，17 岁进入国家体操队，26 岁退役。李宁毕业于北京大学法学院，获得法学学士学位及北京大学光华管理学院 EMBA。1981 年，他获得了世界大学生运动会男子自由体操、鞍马、吊环三项冠军。1982 年第六届世界杯体操赛上，李宁一人独得男子全部 7 枚金牌中的 6 枚，创造了世界体操史上的神话，被誉为“体操王子”。

1984 年，在第 23 届洛杉矶奥运会中，李宁共获 3 金 2 银 1 铜，接近中国代表团奖牌总数的 1/5，他也成为该届奥运会中获奖牌最多的运动员。1985 年，荣获世界体操锦标赛吊环冠军。1986 年，获第七届世界杯体操赛男子个人全能、自由体操、鞍马三项冠军……在 17 年的运动生涯中，李宁共获得国内外重大体操比赛金牌 106 枚。1987 年，李宁成为国际奥委会运动员委员会亚洲当时的唯一委员。1999 年，李宁被世界体育记者协会评选为“二十世纪世界最佳运动员”。

▲综合消息

【范文】

北京奥运遗产多　值得中国认真梳理盘点传承

2008 年 8 月 26 日电　“中国举办了一届无与伦比的奥运会。”罗格先生在闭幕式上对北京奥运会的赞扬，标志着本届奥运会的圆满结束和中国人百年奥运梦想的完美实现。从超一流体育场馆到白云蓝天，从文明排队到拥抱世界，本届奥运会给中国社会留下了诸多宝贵遗产。这些珍贵的遗产，值得后奥运时代的中国认真梳理、盘点和传承。

体育遗产——多项突破改写奥运历史

来自 204 个国家和地区的一万余名运动员，在本届奥运会上共打破 38 项世界纪录、85 项奥运会纪录。体育健儿们在挑战极限、超越自我的同时，也在人类体育史上写下了浓墨重彩的一页。

美联社的报道说，北京奥运会上有 87 个国家和地区获得了奖牌，比悉尼奥运会多 7 个国家，创下了奥运会的新纪录。其中，多哥、塔吉克斯坦、蒙古国、阿富汗等 12 个国家首次赢得奥运会金牌或奖牌。非洲国家总共获得了 40 枚奖牌，是有史以来最多的。

报道说，中国在这届奥运会上共获得 51 枚金牌，这是自苏联在 1988 年汉城奥运会上获得 55 枚金牌之后的最好成绩。

法新社在盘点本届奥运会时说，“博尔特犹如一道黄色闪电，连续打破世界纪录”；美国人菲尔普斯收获了 8 枚金牌使“这届奥运会永志难忘”；俄罗斯女子撑竿跳高运动员伊辛巴耶娃“配得上‘女王’的称号”；而中国则在“自家门口完成了通往世界体育强国的长征”。

美国游泳队教练埃迪·里斯说：“这次奥运会是有史以来最快、最强、最难以置信的一届。”他认为，北京奥运会“是一次不可思议的经历”。

俄罗斯作家斯韦特兰娜·谢利瓦诺娃注意到，北京奥运会不仅见证了世界体育的进步，而且推动了中国“全民体育”的热潮。她说，近年来，几乎所有城市的小区和公园都安装了运动设施。地方政府在各处设置了可以免费使用的篮球架、排球网、足球门和乒乓球桌。许多奥运场馆建造在大学校园内，奥运会结束后就能为大学生们所享用。

精神遗产——国民心态渐显大国气度

从申奥成功到奥运会圆满结束，中国在7年筹办奥运的旅程中经历了种种磨砺和考验，中国的社会心理从躁动逐渐走向沉稳，从情绪化日益走向理性，从“金牌第一”到开始关注“人”本身，一个泱泱大国所应具备的自信与包容逐渐在中国人的心中生根，发芽，开花……

香港《南华早报》说，在北京奥运会之前，有人担心中国观众的爱国主义可能变为可怕的民族主义，特别是在中国对美国或中国对日本等敏感比赛上。但事实是，大多数中国观众展示了良好的体育精神。虽然他们很爱国，把欢呼声给了本国运动员，但他们在日本队或美国队得分时也同样鼓掌加油，没有表现出丝毫的狭隘心态。

美国《新闻周刊》网站说：北京奥运会象征着一种视野的变化。中国现在强大起来了，并且开始重新争取“应得的”地位。儒教传统所强调的道德力量开始重新被提及，中国依靠道德榜样、礼仪规范和以德服人来赢得人心。

新加坡《联合早报》认为，奥运会是一次告别中国百年民族悲情的契机。这家报纸19日刊发的题为《奥运会当告别中国百年悲情》的文章说，从为外国队的优秀表演喝彩和鼓掌，到以开放的态度对待曾经想借奥运会要挟中国政府但最终来参与奥运的一些西方领导人，“表明中国人正在超越百年民族悲情，开始具备一个正常大国国民的心态。而这种心态对中国的真正崛起，在国际舞台上担负大国责任具有深刻的意义”。

美国《洛杉矶时报》在北京奥运会闭幕后发表的题为《北京的奥运胜利》的文章说，本届奥运会的组织工作无懈可击，成为中国人民向世界证明其能力和自信的“一次胜利”。

人文遗产——中国和世界坦诚相拥

由于各种原因，长期以来中国融入世界、世界认识中国的过程充满坎坷，中国和世界之间似乎隔着一层说不清、道不明的“水晶墙”，而奥运会为中国和世界提供了全方位相互了解的机会。

“世界更多地了解了中国，中国也更多地了解了世界。”——在北京奥运会闭幕式上，国际奥委会主席罗格指出了本届奥运会最重要的遗产。他此前曾多次表示，通过奥运会，中国向全世界开放，全世界则关注、审视中国，双方彼此加深了解，这将带来积极而长远的影响。

奥运会既是全球最重要的体育盛事，也是来自世界各地的人们交流技艺、加深了解、增进友谊的平台。奥运会期间，两万多名海外媒体工作者和数以十万计的外国观众和游客涌入北京，他们既是来报道和观看比赛的，也是来了解中国的。此外，据全球知名媒介咨询集团尼尔森在全球38个国家和地区收集的数据表明，全球约有20亿人观看了北京奥运会开幕式，超过世界人口的三分之一。

通过接触与交流，各国媒体看到了一个真实、现代化的中国。美国《芝加哥论坛报》评论说："世界正把发展的中国置于显微镜下，一些人正寻觅其中丑陋的东西。这种寻觅的结果可能是准确的，但绝对是片面的。全面了解中国需要透过中国的社会和历史的全景……专注于中国的过失并对其他事情不闻不问是一种可耻的行为。"

法国《费加罗报》也发表题为《中国与西方坦诚相对》的文章说，在全世界，人们从未如此多地谈论中国，谈论这个庞大、神秘、全球绝大多数人还不甚了解的国家。媒体进行的大量报道与调查让人们看透了表象，穿越了长城……不论发生什么事情，中国与世界其他地方的关系全都改变了，西方再不能无视中国及其13亿人。

"奥运外交"的成功无疑是中外交流的亮点之一。本届奥运会，有80多位各国政要聚首北京，创造了奥运史上的一个纪录。新加坡国立大学东亚研究所所长郑永年撰文说，那么多政见不同的领导人在北京坐到了一起，其本身就是"和谐"的体现。法国《世界报》也认为，"奥运外交"让北京成为"世界外交的中心"。

美国总统布什在接受美联社记者采访时说："我认为奥运会为人们提供了到中国并观察中国的机会，同时也使中国人看到了世界，有机会同世界各地的人们进行交流。"

美国前总统国家安全事务助理布热津斯基说："奥运将把中国有机地纳入国际社会中来，中国孤立于世界的时代从此结束。"

新加坡《联合早报》发表题为《倾听中国开放的步伐》的文章说：中国还有很多缺陷，但只要这个开放的年代不再倒退回封闭，这个最近一个甲子经历迂回曲折、跌宕起伏、饱经风霜的民族，总会在积极向世界学习、努力与国际接轨的过程中，以更自信和从容的姿态迈向更加开放的未来。

▲简明消息

【范文】

世界最大规模"网格计算"网络正式启动

2008年10月4日电　综合媒体报道，欧洲核子研究中心3日宣布，用于大型强子对撞机数据分析和处理的世界最大规模“网格计算”网络正式启动。

“网格”是指通过互联网整合成一台巨大的超级计算机，实现计算资源、存储资源、数据资源、信息资源、知识资源、专家资源的全面共享。

“网格”提供与以往截然不同的计算方式，它所提供的计算能力前所未有且通过其他方式无法获得。

第八章　通讯的写作

第一节　通讯的写作技巧

一、通讯概述

1. 通讯的含义、特点、结构和种类

(1) 通讯的含义

通讯，是运用叙述、描写、抒情、议论等多种手段，具体、生动、形象地反映新闻事件或典型人物的一种新闻报道形式。它是记叙文的一种，是报纸、广播电台、通讯社常用的文体。

(2) 通讯的特点

①通讯的新闻性

通讯的新闻性包括内容的真实性和新闻的时效性两方面。通讯的真实性要求所报道的人和事，必须是真人真事，不能有任何虚构。通讯的时效性虽然比消息差，但也要求有一定的时效性。

②叙述的直接性

通讯写作“不须文乞巧，只有直如弦”，即通讯的写作一般以开门见山和顺叙的叙述形式为主。但通讯中也不排除采用倒叙、插叙、夹叙夹议等表现手法。叙述的直接性具体表现在如下几个方面：直接交代事件（何事）、当事人（何人）、时间（何时）、地点（何地）、原因（何因）和如何发生（如何）六要素；直接写出采访过程；通讯内容中故事直接的过渡、场面的转换、开头与结尾的照应也要用直接叙述方法。

③描写的直观性

即描写时要注重对人物动作形象和场景进行直接而具体的描摹，而不能有过多的形容或雕琢。描写的直观性具体表现在如下几个方面：对记者亲眼目睹的现场进行如实描写；对事后采访到的事件情景进行重现场景的描写；以记者出场形式对记者见闻进行直观描写。

④议论和抒情的实在性

通讯写作的议论和抒情常常是结合在一起的，有不少文字既是抒情，又是议论。议论一般是在叙述事实的基础上，紧密结合事实，作画龙点睛之笔；抒情通常也是紧密结合事实，简短精要的语言表达个人的观点和感情。通讯中的议论和抒情有时也采用比兴、对比等手法，采用这类方法时，一般也力求简短扼要，与新闻事实密切联系。

⑤对话的实录性

通讯写作中，经常使用对话形式。通讯中对话写作的特点就是不加修饰地记录对话。具体而言，通讯对话实录性的特点表现在以下几个方面：直接引用新闻人物的原话，突出真实感、现场感；在选择新闻人物的原话时，突出人物语言的个性特点。

⑥说明的直白性

通讯写作中，经常要简明扼要地说明事物的形状、性质、特征、原因、关系、功用等，也经常需要说明人物的经历、特征等。对通讯写作中说明的一般要求是通俗明了，其目的是使读者一目了然，使听众一听就明白，使观众一看就清楚。

⑦事件的评论性

通讯的作者可以通过夹叙夹议的手法，直接站出来揭示事件的意义，表明看法与观点，流露倾向和情感。

⑧报道的文学性

报道的文学性是指通讯在报道真人真事或风貌时，使用一系列文学形象化手段，如人物的刻画、环境的渲染、细节的描写、巧妙的构思、艺术的语言等。

（3）通讯的结构

①通讯结构的基本要求

通讯的结构，总体上要求做到统一和谐、完整严谨。

统一和谐，指材料安排有序，自然而又巧妙；完整严谨，指有头有尾，前呼后应。同时，通讯结构要服从通讯主题的需要，并努力揭示新闻事实的内在联系。

②通讯的结构形式

通讯的结构形式灵活多样，不拘一格。根据不同的内容需要，可以灵活安排，即便同样的内容，也允许和提倡不同的布局安排。

A．通讯的中心

这是通讯的主体，这部分关键在于要把调查采访得来的纷纭材料理出一个头绪，然后斟酌怎样合理地安排使用这些材料。材料的安排布局，可以依照事物发展的前后过程为主线；还可以用纵横兼备的线索安排布局材料，就是说，一篇通讯中有的部分是按“横式结构”组织材料的，另有一部分是按“纵式结构”组织材料的。在这两种线索中以一种为主。这就是“纵横式结构”。

B．通讯的结尾

通讯的结尾比较灵活自由。有的是提出召唤，引读者共鸣；有的意犹未尽，给读者留有回味余地；有的用精辟议论结尾，揭示和深化主题；等等。

③通讯结构的常见形态

A．纵式结构

凡全篇的层次与层次之间呈现纵深发展态势的，都是纵式结构。具体来说，又有两种基本形态。

a．按时间的推进安排步骤组织材料。

这种结构形态可以被简称为时间结构。其基本特点就是以时间为脉络，沿着时间的长链，把事件的发生发展区分为若干个不同的步骤，每个步骤形成一个大的层次，几个层次构成全篇。

b．由浅入深地组织材料。

这是一种“递进式”的纵式结构。特点是从浅层到深层，从现象到本质，或从感性到理性。层次与层次之间，呈现逐层深入的态势。

B．横式结构

层次与层次之间呈现相互并列关系的，就叫横式结构。它又可分为若干类型。

a．空间并列式。

空间并列式的特点是把发生在不同地区或不同单位的具有相同性质的新闻事实组织在一起，形成一篇完整的通讯。每一次空间的变换，就形成一个新的层次。

b．人物并列式。

人物并列式是在集中报道几个同类型的人物时采用的结构方式。每个人物的事迹相对独立，形成一个层次。若干个人物的事迹共同合成一篇，揭示一个深刻的主题思想。

c．侧面并列式。

事物总是由不同的侧面组成的，通讯安排结构也可以按照不同的侧面相互并列地组织在一起。这样的结构在人物通讯和工作通讯中占有较大的比例，因为人物的思想境界是可以区分为不同侧面的，工作中的成就或问题通常也会被条分缕析地区分为几个不同的方面。

C. 纵横结合式结构

在一篇通讯中既采用纵式结构，又采用横式结构，就形成了这种纵横结合式结构。在这种两相结合的结构之中，总会有一种占主要地位，另一种占次要地位。或者整体上采用纵式结构，局部有地方是横式结构；或者总体上是横式结构，某些局部是纵式结构。

（4）通讯的种类

通常使用的通讯种类有：人物通讯、事件通讯、风貌通讯、工作通讯、主题通讯、专访、特写等。

①人物通讯

写人物是通讯的一大特点。它既可以写个人，也可以写群像。通过对先进的、有真善美德行人物的报道，为社会树立正气和典型，以鞭挞假恶丑。

②事件通讯

对社会公众渴望了解的新闻事件进行比较全面、具体且形象的报道，是事件通讯的任务。要注意的是，事件并不是孤立的，事件离不开人，因此事件通讯中也要将人和事件结合起来写。

③风貌通讯

风貌通讯是记叙社会变化、风土人情和建设状况的通讯报道。一般是反映一个地区、一个单位或者一个部门的面貌。

④工作通讯

工作通讯是通过对各行各业有代表性的和典型意义的工作的报道，起启发、指导和推动工作的作用。

⑤主题通讯

主题通讯是按照某一主题的需要，突破地区、行业、部门的界限，将一些性质相同的材料组合在一起，为表达一个主题服务。

⑥专访

专访是对社会上的新闻人物进行专题采访，以问答的形式为主，间或穿插一些现场情景的摹写或背景材料。

⑦特写

特写是借助影视艺术中的同名术语的通讯形式。

“特写”，即影视拍摄中一个聚焦的、细部的镜头，旨在造成突出的和强调的效果。新闻里的特写也是如此。它篇幅不大，要求选材高度集中，一事一写。

2．通讯与消息的区别

从文体特征来看，通讯与消息的区别主要有以下几点：

（1）通讯报道的事实应比消息详细、完整、富于情节，可以满足读者欲知详情的需要

通讯是一种详细、深入的报道。一个事件发生了，消息往往是将事件的几个新闻要素报道出去：何事、何时、何人、何地、状况、原因等，使受众尽快了解到最重要的概括性信息，而通讯则往往在消息之后，将这个事件的来龙去脉、前因后果等读者渴望知道的详细信息加以整合，然后完整地报道出去。它满足了读者在知晓新闻事件大致结果后探求深层原因和获知详细过程的衍生兴趣，也有利于人们较完整、较深入地了解新闻事件或新闻人物。

（2）通讯报道的事实往往比消息更形象、更生动

通讯报道的事实应以感性的素材还原生活的原生形态，使这种文体更具感染力。它把人们熟悉的生活和不熟悉的新闻现场推到读者眼前，使读者去认识，去感知，并在感知中形成自己的体验。

（3）通讯文体比消息文体自由

消息的结构尽管也是多种多样的，但毕竟有一个较为固定的结构方式：导语＋主体。而通讯的结构是没有导语和主体之分的固定结构，文体比较自由，有些类似散文体，在表现形式上给予作者很大的创作舞台。各种笔法，各种结构，各种风格，都可以容纳在通讯这种文体中。可以从头到尾顺叙事实，也可以从尾到头倒叙事件；可以用白描手法再现人物、再现现场，也可以触景抒情、缘事议论；可以用序数将报道分为几个大段来写，也可以用小标题来分割段落；可以写对话体，也可用日记体；可用第三人称，也可用第一人称。总之，通讯文体在表现形式上相当自由洒脱，它给记者建构了一个可纵横恣肆、辗转腾挪的创作舞台。

（4）通讯的主题鲜明、结构完整

消息是信息型文体，要求速报。有些消息，如简讯，甚至无须提炼主题。通讯则不然，主题对通讯来说是必不可少的。因为通讯是作者有意识组织起来的文体。将各种各样的、大大小小的、有粗有细庞杂的事实材料组织在一起，没有一根主线把材料穿起来是不可想象的。而主题的残缺、含混，也正是许多通讯失败的通病：中心不明、杂乱无章。因此，每篇通讯都必须有主题来统领素材。

从主题的角度来讲，文章中的每一素材——无论什么样的事实材料都是对主题有用的，都是文章的有机组成部分。通讯一旦完成，其结构是完整、严密、不容任意拆散的：有头有尾，环环相扣，其功能是以“整篇”为单位发挥作用。消息的“段落”在排版时可以根据版面的要求进行裁剪。而通讯的开头和结尾

与全篇构成一个整体，一般不能任意舍弃，那样将使通讯的结构支离破碎，难以卒读，因为它破坏了通讯结构的完整性。

（5）通讯体现出作者较强的主体意识和个人风格

从理论上讲，无论消息还是通讯，都是记者有目的的写作，都表现了作者的主体意识。通讯内容丰富、题材广阔，它需要作者对素材有强有力的把握。选择什么事实，不选择什么事实，如何表现这些事实，完全受记者主体意识的支配，即思想的支配。在一篇具体的通讯作品中，作者的主体意识一般体现在两个方面：一是作品有鲜明的主题；二是作者常常以真情为文，以情动人。

采写一篇通讯时，记者面对的往往是复杂的、多层次的事实，如一个人坎坷的一生、一个事件的大小情节，一种社会现象的层层叠叠的因果链条。记者要向大众传播这些复杂的事实，必须经过一番周密的调查研究，即通过采访对事实有一个“去粗取精、去伪存真”的认识过程。达到了对事物的较深层的认识之后，就要考虑到如何表达的问题——根据时代背景、大众兴趣和媒体报道方针确立自己的主题，然后紧紧围绕主题选择素材来结构文章。因此，一篇通讯的主题、选材和结构方式，都不是简单“搬运事实”的工作，都需要作者的思考。

在阅读消息的时候，读者常常在一瞥之间就能辨别出最重要的信息，因为最重要的信息常常在导语中凸显。同样，在阅读通讯的时候，读者也可以一眼就看到作者的价值判断、观点和主张。通讯中作者的主体意识表现得非常鲜明，读者或者通过标题，或者通过作者直截了当的议论就可以感知作者鲜明的是非、爱憎和褒贬。

作者的主体意识还表现在“以情入文”，就是将强烈的情感写进通讯，而不像写消息时那样注意“客观手法”，于情感方面比较含蓄、不动声色。多彩的世界感染着记者，记者再将自己的爱憎、感受传达给读者。一切优秀的通讯，特别是人物通讯，无不是记者有感而发的产物。它们或者是在文章中直接倾诉，或者在叙事状物的字里行间间接流露。

通讯主体意识鲜明的特点还表现在作品常有鲜明的个人风格。人常说“文如其人”，写作通讯时亦然。因为通讯中融入的记者主观的成分远比消息多。这不是说记者可以虚构事实，而是记者要用自己对事实的理解，即自己的思想、人生经验和认识能力去把握复杂的现实，通过表现事实来表现记者的个人认识，那么读者熟悉的资深记者，已经形成了鲜明的个人风格。

（6）消息文字要求简练明快

消息文字常用概括叙述的方法，而通讯的素材比较详细，因此多用详述、白描手法再现事实，强调事实的生动性和可感知性。

(7) 通讯时效性较消息稍差

对于重要的事件，人们通常用消息在事件发生后最短时间内抢先报道。随着现代化的报道手段和先进设备的普及，电视、广播所做的对重大事件的现场报道，更是将事实与报道之间的时差缩小为“0”，实现同时空转换。即消息的时效性特强。

通讯的时效性往往不及消息。通讯发稿较慢，是因为它对材料的要求比较严格，如说理更详细、更深刻、更生动、更典型，记者需要有一个采集选择和认识的过程。另外，通讯事实多、篇幅长，写作上也需要比消息更长的时间，同时，通讯强调报道的完整性，有时还必须等新闻事件有一个较充分的展示过程或等事物的发展有一个阶段性结果时，采写通讯的时机方成熟。

通讯中发稿最快的是体育赛事特写，往往和赛事消息同时发稿。因此重大体育赛事的采访往往是对记者功力的一种考验，既要抓住重要信息写消息，又要盯住关键性的现场采写通讯或特写，这需要记者做充分的赛前采访准备和具备相当高的写作速度。

从功能来看，通讯与消息的区别主要表现为：

通讯的可感受性往往比消息强烈。在这一点上，通讯这种载体在传播过程中更类似文学作品，即它有两条传播信息的通道：既像消息那样传播信息，还有一条看不见的信息通道——情感的传播。

3. 通讯的写作技巧

(1) 通讯选材的技巧

①通讯选材的类型

无论表现事件还是人物，通讯所选取的素材主要是骨干事例、细节材料和一般叙述性材料三种。

A. 骨干性材料

一篇通讯必须有能够支撑主题的骨干性材料，也叫骨干事例，也就是突出的、较有分量的典型事例，否则，通讯的主题根本就不能成立。

所谓骨干事例，就是那些事实过程比较完整、事实意义比较突出又有代表性，能够说明主题的事例。一个大的骨干事例，如果情节丰富，通常可以独立写成一个新闻小故事或一篇事件通讯。

B. 细节材料

几乎在任何新闻写作教材上，细节材料都被列为通讯写作最具特色的要素。细节材料是再现型的材料，是指骨干（或典型）事例中细致的情节、细致的现场画面，或者富有个性化的对话。它们是通讯中最有灵性、最富有感染力、最易吸引受众的部分。

文字报道中的细节材料虽然比不上新闻图片直观和电子媒体声画一体的原生态效果，但通过白描手法“再现”事实，也可使这种再现的材料通过读者阅读中的想象力触动读者的感官，使人仿佛听到、仿佛看到了新闻事实，从而产生一种心灵的体验。

通讯中大量细节在传播典型事例中的画面、声音、对话和情节的同时，也传播着记者的深切体验，传递着人类共同的情感。人们阅读信息，一般是了解了就行，不需读第二遍。但是，人们阅读优秀的通讯时，常常被感染、被感动，虽然读懂了，了解了仍不忍释卷，因为人们阅读通讯不仅要了解信息，而且是享受一种人生的体验。

a. 详细的情节事实。情节事实的特点是：比较完整地再现了某一事态前因与后果之间的行为形态演变环节，就像一个个故事。那些行为形态环环相扣的变化，包含着明显的情节悬念和变化着的人像物像，适合大众的阅读口味。

情节事实可分为完整情节、片段性情节和言论性情节。

完整性情节事实是指完整表现行为形态演变环节的事实。它具有明显的事态起因、中间变动环节和结果。

片段性情节事实是指一个完整故事的每个阶段中行为形态演变环节的事实。比起完整的情节事实，这种有外部形态特征的演变反映的事实过程更短暂，是典型事实的一个侧面。

新闻人物在采访过程中与记者的对话，新闻人物之间的对话，内心独白，常常呈现出带有个性特征的感情材料。另外，报告、演讲、会谈中都可以摘取大量生动的语言情节片段。既然叫语言情节，一般不是只取一两句话，而是将围绕某个问题的谈话环节较完整地记录下来。这里有两点需要注意：一是引用一段有新闻价值的连续对话或谈话，内容要求环环相扣；二是全部用直接引语，即引用原话，要尽量显示个性语言、群众语言的特点，甚至包括有个性的语气词，有特点的方言词汇。这样新闻人物谈话中的信息、观点、语气、情感就容易活灵活现在读者眼前了。

b. 特写镜头。通讯所选的最富有表现力和个性色彩的细致的画面和瞬间的特写，正如摄影中的特写镜头，可以使人产生特别的关注并能使读者借助想象力体味其中的意义。

细致的画面分为场景画面特写、人物特写和人物个性语言特写。

C. 一般叙述性材料

一般叙述性材料可以不是事例，也不细致生动，但它可以对人物、事件、风貌的背景和现在状态作概括性介绍和解释，使人了解一个大致的事实框架，“织”出通讯的一个基本背景和舞台，让骨干事例和细节材料有赖以展现的场所。

②通讯选材的特点

A．要注意材料的典型性

正如本书上编所述，“用事实说话”是新闻写作的基本方法，也是新闻文体的基本特点，是新闻报道取信于受众的最有力的武器。从传播效果的研究成果看，人们更容易接受“暗示”出来的道理。既然要通过传播事实的手法达到记者对社会表态、发言，以求影响大众的目的，被传播的这类事实就必须典型，必须有“以一当十”“以点带面”的作用。

选材的典型性的直接含义，即材料的代表性。“代表性”有两层含义：一是所选材料较一般事实材料突出，有特点，有特别之处；二是所选事例无论大小，都不是社会中的个别现象、个别事件，而是普遍存在的现象和事件。

因此，在通讯的选材中，先要分析一下事实材料有没有特别之处，是不是比一般的事实材料突出，二要考虑一下事实材料的存在有无普遍性。符合了这两条，事实材料无论大小，均具有典型性。

B．要围绕主题选材

记者通过深入采访，了解了事实的来龙去脉和本来面目，确定主题后，就完成了采访的第一个任务，换一种表述就是完成了第一度思维。一般人对事物的了解认识就可以说基本告一段落。但作为记者，仅仅完成了第一度思维是不够的，因为记者的任务是向大众传播，因此，时时要考虑怎样传播的问题。

在确立通讯主题之后，记者就围绕着主题，寻找能够表现主题的事实材料。因此，选择通讯素材，说到底是一种思维的结果，是记者用新闻价值标准过滤事实材料的结果。我们选择的每一个典型事例，都是想让读者顺着这一个个事实达到记者对事实本来面目的认识。

一些通讯失败的原因，在于选材与要表现的主题错位，一个事例说明这个主题，第二个事例又说明另外一个主题，几个事实所标明的意义之间缺乏逻辑联系，又没有更高层次的一个主题作为统领，就如同村中的铺路石子东一块，西一块，横七竖八，不成体统，形不成一条完整的路径，让人难辨方向。

C．选材忌重复

说明同一问题、同一侧面的事例，列举一个即可，不必连续用几个意义相同的事例来强调。

③通讯感性素材采集的渠道

A．记者的现场观察

现场材料很多来自记者的悉心观察和记录。是否及时地赶到事发现场，目睹新闻事件或等待新闻事件的发生，取决于记者的现场观察能力，更取决于记者的现场意识，取决于记者敏锐地捕捉新闻事件的能力。

对于记者来说，对较重大突发性事件的现场采访，是可遇不可求的。能够在事件发生的第一时间赶到事发地点采访的概率是很低的。记者大多只能“闻风而至”。而对于大多数预知事件，如某种特殊天文现象的出现，某些重大活动，如运动会、大型会议等，记者完全有可能在事件发生之前做好充分准备，并及时赶到现场。

B. 记者的体验式采访

体验是人们认识事物的一种方法，“纸上得来终觉浅，绝知此事要躬行”。体验式采访可以促使记者获得、加深理解和感受，增强记忆。有经验的记者，常常会千方百计地深入社会，接近采访对象，与采访对象共同生活，参与采访对象的工作，在现场访问中体验，在体验中观察记录，所得的不仅是详细的事实、材料，而且有记者因体验而获得的感受，因感受而引起情感的变化，又因情感的变化与事实的融合而达到对客观事物更深刻的认识和对细节材料的敏锐捕捉。

C. 记者的访问

记者要得到生动的材料，如果已无现场可访的话，靠访问当事人来获取材料便是必走的途径了。访问不仅要求记者有较强的观察和现场捕捉能力，而且要求记者有较强的交往能力。

在访问中获取感性材料是一项艰巨任务。第一，记者与很多人打交道，双方开始都有陌生感，与陌生人谈话很难放开，也难深入；第二，采访对象在接受采访时，所做的事已经成为过去，激动的细节已时过境迁，而且很多人并非懂新闻规律，不懂得什么样的材料才是感人的、才是记者需要的。因此，许多采访对象在回答提问时，第一喜欢概述，泛泛介绍事情梗概，表明自己的态度，至于细节，当时说的话、当时谁在现场、是什么状态等，因为缺少回忆的情景气氛，很少在主动表述之列。而这些恰恰是最好的感性素材。

为了克服这个难点，有些记者常用的方法，就是“触景生情”，即把对象带到曾经历过的地方去采访。写什么事，最好在新闻发生地采访，如采访售票员最好在公共汽车的售票台边上，而采访体操运动员最好在体操器械旁。这在人物访问中特别重要。见证人到了现场，思维记忆都被周围场景激活，细节较容易回忆，情感较容易流露，睹物思人，睹物忆事。有时，一张照片、一幅图画、一个旧物件、一种景色、一个熟人的名字、一段旋律，都可以引起当事人或美好或痛苦或酸或涩的回忆。

（2）通讯标题的写作

通讯的标题不同于消息的标题。消息的标题要直接揭示新闻事实，写法比较固定，形式有单标题、引题式双标题、正副式双标题、引题正题副题俱全的三标题等模式，只需套用其中一个模式即可。通讯的标题跟一般记叙文的标题比较接近，它可以直接揭示新闻事实，也可以曲笔达意。在写法上，通讯的标题可实可虚、可直可曲、可长可短、可庄可谐，没有定规，作者可以充分发挥自己的创造性。在形式上，通讯一般只有一个标题，也可以用破折号引出一个副标题来，副标题大多是实述的写法，主要是交代报道的对象和新闻的来源。

①直述新闻事实

直述新闻事实的写法不事雕琢，符合“最高的技巧是无技巧”的说法，写好了有“大巧若拙”的大家风范。

②提出问题，引人思考

用一个问题作标题，这个问题也是时常让读者感到困惑的社会现象，这就很容易引起人们的关注和思索。

③设置悬念

在标题中制造悬念，更能引起读者的强烈关注。

④比喻双关

在标题中适当运用比喻双关等修辞手法，可以使文字更生动优美，形象更鲜活动人。

⑤引用口语

直接引用新闻当事人的口语做标题，也是一种活泼新颖的写法。

⑥相反相成

把矛盾状态和谐地组织在一起，叫作相反相成。标题的相反相成，可以增加思维的广度。

（3）通讯开头的写作

通讯的开头也是多姿多彩、不拘一格的。记叙文的开头有直起式和侧起式两大类型。直起式包括开门见山直述其事其人，直接抒发感情或者直接发表见解等。侧起式是利用铺垫弄引的方法，远远说起，娓娓道来，到适当的时候才进入正题，如先讲故事、传说，先引诗词、谚语、名人名言等。归纳起来，通讯的开头有下列几种基本类型。

①开端进入情节

在一些事件通讯和人物通讯中，常常有开端就叙述事件的写法。处于开端位置的可以是整个事件的开端，也可以是事件的结局或某一个精彩段落。这样写可以强化通讯的情节性，用生动的故事吸引读者。

②起笔刻画人物

一开始就展开对人物形象的刻画，在人物通讯中很常见。先让笔下的人物给读者一个清晰的印象，有利于下文的展开。

③场景描写在先

人物、情节、环境，是记叙文的基本内容。通讯当然也可以从环境着手切入，然后铺展开事件和人物。在风貌通讯和工作通讯中，在开头之处先作一番场面描写或风光描写的，不在少数。

④先作抒情议论

开篇先作一番抒情或议论，给读者以情绪的感染或理性的启迪，为下文叙述的新闻事实定好一个基调。

⑤落笔先用比兴

比是比喻，兴是由一物引出另一物。比兴是《诗经》的基本表现手法，对后世的文学技巧影响很大。在通讯的开头使用比兴，可以大大强化作品的文学性。

⑥引经据典开篇

引用典故、诗词、谚语、名人名言来做开头的通讯，有较强的文化意味。

（4）通讯结尾的写作

通讯的结尾大致有三种基本类型：自然收束，卒章显志，补上一笔。

①自然收束

这是一种客观化的结尾。新闻事实说完了，通讯就自然地结束了，严格地说起来，并没有一个专门的结尾，但仍不失为一种很好的结尾方式，特点是干净利落。

②卒章显志

在文章的最后揭示主题思想或写作目的，使整篇文章有一个思想的落脚点，这种写法在其他类型的文章中也是经常见到的，符合从物质到认识、从现象到思想的认知规律。

③补上一笔

有意将一些新闻事实留到最后再作补充交代，当事实似乎已经说尽的时候补上一笔，可以使文章“清音有余”，韵味无穷。

二、人物通讯与事件通讯写作

1. 人物通讯的写作概述

（1）人物通讯的含义

人物通讯就是写人物的通讯，就是用通讯的笔触写的人物报道。

人物通讯是报刊、广播、电视中常见的、影响广泛而深刻的一种新闻体裁。

人物通讯所写的人，都是社会上具有特殊意义的人，他们的精神、观念、业绩，对群众有着特殊的教育作用；即使是反面人物，其经历、言行对于社会也有特殊的认识作用。

（2）人物通讯的特点

人物通讯的重点是写人物。写人物，一种是全面记叙人物的事迹，如《县委书记的榜样——焦裕禄》；一种是只写人物的一两个侧面来表现其思想心态。那么，如何才能写好人物通讯呢？

①选择典型人物。这是人物通讯写作的关键。物色人物，首先要看其言行事迹、思想风貌是否具有时代的特征，能不能体现历史的进程，能不能体现社会发展的方向。

②注意表现人物性格的特异点。这是小说常用的刻画人物的方法。不过，小说写人物，常把人物的性格夸张到远离常态的地步，虽能给人留下深刻印象，但毕竟有违真实原则。通讯写人，可以注意捕捉人物不同于别人的性格特异点，但不能夸张失实。在写人物的新闻作品中，数学家陈景润的“痴”和“迂”，就给读者以深刻印象。还有“老坚决”潘从正的木讷和倔强，“爆炸大王”陈火金的痴迷和书生气，都是成功的范例。

③在矛盾冲突中写人。人物性格在激烈的矛盾冲突中才能够充分显现出来。写文章也一样，把人物逼近风口浪尖，才能冲刷出人物的深层本色。这种矛盾冲突多是在人物与自然、人物与落后势力和陈腐观念、人物与自身弱点等关系上展开的。

④运用典型事例写人。以事写人，这是人物通讯常用的方法。写事首先要写典型的事例。所谓典型事例，就是有代表性的、足以表现人物思想面貌的事例。较之一般事例，典型事例能起到以一当十、以少胜多的作用。那种使用材料多多益善的观念，那种“见物不见人”“见事不见人”的写法，都是不足取的。

⑤借景写人。利用景物写人，是我国的传统写作手法之一。使用这种方法，使人物形象更鲜明、可感。

⑥借他人之口刻画人。《领导干部的楷模——孔繁森》一文，多次借藏族同胞之口对孔繁森的形象进行渲染衬托，特别是孔繁森因公殉职之后，人们那些和着泪水表达的悼念，对刻画孔繁森的形象起了重要作用。

2．事件通讯的写作概述

（1）事件通讯的含义

事件通讯是以写事件为主的通讯。它通过对新闻事件发生、发展、结果的叙述和交代，来反映社会现实，表现时代精神。

事件通讯要以赞扬社会主义时代的新人、新思想、新风尚为主，同时也可以揭露存在的实际问题，以引起人们的重视。

(2) 事件通讯的写作格式

事件通讯由于要具体形象地反映人和事，因而没有固定的格式，比较灵活多变。既可以按时间顺序、事实发生发展的顺序或者作者对报道事件认识发展的顺序来安排层次，也可以按事物的性质分类，或以空间变换为标志来安排层次，还可以按时间顺序和空间变换穿插起来写。这几种结构形式可以根据通讯的类别和不同的素材，灵活地加以运用。

(3) 事件通讯的写作要求

事件通讯的写作，要准确写出某一事件发生的缘由、开端、发展、高潮和结果的全过程，让读者了解事件的来龙去脉。在写作中，要处理好写人与叙事的关系，即以叙事为主，以写人为辅，写人为写事服务。事件通讯的结构较为灵活，可以顺叙，可以倒叙，也可以运用插叙和补叙。在表达方式上，为了增强文章的生动性和形象性，除了叙述之外，还可以综合运用描写、议论等手法。

三、风貌通讯、工作通讯与社会通讯写作

1. 风貌通讯的写作概述

(1) 风貌通讯的含义

风貌通讯是以报道某一地区、某一单位、某一行业的基本面貌、风土人情、自然风光和日新月异的建设成就为主的报道。

风貌通讯在表达方式上，往往运用点具体事例来叙述和描写一个地区、一条战线、一个单位、一个点、一个方面的风貌变化，展现时代的步伐和人的思想境界的变化。一般采取“巡礼”“纪行”“散记”等形式，向读者介绍。

(2) 风貌通讯的写作格式

风貌通讯一般分标题和正文两部分。

①标题

标题比较灵活，但一般要突出“风貌状况”方面的内容。

②正文

正文要求围绕主题，但不要求围绕一个人物或一个中心事件，最好涉及各方面风貌和特色。

(3) 风貌通讯的写作要求

风貌通讯是记叙某一地区、某一行业或某一事物的风貌状况以反映其整体变化的新闻体裁。风貌通讯的重点在于写“貌”，因而特别注重反映某些地方的山川景物、风土人情和世俗习惯。

风貌通讯比起别的通讯形式来，要求有更多的文学性。风貌通讯的文学性，

主要通过描写、抒情的方法来实现。描写主要是写景状物，要把景色、事物写活。抒情则是缘景生情、借景抒情，努力做到情景交融。

2. 工作通讯的写作概述

(1) 工作通讯的含义

工作通讯就是报道工作中的新鲜经验、探讨工作中的新鲜问题的通讯，内容包括各地区、各单位贯彻党和国家的方针政策的具体经验和成绩。

工作通讯是我国新闻报道的固有体裁，它一般是记叙某项工作如何开展、打开局面的情况；或者是贯彻党的方针政策所取得的新成绩新经验；或者是回答在实际工作中所关心和迫切需要解决的问题，借以推广经验、解决问题，指导和推动工作。因此，有人称它为政策性通讯。但是，它不同于政策性文件，不具有指令性。它通过总结经验，探讨问题，从思想认识上给人以启发和诱导。

(2) 工作通讯的类型

①报道型工作通讯。这类工作通讯主要是向受众报道工作中的新鲜经验，或涉及政治、经济、党风、政风、民风的重要问题。

②研究型工作通讯。研究型工作通讯重点在于探讨问题的成因，研究解决问题的办法。一般是针对涉及全局性、有普遍意义的问题提出的解决办法。

(3) 工作通讯的作用

工作通讯直接记叙和分析当前实际工作中取得的经验、成绩或存在的问题，从中提出一些带有规律性的结论去指导实际，推动实际问题的解决。

(4) 工作通讯的写作格式

工作通讯一般由开头、主体、结尾三部分组成。

①开头。工作通讯开头通常要概述事件的基本情况，简要介绍人物、交代中心思想或提出问题等。概述部分一般不设小标题。

②主体。主体是通讯的主要内容部分。由于通讯的内容较多、篇幅较长，主体部分常常划分层次，并冠以小标题形式。

③结尾。工作通讯的结尾，可将事件作一小结，作一画龙点睛式的评论，也可以文尾展望前程，描绘远景，发出号召，给人以希望和鼓舞。

(5) 工作通讯的写作要求

①要抓住主题。要注意选择那些在贯彻执行国家方针、政策中碰到的问题，选择那些人民群众普遍关心的问题，把着眼点放在推动工作的开展上。

②要用事实说话。要选择典型事实，突出重点问题，多角度、多方面地选取材料，证明观点；否则，所谓的经验、结论就只能是空中楼阁了。

③要找出解决问题的出路和办法。不仅暴露问题的工作通讯要提出解决问题的方法，报道成功经验的工作通讯同样如此。事实上，对成功经验的肯定，本身

就是为同类的单位或企业指出可资借鉴的方法。

④生动活泼可读性强。这本是通讯的共同写作要求，这里特意强调一番，是因为工作通讯比较容易让人产生轻视生动性的误解。也许工作通讯在情节上不如事件通讯和人物通讯那样引人入胜，但是不能因此放弃通讯的这一基本特点。缺少文学性、不能有效吸引读者阅读的工作通讯，不能算是成功的作品。

3. 社会观察通讯的写作概述

（1）社会观察通讯的含义

社会观察通讯是一种新兴的通讯类型，也是当代使用频率很高、很受关注的一种通讯类型。

社会观察通讯，是报道社会现象、剖析社会问题的通讯。与传统的人物通讯、事件通讯、工作通讯、概貌通讯不同，社会观察通讯并非着眼于社会上的某一个别人物、个别事件，或者某一方面工作中的经验教训，某个地方的风光风貌，而是在上述各类通讯的报道范围之外，用广角镜头透视大千世界、人生百态，反映社会生活中值得注意的新变化、新问题、新观念的通讯，如中央电视台播放的“新闻观察”。

（2）社会观察通讯的基本类型

社会观察通讯按题材和报道方式分类，可分为如下几种类型：

①课题型的社会观察通讯

课题型的社会观察通讯所反映的社会现象与问题不是暂时性的，而是具有长远、重大的意义，深入研究下去，可能涉及法律制度、国计民生、历史文化传统、国民素质等深层结构问题。这种类型的通讯需要在更大范围内进行调查，需要采集典型的事实。它在写作上则比话题型通讯更重视综合分析，常常在事实层面的基础上进一步深挖下去，整个报道具有一定的思辨性。这种类型的通讯写得好，传播效果有可能辐射到政策层面，影响有关决策部门的动作。

课题型的社会观察通讯与话题型的社会观察通讯并无不可逾越的界限。通过媒介的报道，课题可以转变为大众话题，而有些话题性的题材，也可成为社会认真研究对待的课题，例如青少年热衷于电脑游戏，开始只是作为社会热点话题被媒体关注过，随着电脑游戏厅的增多，一些青少年因沉溺于电脑游戏而失学甚至犯罪的事实日益严重，已经成为一个不容忽视的社会问题，电脑游戏厅一度被称为瞄准孩子的“电子海洛因”。

②话题型的社会观察通讯

话题型的社会观察通讯，是指通讯所报道的内容，正是此时大众议论的热门话题，或者大众对其感兴趣，有可能成为热门话题的社会现象。这类选题大多比较浅近，比较容易为读者所接受。

③展现型的社会观察通讯

展现型的社会观察通讯及时追踪社会上出现的新事物、新动向，所报道的题材大都是读者略知大概而不知详情的现象，因而有极强的获知欲。这类通讯要求记者目光敏锐，对新题材反应及时。

④剖析型的社会观察通讯

剖析型的社会观察通讯大多报道社会生活中出现的矛盾、问题类题材。这类题材往往已为社会所关注，受众获知的表面信息虽多，却缺乏对这类问题高屋建瓴的信息梳理和根源剖析。因此，剖析型通讯的报道方式大多在纪实的基础上剖析问题。报道中有许多分析解释的段落，是对纪实内容必要的整理和深化，有比较强的社会认识价值。

（3）社会观察通讯的主要功能

①社会观察通讯在选题和报道对象上，自成一体，开拓了人物、事件、风貌、工作以外的另一领域，即社会现象与社会问题。这不仅极大地开阔了通讯的报道视野，也为新闻工作者提供了一种迅速反映现实、监督社会生活的有力武器。

②社会观察通讯在通讯的写作理念上有较大创新。社会观察通讯以多角度、多侧面的“立体报道”方式，曝光社会万象，展示社会矛盾，追踪动态中的时代思潮，以新鲜的信息和敏锐的视角，为新闻写作领域吹进创新之风。

③社会观察通讯的选题来自社会实践，并集中于那些普遍存在的新现象、新问题，因此它可以比较及时地向受众提供有关的最新社会信息。只需列出一些社会观察通讯的标题，就可以看出它们的作用。

④社会观察通讯中的相当一部分以揭露、批评报道为主，而它所揭露与批评的重点往往是贴近百姓生活的问题，特别是一些社会不公正的现象。例如当一种新的政策实施时，是否有些社会群体的利益受到了损害？这往往是社会观察通讯所关注的问题。因此，这类通讯不仅更全面、真实地反映了社会现实，而且代表了民意民情。对受众来说，它可以成为一个宣泄某些不满的渠道。而从全社会来看，通过这种类型的通讯进行“密集的小批评”，在一定程度上起着“排气阀”作用，有利于缓解社会矛盾。

社会观察通讯与受众的接近性，特别是心理上的接近性，以及通讯体现出的揭露与批判精神，满足了受众对社会信息的获知欲，切中老百姓渴望社会公正的心理诉求。

⑤社会观察通讯一直在关注着社会的公平与正义，关注着可能引起冲突的社会矛盾和问题，关注着各种社会人群的生存状态，特别是关注弱势群体，为弱者说话。

（4）社会观察通讯的采写要求

①记者要有高度的社会责任感和主持正义的精神

社会观察通讯在选题上有以下两个特点：第一，要直面复杂、多变的社会生活，特别是社会舆论中的热点问题和“难点”问题，这就有可能触动社会的某些敏感区；第二，要直面社会的不公平，甚至社会的丑恶与黑暗面，这就可能有一定的风险。因此在社会观察通讯中记者应该表达的是追求社会正义、维护大众利益的职业精神。研究那些优秀的、有影响力的社会观察通讯的采写过程，就会发现在每篇通讯的背后都有记者的一颗追求正义的心。

②努力掌握第一手材料

A. 社会观察通讯的好题材只能在社会生活的深处发现。没有沉到社会基层、沉到各种社会群体中去的努力，很难抓住那些鲜活的社会变化。

B. 社会观察通讯的调查性报道，特别是批评与揭露型的报道，更需要掌握翔实的第一手材料。重证据，才能使自己立于不败之地。我们注意到，不少社会观察通讯是记者采取隐蔽式采访完成的。这正是为了获得绝对真实的第一手材料。

C. 要反复核实事实，要注意对事实之间的因果关系悉心梳理、如实反映。

③微观和宏观结合的纪实手法

社会观察通讯的主要写作手法是纪实手法。纪实是一种运用人物、情节、现场、对话、数字等各种资料客观叙述或描写的手法。社会观察通讯因题材的特殊性，必须兼顾微观纪实和宏观纪实两个方面。

一方面，这类通讯所选的“点”是“面”的代表，即微观事实是宏观事实的代表，必须着力去表现，才能以“点”带“面”。

另一方面，社会观察通讯的目的既然要表现社会生活的“面”，宏观的纪实材料——综合性的背景介绍、概括性的背景材料和各种统计数字是不可缺少的。

（5）写作社会观察通讯应注意的问题

①注意保护隐私权

社会观察通讯在进行调查性报道中，在对弱势群体生存状况的报道中都会涉及具体人、具体事。由于从社会角度进行观察与剖析，容易触及一些敏感问题或个人隐私，这时要掌握好“度”。另外，在运用隐蔽式采访时，也要掌握好一个“度”的问题，这里也有一个保护隐私权的问题。

②不要媚俗、盲目追求“卖点”

社会现象与社会问题是复杂的，记者不能受“卖点”的诱惑，而应当以社会的健康发展为己任，严肃地对待它的采访与写作；同时社会观察通讯应当成为研究社会问题的参考书，采写这类通讯的记者要向思考型、研究型记者的方向努力，学会为社会把脉，学会透视深层的问题，给受众以理性的启迪。

③篇幅不要太长

社会观察通讯一般篇幅比较长，但这并不意味着越长越好。如何掌握这类报道的篇幅，如何组织好报道的结构，如何简练地写作，已经成为这类报道的新追求。

④严防道听途说和虚假报道

社会观察通讯取材面广，采访的难度大，需要记者投入相当的精力。而报道的社会现象经常是老百姓的热门话题，社会上往往会有很多相关的传闻。在这种情况下有些记者在“抢时效”的压力下投机取巧，或者以道听途说代替采访，或者从见诸报端的第二手、第三手文字材料中获取素材，更有甚者，剪刀加糨糊，把别人的报道抄抄拼拼就成了“社会大特写”。这种虚假报道的教训已不少见。

⑤防止片面、偏激

社会观察通讯不等于揭丑通讯，许多新的、非常令人鼓舞的社会现象、社会变化，也应列入选题之内。

采写批评、揭露性的社会观察通讯，记者接触到的大多是负面情况，听到的往往是沉重的呼声。置身现场，记者容易受到感染。在这种情况下，如果不能钻进去，又跳出来，以一个新闻记者应有的审慎的态度，冷静、客观地对事物进行分析，行文中就很难把握分寸。反映民情是可以的，但是，一味宣泄，甚至渲染、煽情，就会适得其反，对社会、对弱者不但无益，反而有害。对此，也不可掉以轻心。

第二节　通讯的写作范文

▲人物通讯

【范文】

战震灾，空军官兵情注藏乡羌寨

2008年7月6日　四川理县甘堡藏寨的藏羌族群众，把精心赶制的鞋垫送给与他们生死相守37个昼夜的空军雷达某团42名官兵。5月12日，官兵们在执行任务途经理县时突遇大地震，官兵们迅速将附近群众营救到安全地带。随后在藏区建立3个空投点，引导飞机展开大规模空投救援。

地震毁坏了有1400年历史的土司官寨，官兵们奋力排险，从废墟中抢救出金、银和青铜佛像等藏传佛教文物。

藏寨群众阿格尔说："他们不顾那么危险，把文物给我们挖出来，我们要感谢党和人民解放军！"

甘堡乡24个山寨建在海拔2500多米的深山里，官兵们顶着余震、塌方，每天翻山越岭挨家挨户救援。

官兵们为每个山寨送去食品、药品和帐篷，从废墟中挖出数万斤粮食和农具、家具等生活用品。官兵们离开时，有位老大娘拿出家里仅剩的鸡蛋煮熟塞给战士吃，官兵们走了，鸡蛋却留了下来。

理县甘堡乡党委书记黄晓渝说："感谢他们，感谢他们不顾自身的危险来帮助我们，叫我们老百姓不要去冒险，而他们用他们的生命去为我们老百姓抢物资，真的，让我们当地的老百姓都非常感动。"

▲事件通讯

【范文】

寻觅"吵架的"

9岁的儿子已经嘟囔了好些日子："老师让在大街上观察一场吵架，描写人在吵架时的神态、语言、动作。可找了几天，没见到一次。交作业的时间马上就要到了，该咋办呢?"

偌大的××，找一起吵架的还不容易！1月13日是星期日，我推出自行车，带上儿子，满怀信心地上了大街。

市东部最热闹的地方是花园路，只见街上挂满了红红绿绿的标语："依法纳税是每个公民应尽的义务"，"支持生产是税务部门的首要职责"。道旁还设了不少税法咨询站、宣传站。对，今年是全国税法宣传教育年，今天又是××市税法宣传教育日。过去常因为交税收税之事争争吵吵，口角不断，说不定在这里也会有人干上"仗"的。我俩认真"搜索"，仔细寻找，可映入眼帘的是，人流熙来攘往，或驻足宣传栏前，阅读有关税法条文；或伏案咨询台，倾听税务工作者的耐心解说，处处细语低声，笑容可掬，哪里有什么吵架的迹象。

于是，我俩又"搜索"这长长的人民路，来到市中心"二七"广场。广场周围有四家大商场，是郑州最集中的购物中心。我想，在这里找几起顾客与营业员吵嘴的事还不探囊取物一般！可是，出这商场，进那商场，从一楼到二楼，就是见不到斗气吵架的。走出商场门口，我们终于听到了吵声，儿子不禁“喜出望外”，拉着我就跑上前去。遗憾的是，不是大人在吵架，而是一位妈妈在训斥不懂事的孩子。

猛然记起摄影记者×××同志告诉我的，文化路上的太平洋商场今日开业，海鲜、水产最多最便宜。我想，新开业的商场肯定人多，人多吵嘴的机遇可能性就多一些。于是立即飞车而去。果然，“太平洋”里简直是“人海”，虽离春节还有月余，但那气氛跟除夕临近似的，鲤鱼、武昌鱼，三块一二角钱一斤；大带鱼、小带鱼，两块多钱一斤；上好的海米，十来块钱一包。还有鱿鱼、丁鱼、海螺，简直目不暇接。人虽很多，但处处秩序井然。我俩在黄花鱼柜边一站，营业员就笑眯眯地说：“称点黄花鱼吧，又便宜又对小孩子营养好。”“多少钱一斤？”“两块七。”嘿，真便宜，我没犹豫就要了1斤，又要了一包海米。

走出“太平洋”，孩子提醒我：“找个乱糟糟的集贸市场吧，那里保准有吵架的。”我想也是，便飞车来到西郊我印象中最乱的五里堡集贸市场。但一到那里就有点犯“傻”：过去胡摆乱放、横七竖八的这个市场，如今井然有序。摊档分列两旁，三类小商品、主副食品琳琅满目；中间又加一排干鲜水果摊，苹果、大枣红通通，香蕉、鸭梨黄澄澄，看上去都眼馋。整个市场人挨人，人挤人，难找一点缝隙。但与我们“愿望”有悖的是，大家都不急不气，慢悠悠地“随流”而走。忽然，街侧一辆自行车与一辆三轮车迎面相撞，自行车连人带车倒在三轮车车把处。我与儿子相视一笑：“机会”来了。谁知那两人彼此看看车、人无损，居然互相一点头，各自走人。

回到家里已是晚上×点半，妻子听我俩是出去找“吵架”的了，哈哈一笑：“吵架的肯定有，不过现在吵架的比过去少多啦。”年近八旬的老岳母也说：“我天天都在门口街上转转，难得碰上个吵架的。”儿子直埋怨：“真是，老师咋出这个题目。”

▲工作通讯

【范文】

××的成功之路

2006年6月12日讯　目前，××管理团队核心成员撰写的《××内幕》成了众多企业家、经理人、学者、媒体乃至消费者关注的焦点。本书洋洋30万字，总结了××成功的核心优势（关键因素），读来很有启发，现节选书中部分精华，以飨读者。

《××内幕》从××发展历程、××经营模式、××文化等方面着手，全方位透视××跌宕起伏、高潮迭起的成长轨迹，并力图提炼出对众多经营管理者乃至一般人有所启示的普遍规律。总结起来，××的成功要素有以下五点：

企业家：×××——××成功的核心灵魂

没有×××就一定没有如此成功的××。他的经历（原××生产经营副总裁）、品德（正直、仁厚、坚韧等）、价值观（财散人聚、经营人心、大胜靠德、大智靠学等）在同样大师级别的企业家中，×××可能是最令人佩服的一个。

中国的民营企业普遍处于初创阶段，企业的成败完全取决于创始人的综合水平。(中国民营企业离欧美的职业经理人时代还很远)

企业家是不可再生的稀缺性资源，所以中国乳业也就仅仅出现一个空前绝后的牛根生一人，而不会有第二人。

企业文化：本质就是×××文化

企业文化是企业的价值观，是企业的“为人之道”，××将企业文化上升到了企业核心的高度，而不是一些企业所谓的“口号”。

以其“经营人心”为例：

——××强调“举贤避亲”，防止企业的家族化倾向。

——选才“三合论”——在合适的时间合适的地点选合适的人才，而不是一些企业的高才低用，低才高用。

——“上礼下”规则：只允许上级送下级财物，禁止下级送上级礼物。

——“三正氛围”塑造“三全员工”，公司只有具备“正义、正气、正确(决策)”的基本面，奉行“公平、公正、公开”，才会有“上下同欲”，才会有“全心、全力、全时”的员工。

——“集体开会，领导坐地上”“××出差深圳睡地板”等。

……

如果书中所描述的都在坚持不懈地实施，××的企业文化取中国的儒家文化和西方的制度文化之长，令人敬佩！

企业战略——决定了××真正的成功

××使命和远景：强×兴农；创第一品牌，建中国×都。

××总体经营战略：专注××同步发展，整合资源滚动做强。

——显然，不熟不做，专注于××，不盲目多元化，是××的根本发展战略。

经营思路：目标导向——目标出发，反向推演，步步链接；倒推资源配置，倒推时间分配，链接战略战术，链接方法手段。

重大决策：如市场布局（先打××等）；工厂布局（国际水准样板工厂、国际示范牧场等）；广告集中上央视；等等。

反观国内的许多公司，仅仅几千万、几个亿的销售额，不知道自己有几斤几两，就开始四面出击，寻找所谓的“馅饼”（其实更多的时候是陷阱），盲目地实施多元化战略。有所不为，才有所为！专注！专注！再专注！烦躁的中国企业家们，前进的途中还是歇歇脚吧。

制度——保障战略、策略的实施

××靠×××、×××等原××高层10人齐心协力投资创立，一开始就按规范的股份制企业运作。

在共同的利益驱动下，在规范的制度保障下，××的创始人们才真正会齐心协力，同心同德，患难与共，比肩作战！

后来，随着摩根等投资银行的介入和香港的上市，××的上市公司运行制度更加健全。

几年前，摩根等国际投行之所以看中××，不只是中国××的快速发展，更加看中的是××的经营团队和完善的公司管理制度！

“系统好，凡夫变天才；系统不好，天才变凡夫”，在好的制度里，一个平凡的员工会发挥其应有的贡献，但是在一个不完善的制度里，人才也会变成庸才。

××能被摩根等财团看中，能够成为香港最“牛”的上市公司之一，有产权明晰、独立运行的机制，股东价值为先，相对先进的管理制度是前提条件。

营销策划——四两拨千斤，令人惊叹！

××绝对是营销的顶尖高手，其综合策划水平应该在养生堂之上，在中国的消费品业界可能无出其右！

“运筹帷幄，决策千里，98%的成功在于家中的营销决策”“媒体无大小，新闻无小事”“事件营销是品牌的成长线”“事事都是营销点”“定期主动给媒体发送稿件”等，从这些标语就可见营销策划和公关的重视程度。

虽然××的中央台广告很猛，但相比于它的事件营销那是小巫见大巫。××深知“注意力经济”时代如何吸引公众的眼球。

“公关第一”“事件营销第一”，××和×××本人都做到了。最近数年，关于××的媒体报道多达数万篇，单单9月5日一天，网络上关于××的新闻就多达30多条！

“争创×××第二品牌”“神五上天”“摩根参股”“香港上市”“老×捐股”还有《××内幕》本书……

只要注重事件营销，善于炒作的××从来不缺乏素材，连“×××参加央视春节晚会”也成了新闻，最近关于“××到底是花多少元赞助《超级女声》”都成了许多媒体的爆料！××的营销炒作绝对可以成为中国最经典的营销教科书标准案例！

作为营销人也不得不感叹：这是近年来最令人尊敬的快速消费品企业！

▲概貌通讯

【范文】

水清云疏泉淙鹭舞　××周边最风雅之地

2008年8月6日讯　苦夏难挨，最闲适之处莫过于水清云疏、泉淙鹭舞的江岸。既得凉爽，又获野趣，如幸遇雾霭迷离，则云水一色，人在画境。×××似乎都满足上述的描述：水、云、泽、梦……人行明镜中，鸟度屏风里，自然之力的丹青巨作，可远观，亦可置身于其中。

溪

山淡远，一条承载了太多文人气息的河流，流淌出隽永而风雅的节奏。发源于黄山南麓的×××，把这块世界上最美花岗岩的山涧飞瀑，碎琼乱玉，一一收集。

水从山骨无泥气，玉漱花汀作佩声。百转千回，迤逦出山，又得徽居的秀逸清雅，渲染出枯淡幽冷，极具文人士大夫逸品格调的山水长轴。“青溪清我心，水色异诸水。借问×××，见底何如此。人行明镜中，鸟度屏风里”，文字的力量在自然的大美之前依旧是稚浅的，“敢言天地是吾师”，石涛、黄宾虹等××画派的大师，功力固然已臻于化境，但妙笔终究难书天然之趣，丹青还欠造化之意。

苦蝉声住，寒江起暮雾，孤舟送客归，水云深处。古渡繁华不在，却被岁月填满，拴船石上，苍苔依旧，依稀可见精美的雕刻，埠头边的青石，铭文已然模糊，却分明可见时间留下的印记。离垢避嚣，遗世独立的古村落依旧以黑、白、灰这样简单而经典的色调诠释着山高水远、飘逸空灵的中国传统美感。气质和××江江水一般清冽。渡头沽泊聚黄昏，三二蚱蜢舟闲在水岸，如黛远山即是画纸，只添几竿野竹便尽得疏简枯淡之笔墨、荒逸高洁之意趣。暮色渐起，村民们在江边浣洗，弄碎了碧波，江上的雾霭悄然而至，但见半城江雾半城山，人在虚无缥缈间。

雾

为×××一奇，翩然而至，云涛涌动，卷起千堆雪，顿时四野苍茫，山水萧然；悄然而逝，则如初出峡谷，豁然开朗。妙在不期而遇的惊喜。

奇雾缘自上游水库与下游江水水体之间的温差，早晚尤甚，气象万千。或如绶带般缱绻缠绵，或似云海惊涛拍岸，气吞万里如虎。船行江中，但闻橹槁揉水，却不见其形。只在有清风习习，拨散云水，方可见江心沙洲点点，白鹭争渡，江畔野蒿及人，绿意盎然。野渡无人舟自横，靠岸最近的沙洲上，年迈的渔翁和他老伴在这里讨生活，扁舟为家，渔网作帘，相伴的还有自家的黄犬和成群绕舟而游的白鸭。一支长槁插船尾，却惹来了翠鸟，江水清冷如冰，养得锦鳞肥美。人与鸟共图这江中之物，倒也有些趣致，"洞澈随清浅，皎镜无冬春。千仞泻乔树，百丈见游鳞"，舟已泊，水也静，风景亦在这里歇脚。

一叶扁舟，玲珑精致，船夫不紧不慢地摇着橹，自己也成了风景，像是山石盆景中摆放的一粒小小的核舟，江上也有摆渡的机械渡轮，突突的马达声带来了恼人的喧嚣，渡江的村民推着自己的自行车，挑着蔬菜担子，甚至赶着刚在集市上买的猪崽，闹哄哄地上了船。一块钱的船资，五六分钟的船程，风景，于他们来说已是熟视无睹的习惯。陌生或熟识的人都在小小的渡船和清澈的江水中往着同一个方向，"他年一携手，摇艇入新安。"……

▲幽默通讯

【范文】

实力之外定成败

某公司招聘一名维修部主管，在经过几轮残酷的淘汰考核之后，应聘人数从几十人落到最后两人，他们分别是小张和小李。最后一轮考核总经理亲自出场，给了他们每人一部残旧不堪的坏机器，然后叫他们修理。

小张把机器拆开，仔细地检查内部的每个零件，不一会儿，他皱起了眉头。总经理看了笑着问："可以修好吗？"小张犹豫片刻，自信地说："只要功夫深，铁杵磨成针，我一定能修好的，请放心好了。"

总经理又看了看小李这边，他也是把机器拆了个"粉碎"，仔细地检查，过了一会儿，也皱起了眉头。总经理又问："可以修好吗？"小李笑了笑："对不起，这部机器实在是修不好，很抱歉。"

最后应聘结果让人大跌眼镜，竟然是小李。小张不解地望着总经理，想寻找答案。总经理笑了笑："原因很简单，因为这两部机器是无法修好的，无论你下的功夫有多深，针是无论如何也磨不成铁棒的。"

▲小通讯

【范文】

深山坞里培训法律明白人

2008年11月16日讯 “今年雪灾期间，邻居家的多根竹子被大雪压倒在我家的屋顶上，春雨季节，屋面渗水，严重影响我一家人的生活。我要求邻居砍掉这些竹子，却被拒绝。无奈，我只好自己动手砍竹，而邻居却要我赔偿。请问这方面有法律依据吗?”“我国《物权法》中相邻权规定，在相互毗邻的不动产的所有人或者使用人之间，任何一方为了合理行使其所有权或使用权，享有要求其他相邻方提供便利或是接受一定限制的权利。因此，你的行为法律上讲没有什么过错，相反还可以要求对方付砍竹子的劳务费。”顿时，在场的农民朋友们报以热烈的掌声。这是10月15日，记者在××村农户法律明白人培训班上见到的该镇司法所长×××在接受村民法律咨询的一幕。

为推进“五五”普法的进程，使普法工作取得实效，××县在全县农村开展“农户法律明白人活动”。××村地处深山，村民法律意识薄弱，刑事案件多，邻里纠纷多。2006年11月，县委组织部在加强基层组织建设中，为该村选派了村第一党支部书记×××同志驻村工作，为了加强法制教育，使村民增强法治观念，让法律知识进农村，使广大农民通过学习法律知识，能够知法、懂法、学法、用法，村里办起了全县第一家法律培训班。在县、镇、村干部和村民们的共同努力下，该村面貌得到了显著改善，村民们的法律意识明显增强，深山村里荡漾着和谐的春风。最近××村被县司法局、县民政局授予该县第三批“民主与法制示范村”。村里的农民朋友听说村里获得了“民主与法制示范村”的荣誉，县里干部还来授牌，特别高兴，尽管是农忙季节，不少农民朋友还是放下手中的农活，早早就坐在村部会议室里，参加培训。镇人大主席×××介绍该镇开展“农户法律明白人活动”的方法和步骤，让农民朋友们心中有了底，作好合理安排农活接受培训的计划；县司法局副局长×××向村干部授牌后，给在场的村民们讲了《掌握法律，维护自身合法权益》一课；县委组织部副部长×××结合该村变化的事实，给村民们讲解了加强农村基层组织建设的意义，还讲解了《村委会组织法》等相关内容，村民们听了不时点头，以示领会。×××在给村民们上法律辅导课时，结合自身的工作经验和农村中易发生的典型案例，就《物权法》《婚姻法》《安全生产法规》等讲得生动易懂。培训过程中，村民们时而报以掌声，时而鸦雀无声……

培训结束了，村民们还是围着干部们问这问那。年逾花甲的×××、×××等老同志感言道："建设新农村，建设和谐家园，农民们更需要懂法。干部们常来说法，俺们欢迎。"

▲专题通讯

【范文】

全市广大文艺工作者积极投身抗震救灾

2008年5月21日讯 5月12日汶川8.0级强烈地震，使我市绵竹、什邡两地受灾严重，人民生命和财产安全遭受到极大的伤害和损失。灾情牵动着市文联党组、全市文艺工作者的心。

按照市委、市政府的总体部署和指示，市文联确定了四项措施做好抗震救灾工作：一是发出号召，要求各县（市、区）文联及文艺工作者紧急行动起来，紧紧围绕党和政府抗震救灾的中心工作，积极发挥广大文艺工作者的作用，发扬特别能吃苦、特别能战斗、特别能奉献的优良传统，全力以赴配合和支持抗震救灾工作。目前市文联抗震救灾领导小组要加强与各县（市、区）文联及文艺工作者的联络、协调、服务，及时通报情况。二是积极参加到抗震救灾工作中去。地震灾害发生后，市文联已安排市摄影家协会、市作家协会、市音乐家协会、市散文家协会、东方文学创作学会、市曲艺家协会、市戏剧家协会的骨干作家、艺术家配合抗震救灾中心工作分赴灾区进行采访和专题创作，目前已拍摄了大量的照片，创作了诗歌、散文、报告文学、歌曲等作品；地震重灾区的作家也正在抗震第一线，一边采访创作，一边抢险自救；市文联机关共产党员服务队和干部职工，积极参与到市抗震救灾物资配送站进行救灾物资的搬运和发放，努力为抗震救灾出自己的一份力，尽自己的一分责。三是号召文联机关和广大文艺家积极向灾区捐款捐物，为灾区人民送温暖，支援灾区人民的抗震救灾工作。四是加强舆论宣传工作，积极宣传地震科普知识，组织本单位人员科学避震，同时做好应对可能发生的余震和其他自然灾害等准备。

目前，全市文艺界党员、干部、文艺工作者都在各自的岗位上，以自己的方式积极投身抗震救灾工作，担负起文艺界的使命和责任，发扬"一方有难，八方支援"的精神，为抗震救灾尽自己最大的努力，贡献自己的力量。

第九章　新闻特写、专访、评论、言论的写作

第一节　新闻特写、专访、评论、言论的写作技巧

一、新闻特写写作

1. 新闻特写的含义和分类

（1）新闻特写的含义

新闻特写是摄取新闻事实中最富有特征和表现力的片段，通过多种表现技法做具有强烈视觉及情感效果的着力刻画，使其产生立体感，从而更集中、突出地表现新闻事实和主题的一种新闻体裁。其特点是能生动而集中地再现场景与人物。

（2）新闻特写的分类

新闻特写包括事件特写、场面特写、人物特写、景物特写、工作特写、杂记性特写等。其中，以人物特写与事件特写居多。

①人物特写。人物特写以写人为中心，不写过去湮没的人物，而是写在当代（并且是新近）生活舞台活跃而有一定影响的“新闻人物”，主要是能对生活起推动作用的正面人物。不是写人物全部的生活史，也不是写人物现实表现的各个方面，而是只写新近引人注目的生活镜头和片段。

②事件特写。事件特写重在写事，写具有新闻价值的典型新事，要通过典型新事表现出崇高精神，良好风气。

2. 新闻特写与新闻通讯的区别

新闻特写与新闻通讯相比较，新闻特写比新闻通讯的内容容量要相对小些，

新闻特写的体式亦较新闻通讯要单纯些、简省些。新闻通讯写人可以纵横伸展笔墨，要有一定的完整性，写事则写出事件发生与发展的过程。然而，新闻特写写人，往往只取其生活瞬间的片段，不求完整全面；写事，也只截取某些横断面，不要求事件在时间和空间的延续上反映事件的全貌。

3．新闻特写的写作要求

（1）选准一个“镜头”（包括选准一个片段、一个情节）来写。

（2）要抓住人物和事物的主要特点。

（3）要捕捉人物、事件的动态、动势，刻画其生动的形象。

（4）要善于把人的各种感情恰到好处地表达出来，让情融于事中，使情满而不溢。

（5）要抓取新闻事件最高潮的部分。

（6）在遵守新闻真实性原则的基础上，运用较多的描绘手法，把已逝的情景写得栩栩如生。

4．新闻特写应注意的问题

（1）挖掘好的题材

①奇怪的事、反常现象、巧合、特殊人物等。

②众人熟悉的人物、场所、事情，里程碑性的历史事件、纪念日。

③英勇抢险行为、震撼人心的事情等。

④关于健康、礼节、集邮，花卉栽培、木工技术以及对其他各种各样事情的建议。

（2）合理运用写作技巧

①安排趣味点

新闻特写中，总要有一到数个趣味点。趣味点就是新异精彩、生动有趣、能够激发读者阅读兴趣的地方。这是特写区别于其他新闻体裁的特异之处。没有趣味点的特写是乏味的。趣味点可以是显示人物独特个性的细节，可以是事件的某个关键之处或出人意料的转折之处，可以是某种动物、植物或其他事物的特异点，可以是某种反常现象。

短小的特写，可以只有一个趣味点，但一定要安排在合适的位置上。不能出现太早，那样后文难以吸引人继续阅读。也不可太晚，让读者已经失去耐心还没出现。至于在什么地方出现才是合适的，那要因事而定、因文而定。较长的通讯，不能只有一个趣味点，而要有较多的趣味点相互呼应。这若干个趣味点中有一个是中心趣味点，其他的趣味点分布在它的前后。

②工笔与白描

工笔就是细描，是浓墨重彩、精雕细刻的写法。这在特写用于刻画人物、描绘景物的时候，不妨适当采用。不过，在特写中使用最多的，还应该是白描。白描是简笔勾勒、以貌取神的一种描写方法，文字比较简练朴素，但能够传达对象特有的神韵。由于特写毕竟还是新闻，而不是小说，因此白描比工笔更受重视。

③制造气氛与情调

在新闻特写中，作者还要经常运用弄引、铺垫、烘托、渲染等方法，制造特定的气氛和情调，在此基础上再描绘相应的人、事、景、物。

5. 新闻特写再现事实的方法

特写的写作是通过以下两种方式来再现新闻事实的。

（1）着力放大新闻事件中具有典型意义的细节

这种特写要在新闻事件中找到最能体现事件新闻价值的细节和场面，然后将其放大。要表现好一个精彩的细节（尤其是特写）不是一件简单的事，不仅要把细节的细微之处交代清楚，而且要把细节中的一幅幅画面生动地表现出来。在特写中的细节描写，不仅要让人看得见，还要让人仿佛一伸手就能抓住一般。细节仅仅生动还是远远不够的，特写还必须选择有深刻含义、能以小见大的细节。

（2）抓住精彩的瞬间加以详细描写

特写就像是摄像中的慢镜头，把新闻事件的节奏放慢，让人看个过瘾，进而满足受众的需要。如有些受众在看过较为精彩的体育比赛之后，还想购买第二天的报纸，看有关比赛的特写，因为这些特写会更详尽地再现现场的镜头。

二、专访写作

1. 专访的含义、特点和类型

（1）专访的含义

专访，具有通讯和谈话录消息的某些共同性，一定意义上说，它是用通讯体裁写的谈话录，或者是以记录专一访谈为基本内容的通讯。从表达手法看，它应归入新闻三大类体裁中的通讯类。

（2）专访的特点

专访跟通讯有相近的地方，都讲究详尽和丰富，都运用多种表达方式以求文章的生动性和可读性。但是，它们也有一些不同，主要表现在：

①记言为主

通讯是写人、述事、写景、状物为主，而专访以记言为主。记言为主是专访的特点，主要是采访者和采访对象之间的对话，其中以采访对象的话语为中心。在专访中，记者除了提出问题、作些适当的插话之外，基本放弃了话语权力，即便是转述，也不得违背采访对象的原意。

②专题性

这是专访在选材上不同于一般通讯的地方。“专”就是记者根据目前形势和受众的期待，事先就一个比较热门的问题，针对一个专门的意图和目的，而进行采访和写作的一种特征体现。

③访谈性

专访从形式上看，是采访者和采访对象之间的双声对话，具有一定的“口述实录”性质。话题围绕着一个中心，在问答的过程中次第展开。这种谈话是双向互动的，不像新闻发言人答记者问那样死板。在交互的问答中，话题不仅始终在双方的兴趣范围之内，而且双方有着较多的相互讨论和情感交流。

（3）专访的类型

专访，按内容分为人物专访、问题专访、事件专访、科学专访。

①人物专访

抓住当前人们普遍关心的人物或单位，用第一人称出场的形式写，常用问答式介绍访问内容。这种报道以“访”为主，即以叙述被访人的看法、意见为主；以“作者”为辅，即围绕被访者对某特定问题的看法，写他在这方面的经历和见闻。

写人物专访有以下几个要点：

A. 要交代清楚访问对象和访问原因。

B. 对被访问者的描述要有重点。

C. 要抓住特点，刻画出人物的精神面貌。

D. 要注重描写人物语言，给人以访问的实感。

E. 人物专访的结尾，可写一点作者的感受或对被访者的祝愿和希望。

②问题专访

这是一种出现频率较高的专访。记者针对某一个具有普遍意义的社会问题，请采访对象提供有关情况或发表相关见解。问题专访一般比人物专访和事件专访有较明显的理论深度，采访对象通常是某一领域的专家学者或权威人士，所发表的意见，应该具有一定的学术性和权威性。

③事件专访

事件专访虽然也是采访人，但采访者和采访对象的主观意向都不在于人本身，而在于采访对象所经历过的或比较知情的某件事。从采访者角度来看，目的无非集中在以下两点：请采访对象提供事件的过程或真相；请采访者发表对事件的意见和评价。

④科学专访

这是一种以传播科学知识为主的人物专访，由采访对象向读者介绍有关某一学科或某一技术的基本知识和应用前景。

2．专访的结构形式和写作要点

（1）专访的结构形式

专访的结构形式可分为问答交谈式、人物自述式和散文式三类。

①问答交谈式

问答交谈式是以“问”和“答”为记言的主要方式。专访中的“问”与“答”，常伴有对话，即记者有时不是纯粹地“问”，也表达出思想、观点，和被访者形成对话，这种对话可能是双方认知的共鸣、互补，也可能是观点的交锋，在共鸣或交锋中产生思想的火花。无论是共鸣还是交锋，都使专访的“问”与“答”显现出交流、交谈的色彩。

②人物自述式

人物自述式专访，是指由人物以自述的方式谈人物自己的思想、情感、业绩。谈话录中的人物直接叙述，一般是针对记者的提问，回答问题，陈述观点。这里的人物自述，主要是述人物自身。一般在人物自述之前，由记者交代背景，介绍人物。

人物自述式专访比一般人物专访的取材面宽，具有人物通讯的取材幅度，但表达手法没有人物通讯那么多样，这可以说是体裁演变发展的新尝试。

③散文式

散文手法，和谈话录消息的记言叙述式写法，看似相仿，实则不同。记言叙述式是用记者的话语串联被访者的谈话，基本是记言。散文式则是将记言、叙事、写景、描绘人物音容笑貌融为一体，有时还可以融入记者的议论和抒情，有较浓的文学色彩。

（2）专访的写作要点

①记言准确传神

专访和谈话录消息一样，记言是最重要的特色。因此也和谈话录消息一样，要求记言必须准确而传神。不仅要准确记录谈话的寓意，还要准确体现被访者的性格、身份。要抓住被访者个性化的语言与风格，再现于作品。对于被访者的话，可以直接引用，也可以转述即间接引用。直接引用更具现场谈话氛围，间接引用便于概括集中。

②再现场景

这里的场景，是指访问现场。再现场景于作品，一是给读者以身临其境的感觉，增强作品的表现力；一是以景写人，用场景衬托人物身份、性格、情趣和精神风貌。

③透出时代气息

专访，访的是当代人物，写的是当代人们关心的事情或问题，因此，时代感便成为专访的生命。时代感，主要是通过问题的针对性和人物的精神、观念体现出来的。

选题要切准时代脉搏，要写当代人们关注的问题，写当代人们政治生活、经济生活、文化生活中普遍感兴趣的问题。选择专访对象，要选择具有先进思想、先进事迹或者掌握先进知识、先进文化的代表性人物。

只要专访的问题切准了时代脉搏，专访的人物具有时代的代表性，专访的时代精神、时代气息也就在其中了。

④新鲜活泼

新鲜是指内容而言，活泼是就形式而论。内容新鲜，一是要及时捕捉生活中出现的新问题和新人新事；二是要选择好新闻的由头，这里就有个时机问题。

⑤专访要“专”

专访的“专”，表现在两个方面：一是内容的专题性，写人、写事、写问题都要求集中、专一，不宜散。二是媒体专栏、专页、专版的“专”有特色。不同的媒体，面对不同的受众，有不同的需求，因此不同的媒体应形成自己专有的、不同于其他媒体的专访栏目，谈论自己的受众关心的问题，访问自己的受众关注的人物，采用贴近自己受众的语言和表达方式。

另外，专访的结构应灵活、自然。写人物，可以按几个片段组织材料；写事件可以按几个侧面安排层次；无论写人、写事、写问题，都可以按访问谈话的自然次序写来。可以直接入题，也可以从环境写起。

三、新闻评论写作

1．新闻评论的含义和特点

（1）新闻评论的含义

新闻评论，是新闻机构所发表的言论的总称。新闻和评论一实一虚，如同鸟之双翼，构成报纸的两大文体。评论要运用正确的观点、方法对现实社会生活的种种事物、现象、问题在评析议论的过程中，透过现象揭示本质，从而分清是非曲直、优劣媸美，以其鲜明的意旨、明确的导向，提高人们的思想认识，指导人们的社会实践。

（2）新闻评论的特点

①新闻特点

评论这种说理文章，其内容仅限于针对最近发生的事实，眼下存在的社会问题、思想倾向进行评价论理，发表主张意见，从而发挥指导或影响群众思想，促进和推动工作的作用。它像消息、通讯一样，紧跟社会运转的步伐和节奏，有严格的时限，求快求新，而且多是配合着消息、通讯的主要内容选择、确定观点，展开评论。

②论理特点

评论文章的主要表达手段、主要内容在于议论说理，同一般说理文章很相近。评论文章运用概念、判断、推理的手段，即议论的手段，把道理直接说出来，文章的内容由论点、论据、论证三要素构成。

③灵活的特点

A. 从篇幅上看，评论可长可短，以千八百字长短居中的篇幅为多，近年来有日益短小精悍的发展趋势，三五百字、两三百字的微型评论越来越多。

B. 从内容上看，评论文章涉及的范围，除去很专门的学术问题、理论问题外，现实社会生活中的各式各样的问题大自国家前途、世界风云，小至一个人的言谈举止、街谈巷议，它都可以抓住其中的是非曲直进行评论。

C. 从风格上看，评论以通俗晓畅见长。在这个前提下，根据评论内容的实际情况，它既可以庄重严肃、朴实无华，也可以幽默轻松、活泼生动。

2. 广播新闻评论的含义和特点

（1）广播新闻评论的含义

广播评论是广播电台播发评论的总称。广播新闻评论，是广播评论的核心，被称为电台的旗帜，专指新闻节目或新闻台播出的评论。它有着其他广播新闻不可替代的作用。

（2）广播新闻评论的个性特点

广播新闻评论的性质、功能、特点和党报党刊的新闻评论是一样的。广播新闻评论由于传播媒介的特殊性，也形成了它有别于报刊评论的个性。

广播体裁的风格特点是短、浅、软，这个特点，尤其是浅和软的特点，最明显地体现在广播评论包括广播新闻评论中。这样，广播新闻评论就形成了新闻性、政论性和以短、浅、软为其表现风格的个性特征。

3. 广播新闻评论的写作要求

广播新闻评论在论据、论证等方面的要求和报刊新闻评论是一样的。其写作要求有以下几点。

（1）直截了当

广播新闻评论由于传媒的特殊性，应单刀直入，直戳要害，不可兜圈子。要一条主线贯通首尾，不可枝蔓。

（2）论题要选得小些

广播新闻评论要求比报刊新闻评论更短些，而且还要有深度。这就要求论题要选得小些，只论一个单一小题目，不能庞然杂陈。只有小切入，才能以较短的篇幅把问题讲透。

广播新闻评论的论题必须是在某一个系统、某一个方面带有全局性的、倾向性的问题；立意必须对全局具有针对性、指导性。这就要求论证的材料必须是典型的。

（3）软些、近些

软是广播评论风格的又一特点。软是形式，是为了更好地贴近听众，为了更好地宣传硬的内容。

形式上的软主要是指表达亲和性、轻松性、幽默性、形象性。轻松幽默、生动形象是所有新闻体裁共同的要求，但比较而言，广播新闻特别是广播新闻评论，更需轻松幽默、生动形象。幽默而生动的形式，易于引起听众兴趣，以便把那些处于半收听状态的听众的注意力，完全吸引到广播中来；易于激发听众的通感心理本能，把听觉形象变为视觉形象，使抽象道理，变得似乎可触可摸，从而提高广播新闻评论的收听效果。

（4）深入浅出

广播体裁风格特征之一就是深入浅出。深入，就是深入题旨；浅出，是指表现风格浅显。其一，论据要选择典型的、为广大听众熟悉的材料；其二，推理的方式要尽可能简易；其三，语言要通俗易懂。

（5）运用音响

音响被称为广播的特殊语言。采用音响是广播新闻评论区别于报刊评论的特点，也是优点。精当得体的音响运用，能增强广播评论的真实性、生动性和感染力。

4．新闻评论的写作技巧

（1）新闻评论的不同类型

新闻评论大体上分为五类：社论、本台评论员文章、短评、编者按、专栏评论。

①社论

社论是代表编辑部就全局性或重大问题发表的指导性评论，是体现“政治家办报”“政治家办台”的旗帜和方向，是影响社会舆论的主要评论。

②本台评论员文章

本台评论员文章的规格仅次于社论。它通常不去全面论述重大问题、重大决策，而是选一个重要角度从侧面展开，对决策、问题作深层次分析。

③短评

短评的规格低于评论员文章，属于新闻评论中的“轻武器”“短兵器”。往往一针见血地对事件、问题评其一点。

④编者按

编者按有文前按语、文中按语、编后。称法有编后小议、编者附记、编辑后记、编者附言等。电台称编者的话、编后话、编辑点评等。

⑤专栏评论

专栏评论是一种形式灵活、个人署名、长短不一，在各种专栏里发表、播出的评论。这种评论理从事出，上谈国政、下议衣食住行，不拘一格。

（2）新闻评论的要素

新闻评论有以下三要素。

①论点

论点是从论题中提炼、引发出的观点，是评论者的主观意识与客观实际统一的产物。对论点的要求是正确、新颖、有针对性。

一些短评及编者按、新闻点评，一般只有一个总论点，而较高规格的评论在总论点下还有分论点。总论点就是评论的总观点、中心思想，或者叫立意。它是评论的灵魂，贯穿评论的始终，支配着评论的各个分论点以及选材、布局。

②论据

论据是指证明论点的依据。对论据的要求是真实、充分、精当。论据必须真实，论据失实，论点不攻自破；论据必须充分，论据不充分，以点代面，以偏概全，论点难以成立；论据充分还要求论据和论点间有必然的内在联系，而不是偶然的联系；论据还要求精当，所谓精当指的是要选取与论点有紧密内在联系的、能够以一当十的典型材料。

A．理论性论据

理论性论据指的是已经被实践证明，被人们普遍接受了的正确思想、观点、公理、准则、经验等，包括哲学社会科学方面的成果如马列主义、毛泽东思想的基本原理；党和政府正确的决议、路线、方针、政策、政令；自然科学方面某些为人们熟悉的公理、定律；前人的文化遗产以及格言、谚语、民谣等。

B．事实性论据

事实性论据指的是证明观点的具体材料、具体事实。事实是不能以人的意志为转移的客观存在。

新闻评论中的事实性论据，从不同角度分为新闻事实和背景事实、当前事实和历史事实、典型事实和概括性事实等。

新闻事实，是新闻评论立论的基础，论点是从新闻事实中引申出来的，新闻事实是证明论点的主干材料。

背景事实，也是新闻评论的重要论据。和新闻报道中的背景材料一样，通过背景的衬托，新闻事实的意义就更突出，评论的道理就更易明白。

历史事实，是背景事实的一种。和历史的思想、文化遗产一样，历史事实，特别是当现实生活中出现了某些与历史有关的现象，或者类似历史的现象时，历史事实也是观照现实的一面镜子，它给人们的认识启迪与借鉴往往更生动、更深刻。

典型事实，指的是对证明观点能起到以一当十的那种最有说服力的具体事实。可以是新闻事实，也可以是背景事实，这是证明论点的最生动、最有力的论据。

概括性事实，是指全局性的事实，常以统计数据出现。

在实际新闻写作中，常常需组合多种事实，证明其论点的正确或驳斥论敌观点的谬误。事实性论据必须真实，论据失实，论点就不能成立。

③论证

A. 论证的基本方式

论证的基本方式，从不同的角度可分为立论、驳论、直接论证和间接论证四种。

a. 立论，就是自己提出一个观点，再用论据证明自己观点的正确性。

b. 驳论，就是批驳，证明论敌观点的错误，从而间接证明自己观点的正确。

在实际写作中，立论和驳论两种方式常结合运用。一篇立论性评论，为了说理更有力，常常要树立一个靶子，树立一个假设的论敌，在局部范围采用驳论手法。同样，一篇驳论性评论，在分论点时，有时也采用立论手法。

c. 直接论证，就是用论据直接证真或证伪，即直接证明自己观点的真理性、正确性，或者直接证明论敌观点的错误荒谬性。

d. 间接论证，就是通过否定论敌观点的正确性，证明自己观点的正确；或者通过证明自己观点的正确，证明论敌观点的错误。

B. 论证的推理形式

论证的推理形式，包括演绎推理和归纳推理两种论证推理形式。

a. 演绎推理，是从已知的公理、定理出发，推证尚待证明的论点的方法，是由一般到个别的推理方法。运用理论论据，就得采用演绎推理。

演绎推理的论据，必须恰当地证明具体事物的本质、属性，必须对论证对象有理论的涵盖性；这些论据还必须是受众公认的真理，而不是一部分人的偏见，否则就会“言不及义”，证明不了观点。

b. 归纳推理，是与演绎推理相对应的一种论证方法，是从个别、从具体到一般的论证方法。就是将几个具体的事物归纳起来，抽象出其共同的本质、共同的属性的方法。

这也可以说是从事实到理性的方法，这种方法以事实性论据为依托。

运用归纳推理，必须选择和论点有内在联系的典型事实。所谓典型，是说材料与观点间的内在联系是必然的，不是偶然的；是紧密的，不是松散的；是那些“举此一端，可概其余”的事实。如果事实和论点间没有必然联系，仅仅是偶然的联系，或者是牵强附会式的“联系”，必然导致论点的不可靠。

C. 论证的具体方法

论证的方法是多种多样的，使用较多的大体上有以下几种。

a. 归纳法与例证法。归纳论证法由若干个别事实归纳出共性，从而得出一般原理性的结论，是一种由个别到一般的论证方法。归纳论证法只用于事实论据，先摆出一件件事实，然后作出综合概括，评定判断。常见的是先说出结论，再举事实以进行证明，这就是例证法。从行文次序上看，例证法与归纳法正好相反。

b. 演绎法。就是从已知的公理、定理出发，推证尚待证明的论点的方法，是由一般到个别的推理方法。

c. 对比法。对比法是与类比法相对应的一种说理方法。主要是将性质上相反的两个事物或者一个事物在不同条件下的两个相反方面作比较，有破有立，在比较中明理。类比论证，侧重求同，理在同中；对比论证侧重求异，理在异中。

d. 引证法。就是运用演绎推理的方法进行论证，是运用已被证明的理论、原则或者公认的道理做论据来证明论点。引证法常引用经典的言论或者名言、名句作为立论的根据。引证的材料要注意科学性、准确性和权威性，且必须是完整的，不能断章取义。引用时还要注意适量，不能靠引用的话来代替自己的论述。运用引证法论证问题时要注意：一是引用的原理必须正确；二是不要引证过多；三是要注意具体分析。

e. 类比法。将性质类似的事物放在一起比较以显示其共同的本质。类比论证的比体，可以是事实，包括现实生活中的事实、历史上的事件，也可以是文学形象等。但对象必须是受众熟悉的事或人，且其性质、其中蕴含的哲理等是受众公认的。

f. 喻证法。用比喻的方法进行证明或者说明。这种方法能使文章生动富于文采。有的问题道理比较抽象，直接说明不容易把道理讲清楚，这时如果用一个恰当的比喻，即用人们容易理解的浅显的事物或道理来说明不容易理解的深奥的事物或道理，那么，就能生动地把道理讲得深入浅出，给读者打一个鲜明的烙印。因为比喻有这样的优点，所以这种方法被广泛地应用于评论的论证里。

g. 反证法。作者从反面设法证明对立面的观点错误，用以驳倒对方，从而说明自己观点的正确性。在驳论中，运用反证法为了证明对方论点是错误的，先证明与其相矛盾的另一个论点是正确的，从而以后者的正确证明前者的错误。

反证法的使用主要是出于这样两种情况：一种情况是直接正面说不便下手，讲不出什么道理。好比爬山，正面太陡，只好绕到背面。另一种情况是运用反证法，更能充分地展开论述，有力地论证问题，从而把文章写好。

h. 归谬法。鲁迅写过一篇文章，叫《文艺的大众化》，是批判所谓“作品愈高，知音愈少”论的。文中说：“倘若说，作品愈高，知音愈少，那么，推论起来，谁也不懂的东西，就是世界上的绝作了。”鲁迅这里用的就是归谬法。由此可知，所谓归谬法，是明明知道对方的论点完全错了，却先假定它是对的，沿着其方向往下推，验证于其他事物，引出一个显然荒谬可笑的结论。由于结论错得一目了然，无须再作任何解释，所以对方的观点便不攻自破，敌论因此而被彻底驳倒了。这种论证方法，用于驳论性评论，批驳那些论据和论点之间没有必然联系的论点。

（3）评论的写作要求

新闻评论的写作要求有以下几点。

①论点务必具体单一

评论和多数专栏评论属于跟踪现实生活中发生的具体事件、社会现象的说理小型评论文章，它们不正面接触大政方针、大是大非的问题。

②关键是把“理”评出来

短评和专栏评论的论点具体单一，文章也不能写长，但是一定要把道理评出来，这一点和其他评论以及别的说理文章大同小异。评论说不出一点道理，无论长短，也无论论点怎样高明，都是不合格的评论。

③采用“短平快”的论述节奏

从总体上说，评论的篇幅是比较短小的，文字量极为有限。因此，评论多采用简洁明快、直截了当的论述节奏。对于评论的事，要用尽可能简明的文字交代出来，而不必添加什么铺垫。因而也不需要绕弯子；评论的意见主张也宜开门见山，鲜明干脆地告诉读者，论证问题更要简明扼要，是非曲直的根据在哪儿，点到为止，而不能像写学术论文那样引经据典、长篇大论。

四、新闻言论写作

1. 新闻言论的含义和特点

（1）新闻言论的含义

所谓新闻言论，是针对某一新闻事件发表的理性认识及其论证。

（2）新闻言论的特点

①评论性

评论性是新闻言论区别于其他新闻体裁的最明显的特征。“评”是评判和评价，“论”是论述和论证，在“评”和“论”的过程中，作者不仅表明了自己对某一新闻事件的观点和态度，而且要对自己的观点进行充分的、有说服力的论证。

②新闻性

新闻性是新闻言论区别于其他社会论文的重要特征，主要表现为：

A．提供新闻事实。新闻事实是整个言论的“由头”，没有新闻事实，言论失去了事实的依托，也没有什么针对性可言了。

B．迅速及时。新闻言论必须是对新近发生的事件所作出的迅速反应，拖延了的言论因时过境迁已不再有价值。

C．真实准确。作为“由头”的新闻事件必须是真实可靠的。建立在虚假论据之上的言论经不起推敲和质疑，也不会有深刻的见解和现实的意义。

③群众性

群众性是新闻言论区别于专业性、学术性论文的一个基本特征。专业化的学术论文，内容是科学性的，读者限于一个特定的范围。而新闻言论的内容是社会性的，读者是全社会的广大人民群众。这一特征决定了新闻言论必须是：

A．通俗易懂，形式活泼，为人民群众所喜闻乐见。

B．针对人民群众关心的社会问题而发。

C．与人民群众站在相同立场上，努力维护人民的利益。

正是由于坚持了群众性原则，不少报刊、广播、电视的言论栏目成为群众最喜爱的栏目。

④精练性

精练性是新闻言论在篇幅和语言上体现出来的一个鲜明特征。社会性的论文，一般都比较短小，而新闻言论尤为突出。《人民日报》的“今日谈”和《文汇报》的“虚实谈”栏目中发表的新闻言论，一般只有六七百字甚至更短。文字虽短，但精辟有力，分量并不轻。

2．社论

（1）社论的含义

社论是以一个新闻媒体的身份针对某一重要现象或问题发表的意见。

社论是编辑部的论文，它反映编辑部对某个问题的观点。社论是指导性论文，它指出方向，表示报纸的方针。特别是在我们这样的社会主义国家，对多数作为党的机关报的新闻媒体来说，社论在一定程度上代表着同级党委，直接表达党委的观点意图，传达党和政府的声音。因此，它有极强的政治性、权威性、指导性。

（2）社论的类型

社论主要有以下几种。

①时事性社论。时事性社论是针对一些重要节日、纪念日，国内外重大事件，以及国际国内的最新形势变化发表的社论。

②指导工作的社论。指导工作的社论是对思想政治、经济建设、文化教育等领域的业务工作和生产活动进行总结、指导和督促的社论。

③方针政策性社论。方针政策性社论是阐明一个政党或政府的路线、方针、政策的社论。它需要分析形势、确定原则和策略，是一个时期内的基本行动纲领。

④论战性社论。论战性社论是揭露和批判国内外的一些荒谬言行和异端邪说的社论。

（3）社论的写作要求

因各种类型的社论其内容各有不同，格局也不一样。现就以比较普遍使用的问题性社论为例，介绍一下其写作要求。

①概述提出问题的背景。社论一开头要概述在什么样的形势下提出社论所要论述的问题，即问题的背景情况，这是社论论述所要解决问题的前提。

②主体部分。在主体部分中要分析问题产生的原因，解决问题的重大现实意义及解决问题的措施、办法。这部分要理论联系实际，把问题论述透彻。具体问题要具体分析。最后，表示出坚定的信念和决心。

3．评论员文章

（1）评论员文章的含义

评论员文章是报纸、广播电台、电视台节目中，以“本报（或本台）评论员”为署名的一种评论，它不是完全代表编辑部，也不完全是个人发议论，具有一种半官半民、以官方代表为主的身份所发的评论。评论员文章的针对性多是贯彻执行党和国家的路线、方针、政策中比较具体的问题，以及思想、工作和社会生活一般的是非问题。

（2）评论员文章的类型

评论员文章分为本报/台评论员文章、特约评论员文章、观察家评论等形式。

4．编者按

（1）编者按的含义

编者按是编者对自己编发的新闻稿件所加的评论性按语。它可以针对新闻稿件中的事实和观点表明编者的意见和态度，可以对稿件的中心思想和现实意义进行强调，可以提供有关新闻背景，帮助读者理解新闻稿件的内容。

现代的编者按体现了一种文体的自觉性，是编者在编发重要稿件时，用以引导读者阅读的重要方式。

（2）编者按的类型

编者按主要有说明性按语和评论性按语两种。

①说明性按语。主要用来提供帮助读者理解的相关材料，如新闻事件发生的背景、作者的有关情况、采写的过程，以及刊登或转载的目的等。这些材料一方面可以引起读者的阅读兴趣，一方面可以为读者理解新闻内容提供一定的背景依据。

②评论性按语。评论性按语的职能是：指出新闻报道的中心思想和现实意义，使读者能够准确理解文意；或借以传达有关的新精神、新政策；或肯定先进、批评错误、辨明是非、提出建议等。

（3）编者按的形式

编者按的形式分文前按语、文中按语和编后按语。

①文前按语。文前按语一般没有标题，而且特别短小。它出现在新闻稿件的标题之下、正文之前，所以通常又被称为“题下按语”。

②文中按语。文中按语穿插在正文之中，这样的按语十分简短，用括号与正文区别开来。由于这种形式的按语容易阻断原文的脉络，造成一定的结构紊乱，所以使用时一定要慎之又慎，不当用时万不可乱用。

③编后按语。编后按语又称编者附记、编辑后记、编后小议、编余等，在各种媒体上都很常用。它依附在新闻稿件的后面，有感而发，针对性强，言简意赅，引人入胜。

（4）编者按的写作技巧

①标题。一般都标“编者按”。

②正文。这部分因作品内容不同，编辑意图不同，写法有很大差异，大致上有三种类型：一是介绍型，介绍作者生平、文章写作背景和经过，以及考证、核实文章中的某些材料，旨在突出文章重点，扩大宣传效果；二是提示型，指出文章中带普遍性的问题以引起读者注意；三是评论型，明确地表示自己的观点，发表旗帜鲜明的议论，以启示读者。无论哪一种类型，都应简明扼要，干净简练，态度鲜明，绝不应拖泥带水。

5. 短评

（1）短评的含义

短评是一种篇幅短小、内容集中、简明扼要、运用灵活的新闻言论。与社论、评论员文章相比，它的题材没有那么重大，因此庄严、凝重的色彩少一些，轻便活泼的特点较突出。

（2）短评的特点

短评有以下特点。

①短评要想写得短，必须遵循一事一议、一理一评的原则，针对一个问题、一个事件或一种现象，把道理讲深讲透。

②短评的内容不能是老生常谈，要有新意，要有独到见解。新鲜和深刻其实是不可分离的，有了见别人之所未见的深刻认识，才能给读者以新鲜感。

③短评形式多样，笔法灵活，常常三言两语，语言机警。

④短评有两种形式。一种是署有作者名字的短评，不是公然代表编辑部，这种短评不挂“短评”栏头；一种是没有署名的短评，是以编辑部的名义说话，就要标上“短评”二字栏头。

（3）短评的写作格式

短评的写作分标题和正文两部分。

①标题。大部分短评的标题，就是短评的中心论点。

②正文。短评的正文包括提出问题的部分、分析问题的部分和解决问题的部分。

（4）短评的写作技巧

①形式多样，语言活泼。短评要尽量写得通俗、生动、活泼，以获得更多读者的共鸣。要做到这些，首先要注意文本体式的多样化。可以写成论文式的，也可以采用读后感、家常话、小品文、随笔的形式。另外，语言要有些幽默和机警，要有些独特的风格和文采。

②大中取小，小中见大。在短评写作的选题和论证中，首先要引起注意的是“大”与“小”关系的处理。在选题时，应该“大”中取“小”。这里的“大”是指纷纭复杂的现实社会，犹如无边海水，浩瀚无涯。短评不可能展开笔墨去评论这个大千世界，而只能从中选取一事、一人、一景、一物来评议，这就是“大”中取“小”。但评论针对的事件虽小，不能仅仅就事论事，也要借小事件阐发出有广泛意义和深刻价值的思想见解，最好能有“放之四海而皆准”的普遍意义，这就是“小”中见“大”。

③深入剖析，准确概括。短评是一事一议的写法，笔墨往往集中一点，既然瞄准了这一点，就应该挖出一眼深井来，也就是说，短评要有深入的剖析。除了剖析，短评还要有准确精当的概括，使全文的中心突出，焦点清晰。

第二节　新闻特写、专访、评论、言论的写作范文

▲人物特写

【范文】

残奥英雄凯歌还

2008年9月20日13时，北京残奥会主火炬手侯斌和参加北京残奥会的厦门籍选手叶超群、陈鸿杰载誉归来。在本届残奥会上，厦门仅有的两名参赛选手合力拿下了一金一银一铜的优异成绩，延续了厦门在最近四届残奥会上都有金牌入账的优异表现。

中午1点10分，侯斌、叶超群和陈鸿杰三人刚刚出现在厦门机场贵宾厅，就被前来迎接的社会各界人士和媒体记者围了个水泄不通。鲜花、掌声、频频闪动的闪光灯，18岁的陈鸿杰显得有些腼腆。陈鸿杰15岁才开始接受规范性训练，仅仅3年时间，还缺乏任何世界大赛经验的他就一鸣惊人，拿下了北京残奥会男子跳高的铜牌。而且他1米95的成绩，也接近了他个人的最好成绩。

北京残奥会男子跳高铜牌获得者陈鸿杰说："对我今后发展肯定很有帮助。各方面对我的关心和照顾真的很大，今天能取得这样的成绩，真的很谢谢他们。"

恰逢本命之年的叶超群在赢得北京残奥会金牌前，已经拿到了无数荣誉。面对镜头，帅气的他显得很淡定。叶超群说，下一步只想休整之后，早点回学校读书。

北京残奥会乒乓球团体冠军、男单亚军叶超群说："挺兴奋的，我很急切地回来这里，我已经一年没有回来了。这次回来以后，忙一阵子完了以后就得上学了，我在××师大上学。今年好像没比赛了，可以好好休息一下。"

×××副市长给了两位夺得奖牌的选手一人一个有力的拥抱。他说，我们的小伙子都是好样的。同时他还提醒我们，今天是北京残奥会主火炬手侯斌的结婚周年纪念日。

北京残奥会主火炬手侯斌："在今天这样一个难忘的日子，我和所有的运动员能够回到我们家乡，回到我们热爱生活的地方。在一周年以前，我和我太太在厦门举行了婚礼，×××副市长参加了我们的婚礼，这个日子非常难忘。

今天非常高兴，有这么多人来接，这么多运动员回家乡，非常感谢市委市政府对我们残疾人事业的关心关怀，我也希望有更好的工作去做，能把残疾人事业做得更好。”

侯斌说，在传递火炬的当天，他就接到了×××书记的电话问候，感受到了厦门人民以及市委市政府对残疾人事业的关心。担任本届残奥会形象大使的侯斌说，近一段时间他已经接受了200多家媒体的采访，他最高兴的就是通过采访，把残疾人的形象、厦门的形象又做了一次推广和宣传。

▲场面特写

【范文】

第二十九届奥运会开幕　全球共享“北京时间”

——北京8月8日电

两千零八名演员在变幻莫测的光影组合中击缶而歌，中国人以既古老又现代的方式向世界致敬。第二十九届夏季奥运会，就在北京的——这样一个“充满魔力”的夜晚开始了。由四万一千八百七十五吨钢架编织而成的“鸟巢”，笼罩在中国式智慧的神秘之中。中国著名导演张艺谋担负着把中华五千年文明史浓缩在一个夜晚的重担。

世界正在倾听这个动人的中国故事。故事的开头足以震撼世人：随着不同组合的或明或暗和排兵布阵般的莫测变幻，两千零八名身着古装的演员用中国古老的乐器——缶，魔术般地敲击出奇光异彩，神奇般地出现倒计时数目……

此刻，开幕式“鸟巢”焰火燃放实施团队总指挥赵伟平已在“鸟巢”顶部待了十几个小时，他将随时准备对一万六千枚焰火发出准确的指令。在随后的三个多小时内，作为火药发明地，中国将以一场史无前例的烟花表演点燃全世界四十亿观众的激情。

在“鸟巢”的贵宾席上，布什、普京、萨科齐等近百位外国政府首脑、国家元首和皇室成员正在分享这美妙的北京之夜，这是奥运史上规模最大、层次最高的阵容。本届奥运会的特殊在于，这是联合国五个常任理事国中最后一个举办奥运会，也是社会主义国家中首次完整举办的奥运会。

作为百名海外华人代表之一，南开大学老校友林恒正见证着这一盛典。一九〇八年，他的校友、南开大学创始人张伯苓曾发出著名的“奥运三问”：中国何时参加奥运、何时夺金、何时举办奥运会。回答前两问，历经七十六载。今晚，第三问也有了答案，历时整整一百年。

从浙江开化县骑行十二天来到北京的鲁民成为九万一千名现场观众中的一员，他有着比其他观众更为骄傲的理由：十三岁的儿子鲁致远在首都机场守候八天后获得了包括网坛巨星纳达尔在内的三百多名全球明星的签名。鲁民说："是奥运成就了普通人的梦想。"

白领丽人于兰坐在"鸟巢"A区三层二十五排二座的红色椅子上，屏息观望。一九七八年出生的于兰，恰好与中国改革开放同岁。她说："这是我们国家改革开放后接受的一次'成年礼'，我为我们的国家感到骄傲。"

此时，开幕式仍在继续，而主火炬点火方式仍是悬念，三个多小时后，经历一百三十多个城市传递的奥运火炬将传至"鸟巢"并揭开谜底。

长长的"中国画卷"正在开幕式上徐徐展开，中国人仍在对其历史和现状进行极具象征意义和想象力的展示。此刻，全球共享"北京时间"。

▲专题特写

【范文】

"神七"升空　香江欢腾

——新华社香港2008年9月25日电

"……5、4、3、2、1！"25日晚，伴随着"神舟七号"发射升空的电视直播，正在此间参加香港九龙西区各界庆祝国庆59周年联欢晚会的数百位香港市民，聚集到电视屏幕前，齐声高喊着为飞船升空倒计时。

在飞船腾空而起的那一刻，全场欢声雷动，掌声、欢呼声、笑声，交织成一曲欢乐的乐章。

"这是中国在太空领域迈出的重大一步，是一个新的突破。"九龙西区各界庆祝国庆筹委会常务副主任委员×××在接受记者采访时，语调无比激动。他笑着说，这个夜晚，香港同胞乃至全球华人都十分开心、十分荣幸。"在'神七'升空之际，我们恰好举办庆祝国庆的晚会，这更加令人满怀喜悦、满怀豪情。"

×××说，香港市民一直关注国家航天事业的发展，"神舟五号""神舟六号"的成功让大家都非常开心。航天员是香港市民心目中的英雄，希望"神七"的航天员在成功返回后也能来香港访问，一定能和"神舟五号""神舟六号"的航天员一样，受到香港市民的热烈欢迎。

香港特区行政长官曾荫权25日晚代表香港特区政府和全港市民，祝贺神舟七号成功发射。

今晚，“神舟七号”发射成为香港市民关注的焦点。在香港有电视大屏幕的街道上，来往行人纷纷驻足，仰头观看“神七”升空的历史性时刻。看到“神七”顺利发射飞向灿烂星空，香港的街道上一片欢腾，素不相识的人们相视而笑，用掌声或挥舞的手臂来表达自己的喜悦。

“我天天都看报纸，了解‘神舟七号’的情况。”市民钟小姐说，一直坚信飞船一定能发射成功，“我对国家的航天科技有信心。”

香港社会福利服务机构庆祝国庆59周年筹备委员会主席陈圣光对记者说，这次“神七”升空，中国的航天员将进行第一次太空漫步，非常有意义，香港市民都很高兴。在电视上看到航天员说“无限风光在险峰”，令人非常感动，这对香港青年人很有教育意义。

“希望‘神七’航天员完成任务后来香港访问，给香港青年人以更大的鼓励。”陈圣光说，香港同胞十分关注国家航天科技的发展，“国家进步、国家好，香港也好”。

港人不仅关注而且一直大力支持国家航天科技的发展。原全国人大常委会委员、香港金利来集团主席曾宪梓曾于2004年捐资1亿港元设立曾宪梓载人航天基金会，旨在奖励为载人航天事业作出重要贡献的优秀科技工作者，以吸引更多有志之士投身中国载人航天事业。

今天在接受记者采访时，曾宪梓动情地说：“‘神七’的顺利升空，说明我们中国人有智慧、有本事！这极大地振奋了我们中华民族的信心。”

他表示，“神七”升空显示了国家的经济实力，因为航天航空事业没有经济基础是不行的。中国航天技术发展很快，从“神五”到“神七”，不过几年时间，这次可以太空漫步了。

曾宪梓表示，载人航天基金已经颁奖两届，今年11月又将颁发1500万元的奖金，奖励为航天事业作出贡献的人，包括航天员、工程师和科学家。

▲人物专访

【范文】

浪漫的中国·梦想的世界

——2008年8月8日北京奥运会开幕式总导演张艺谋专访

在北京奥运会开幕式前夕，总导演张艺谋接受了新华社记者的专访，就北京奥运会开幕式创作进行了解读。

问：成为北京奥运会开幕式总导演，经常表示要以一颗平常心开展工作？是否做到了这点?

张艺谋:为北京奥运会开幕式付出了两年多的努力,虽然一直说是要以平常心看待,但真正做起来时谁也做不到平常心,因为肩上的担子和责任太重,由此带来的压力是巨大的。奥运会开幕式的创意,很像我拍电影时寻找好的剧本一样。电影的好与坏,往往取决于剧本是否精彩。花了一两年时间用在寻找好的创意,即使是到了彩排的时刻,我们也仍然没有放弃好的创意。只有真正等到了开幕式办完后,回过头来才能发现,其实真正好的创意,它真的是好。我们最初的有些精彩创意,经过了一次次考验,一直坚挺到了最后。

问:开幕式上有哪些是亮点?

张艺谋:开幕式上还是有不少亮点的。一台节目、一部电影,要想处处都是亮点,太难了,也不可能,那是违反艺术规律的。因为有些好的创意,实现起来,挺不容易的。而一些付诸实施的创意,也会在实施的过程中打很多折扣,最终的效果会与最初的构想有较大的反差。

问:从最近几届奥运会开幕式上借鉴了些什么?

张艺谋:我们对最近这十几届奥运会开幕式进行了研究。我个人十分喜欢雅典奥运会开幕式。雅典奥运会开幕式的构思很巧妙的一点,是寻找到一个舞台,一个行进的车队。在这两个载体中进行充分的展示。他们将传统的舞台艺术发挥到了极致,在空间中采用了巨大的吊装。要想超越,太难了。因此,我们的开幕式的突破点选择在多媒体数字技术上,结合传统的舞台、团体操等,进行立体的展示。从空间上寻找突破,对这一点寻找了很长时间。刚开始时,有“老虎吃天”的心态,走入了“闻所未闻、见所未见”的误区。经过一年左右的摸索,逐渐回到了务实。

问:北京奥运会开幕式在数字技术上取得突破有何价值?

张艺谋:对北京奥运会开幕式的好坏各人有各人的评判。但作为一个实践者,我可以自信地说,我们这次的开幕式,是一个前卫的探索,是一次数字时代的开幕式,是一次全面运用多媒体数字技术的开幕式。领衔二十一世纪大型广场活动的方向。这是必然的趋势。

我们这届开幕式,总的品质让人感觉到很现代、很时尚。即使传递的是古代的信息,我们也采用了现代的手法,通过完美的视听语言来展示。如开局晶莹剔透的画轴,给人梦幻般的感觉。从多媒体短片切进中国古代的文房四宝,开头的这一组镜头奠定了整台节目的风格。

古为今用、洋为中用。我们将自己最值得骄傲的灿烂文化,用最现代的视听手段包装。这两年来一直处于“煎熬”之中,两个月前还是如此。现在则很平静了,因为成败已定。

问：北京奥运会开幕式倒计时用“击缶而歌”的方式来表现，为何有这样的创意?

张艺谋：作为奥运会的开篇，倒计时这一段落十分重要。我们研究了历届奥运会的开幕式最后时刻的倒计时，以及世界上各种具有重大影响的大型活动的倒计时的表现形式，发现大同小异，表达方式十分雷同，几乎都是短片加欢呼的方式。因此我们对自己的这届开幕式前最后的倒计时进行了精心的构思。把原来安排在节目后面的“击缶而歌”调到了最前面。

“鸟巢”东北侧上的一束火光，迅速盘旋了一个大圆，化为一片耀眼的白光，激活了“鸟巢”顶上的日晷。日晷将这一束强光反射到场地内，点燃了“缶阵”。缶阵以光波的律动，在滚雷的节奏声中，由发光的缶面连续闪出60、50、40、30、20、10字样。最后10秒，缶阵的击打节奏，加上缶面上连续闪出巨大的9、8、7、6、5、4、3、2、1字样，配合着全场观众的激情呐喊将倒计时掀向最高潮。

此时，焰火在高空中绽放。整个“鸟巢”宛若盛开的花朵。场内缶阵上的闪光，宛若花朵晶莹的花蕊。

问：历届奥运会开幕式上，如何表现“奥运五环”标志，都是重要的环节。北京奥运会开幕式的展现方式令人感到震撼，能否解读一下。

张艺谋：奥运五环标志的展示，是每一届奥运会开幕式最重要的一个仪式环节。在国际奥委会提供的历届奥运会的影像资料中，镜头里汇聚得最多的就是五环的展示。因为每届奥运会开幕式的文艺表演都是举办国和举办城市浓郁特点的展示，没有任何可比性。随着时间的流逝，人们也许永远也想不起来那一届奥运会开幕式上表演过什么样的节目。但“奥运五环”精彩的展示瞬间，却永远载入了史册。

对北京奥运会开幕式上奥运五环的展示，我自信是一个经典。由焰火组成的29个巨大的脚印，沿永定门、前门、天安门……一路向北，朝奥运会主会场“鸟巢”走来。最后一个巨大的脚印在“鸟巢”上空化作漫天繁星飘落，聚拢成体育场内闪闪发光的梦幻五环。天上飘下来的仙女，她们的名字叫“飞天”。“飞天”把“奥运五环”从地面缓缓拎起，簇拥着五环升起，美丽而浪漫。

问：作为开幕式总导演，你个人最欣赏开幕式上的哪些节目?

张艺谋：整个节目当然是相互呼应的一个整体，每一个节目都有自己的亮点。从有特点的角度上来看，“活字印刷”这一幕很重要。活字印刷是古代中国人对世界的巨大贡献，带动了世界文明的发展。这个节目看似机械，其实是897个训练有素的演员的表演，是过去我们常用的团体操的一种变异。对中文方块字的这种表现形式全世界都没有见过，很特别，实现了内容和形式创新的统一。

从创意的角度看，我十分喜欢“太极”一段。这段内容把中国人“天人合一”的价值观，用很好的形式进行了诠释。全世界几十亿人将通过电视收看到这一幕，接受到中国人对“太极”理解的准确信息。“太极”通过几个人、到2000多人浑然一体的表演，展现了空灵的感觉，同时画面上还有一群孩子无忧无虑上学、绘画、游戏，集体在现场完成了一幅画。用这样并行的两条线索，把外国人十分欣赏中国功夫的元素进行新的解读，解释了中国人心目中人和自然的关系。

我自己在开幕式中，最引以为骄傲的是“我们一起走”这个贯穿仪式始终的创意。这是全场上万名来自世界各地最优秀的运动员和现场的演员们，共同完成的这个创意，是“同一个世界、同一个梦想”的最好体现。

我们在仪式最初画卷上由演员用形体绘出的水墨画、来自五大洲的孩子们在各个节目段现场绘出的儿童画，到运动员入场式时进入最高潮。来自全球各地的运动员们，在1小时40分左右的入场式中，先后走过铺在体育场内的这场“画幅”，用五颜六色的脚印绘成了色彩斑斓的画卷，与之前的水墨画、儿童画构成全新的一幅动人画卷。

北京奥组委主席刘淇、国际奥委会主席罗格将在这张“画卷”上致辞，圣火手在此点燃熊熊燃烧的主火炬，运动员和裁判员代表在这幅“画”上宣誓……这是奥林匹克历史上从未有过的一个创意，是所有参加北京奥运会开幕式运动员、教练员等共同完成的一幅永远不可复制的画卷。

问：在节目最后的《梦想》段落，为何会选择“地球”作为表演舞台？

张艺谋：在节目最后需要表现“同一个世界、同一个梦想”的主题，有过多种创意，后来发现其实同一个地球就是最简单、最直接、最有效的载体。这个创意是开幕式团队中的美术总监、英国的马克·菲舍提出来的。这个创意的实施非常具有挑战性，不仅表现在如何设计和生产出这个具有多媒体展示功能的载体，它还需要在“鸟巢”地坑里能屈能升。

同时，演员们在上面表演的挑战性也是十分巨大的。他们需要在地球的各个立面自如行走，还要做出各种跳跃、翻腾动作。那些靠威亚（吊钢丝）技术帮助的演员十分辛苦，尤其是那些倒立面行走的演员更是不容易。他们是从山东、河南武术学校专门选拔出来的400多个小伙子中，经过大半年时间的训练，从中优中选优挑出来的60位身怀绝技的演员。

问：放飞和平鸽是历届奥运会开幕式的规定动作。为何会又想出这样一个带有浓重行为艺术特点的方式来？

张艺谋：奥运会开幕式是国际奥委会高度重视的隆重仪式，升主办国国旗、奏（唱）主办国国歌；运动员入场式；五环展示；升奥林匹克会旗、奏（唱）

奥林匹克会歌；放飞和平鸽；点燃主火炬等都是重中之重的规定动作。每一届奥运会开幕式在规定动作上的比较性更为强烈。

以放飞和平鸽为例，自1988年首尔（汉城）奥运会开幕式上放飞的鸽子有不少被主火炬火焰烧死后，国际奥委会决定不再放飞真正的鸽子，而改用其他艺术表现形式替代。正因如此，自此以后的各届奥运会开幕式放飞和平鸽，都成了艺术家们展示才华的一大亮点。印象最深的是悉尼奥运会时，一张硕大的白布在运动员头顶手手传递时，灯光在上面投射出一个个飞翔的鸽子，充满诗意，传递着全人类追求和平的共同心声。

北京奥运会开幕式对这个环节的创意也精心策划，在各种创意方案中，最后删繁就简，采用的方案令人难忘。100位身着素装的少女在放飞和平鸽的音乐声中，和着歌曲的节奏，交叉着双臂，挥动双手，像鸽子一样舞动着翅膀。1万多名现场的运动员，以及体育场内9万多名观场观众一起舞动双臂……每一个人，都发自内心地举起手，放飞自己心中的和平鸽。这是奥林匹克历史上最简单、最独特、参与人数最多的一次放飞和平鸽。国际奥委会主席罗格在开幕式前知道这一方案后表示十分欣赏这个创意，他还提前进行了预演，练这个动作。

问：点燃主火炬的时刻都是历届奥运会开幕式最激动人心的时刻，北京奥运会也不例外，怎么解读北京奥运会的这一震撼瞬间？

张艺谋：主火炬点燃，是整场开幕式的最高潮，是对北京奥运会开幕式理念最完整的阐述，是北京奥运会世界性的一种体现。北京奥运会绝不仅仅是中国人的奥运会，除了要展示中国文化之外，更要展示当代中国宽广的胸怀、海纳百川的气魄。北京奥运会开幕式团队成立以来，收到了无数的建议。我们的这个点火仪式，体现了为全人类的这一盛会欢呼的主旨，让人们能够看明白这一点。

问：如何定位北京奥运会开幕式最大的特点？

张艺谋：我们的这次奥运会开幕式最大的特点就是一个词：浪漫。我个人非常喜欢“同一个世界、同一个梦想”这个主题口号。“梦想”这个词就让人心生浪漫。

中国人其实从古至今，一直不缺乏浪漫。中国古代的写意画，中国的诗词、音乐，充满着浪漫的色彩，浪漫其实早就融入了中国人的血液里面。不着一字，尽得风流。

但在现当代，外国人对中国的认识还是较为片面的。不少人总是认为中国人生活单一，模式化。我们这次就是要借奥运会这个巨大的平台，让全世界都认识到中国的浪漫。

问：承担奥运会开幕式的总导演与拍电影相比，哪一个更累？

张艺谋：当然是开幕式了。办这么一个开幕式，比拍10部电影大片还要累。

工作量和困难简直是拍一部电影的上百倍，幸运的是从生理到心理都扛了下来。

这主要是奥运会开幕式承载的内容太多、太多。百年奥运、中华圆梦。中国人上百年才办一次奥运会，太不容易了。作为有幸承担这一重任的一名艺术家，只能竭尽全力，办好开幕式，为中华文化的弘扬贡献力量。

而拍电影则不同，拍电影更多的是一位导演的个人创作。拍砸了三四部电影，还有希望从下一部中东山再起。而奥运会开幕式则完全不同，只能成功，没有失败一说。其重要性，二者根本不能相提并论。

▲事件专访

【范文】

科技的能量有多大?

——中国科协副主席××访谈录

一间书房，沿壁书橱摆满了中国大百科全书和中外科技、医学专著，精神矍铄的主人正在撰写书稿，此情此景恰好映衬了××教授那“献身、创新、求实”的心境。

听说记者要他谈谈科技是第一生产力的问题，这位74岁高龄的中国科协副主席颇有感慨：科学技术是第一生产力现在大家都会说，然而，科学技术的能量到底有多大，恐怕没有多少人能讲得明白，因为这是很难计量的啊。

××教授是我国泌尿外科学奠基人之一。作为中国科学院学部委员、中国科协副主席，他对其他领域科技的发展也很关注。据他介绍，科技在古代发展是缓慢的，与经济的关系也不密切，但是近代蒸汽机的发明导致了第一次产业革命后，情形就不同了。这次产业革命的发祥地英国因此大大提高了劳动生产率，它在世界各国中工业产值的比重猛升到39%，煤和铁的产量更占到了50%，外贸总值达32%，商船总吨位则是荷兰、美国、德国、俄国的总和。之后，科技的进步使美国、德国崛起，英国的地位有所下降。但是，科学技术对生产力日益增长的影响，却引起了更多人的重视。有人用这样一个公式来表示它：生产力=(劳动者+劳动工具+劳动对象)×科技。

到了20世纪后半叶，由于科技在许多领域取得了巨大突破，以信息技术、生物技术、新材料技术、新能源技术、空间技术、海洋开发技术为代表的高技术群以及相应的高技术产业的出现，对生产力的发展起到了巨大推动作用，更开阔了人们的视野。

×老列举的一个个事例，确实令人叹服：

美国洛克菲勒基金会的一个农业小组，1961年育成的“墨西哥小麦”，使墨西哥的小麦平均亩产由60公斤提高到200多公斤。这个基金会和福特基金会组织的国际水稻研究所，在1965年又育成“菲律宾水稻”。这一品种的生长期仅105天，热带地区一年可三熟，单季亩产600公斤，三熟亩产可达1500公斤。

在我国，60年代突破了高秆变矮秆后，水稻平均亩产由1949年的126公斤增加到三四百公斤，而70年代育成的籼型杂交水稻，又进一步把水稻单产提高到500公斤以上。最高的可达到近1吨。

如果说这些事例还易于为人们所理解的话，那么××教授介绍的另一些科学技术对发展经济的神奇的能量，则远远超出了公众的想象范围。

法国的高速铁路实验车，时速竟超过了一般飞机，达到515.3公里。

已经开发的光纤技术，只用几磅重的玻璃纤维，传输的信息可以相当于一吨铜缆传输的信息量。

日本松下电器公司有个自行车公司，只有20名雇员，1台计算机，生产18个型号、1000多万种不同款式的自行车，从赛车、公路车到山地车无所不包，而且有119种颜色和图案。当顾客购买自行车时，先到商店去量一下自己的身体尺寸，然后由商店把尺寸传送到工厂，3分钟就绘制出顾客所要自行车的蓝图，3小时就生产出顾客需要的自行车。

有人曾做过计算，由于科技的应用推广，同样价值投入的产出比，如果钢筋是1的话，那么小轿车为5，彩色电视机为30，计算机为1000，集成电路更高达2000。也是由于科技发展的缘故，现在电子计算机的存储器所用的原料，可以比相同重量的普通铁锅便宜，但加工增值后，其售价则不亚于相同重量的最昂贵的白金。

×老由此指出，科技的能量究竟有多大？现在用“生产力＝（劳动者＋劳动工具＋劳动对象）×科技”的公式表示已经不够了，新的公式应该是：“生产力＝（劳动者＋劳动工具＋劳动对象）×高技术”。就是说，科技对生产力三要素所起的作用不只是用乘法按倍数计算，而是按几何数量增值，呈指数增长。我国目前人均创造的财富，一般农业劳动力年仅一两千元，传统产业工人为一两万元，而高新技术产业人员可达一二十万元，就说明了这一点。

“但是，”×教授把话锋一转，“科技作为第一生产力，其巨大能量并不能自然而然地释放出来，它必须同经济建设紧密结合才行。”

美国这个科技大国，近20年受到日本的强烈挑战，例如在25种半导体科技产业中，日本已有18种领先于美国。出现这种情况的一个重要原因，是美国虽然重视科技的研究却忽视应用，而日本一旦掌握了科技成果，便迅速把其转化为产品，进而迅速形成高水平的、在国际市场上有巨大竞争力的产业，这是发人深省的，而且特别值得我国引以为鉴。

中国的科技水平在整体上落后于西方发达国家，要急起直追，这是谁都知道的。需要提出的是，我国也有许多科技成果，每年平均有2万多项。对我国的科技力量和这么多科技成果，发展中国家和一些中等发达国家羡慕不已，以至于想方设法挖我们的成果，抢我们的人才。遗憾的是，我们中国自己却显得并不那么珍惜。撇开不够尊重科技人才的现象不说，仅就科技成果而言，许多还处于样品、礼品、展品的阶段，真正能在经济建设中及时、大面积推广应用的不过15%～20%。

×老由此及彼，谈起世界上南北经济差距。按人均国民生产总值之比计算，1968年为1∶4，1977年为1∶5.5，1987年为1∶20.2。差距拉大的主要原因之一是由科技水平及其成果应用的状况决定的。在发达国家，科技进步因素在国民生产总值中的比重，已由五六十年代的50%左右，上升到80年代的60%～80%。而发展中国家的这一比重却小得可怜。我们中国，这一比重也只有发达国家的三分之一，而单位国民生产总值消耗的能源却是发达国家的3～5倍。

“对于我们这样一个人口众多、资源相对不足、环境污染日趋严重的大国来说，这是一个最根本的制约发展的因素。我们的国情已不允许再用能源、材料的过度消耗来搞经济建设，必须真正地把经济发展转到依靠科技进步和提高劳动者素质的轨道上来。”

××教授急切的心情溢于言表：“在当今世界各国增强综合国力的‘战争’中，谁能抢占到科技的‘制高点’和‘前沿阵地’，谁就能取胜。一国兴，兴于科技发达；一国衰，衰于科技落后。要让大家看到科技的能量，就要从这样的高度看问题。希望人们达成共识，并赶快行动起来。”

▲科学专访

【范文】

“神七”返回需经历4个阶段多重难关（节选）

中国空间技术研究院原“神舟”飞船回收系统副主任设计师××

主持人××：轨道舱和返回舱分离的过程难在哪儿？或者是危险在哪儿？

××：分离从原理来说应该没有什么难度，因为主要是空间环境比较恶劣，也可能某一个零部件出现了故障不同步等原因造成，具体我就不是太清楚了。

主持人××：飞船返回前要调姿了，调姿怎么来理解呢？很多人还不太理解。

××：调姿就是调整姿态。利用小火箭改变飞船的运动方向，原来是绕着地球转，要使它脱离原来的轨道，给它一个外力，使它朝着地球方向走，是这样的意思。因为火箭的力有方向，如果姿态不好，往外推，就回不来了。都要通过精确计算，所有程序安排都是通过遥控实现的。推动力都是自己设计的。

主持人××：之后还要有制动，制动又是什么？

××：制动就是把速度变小，反方向推就是制动了，速度慢一点，飞船运行的轨道圈就小了，朝着地球缩小的方向走，预先都设计好了，由地面发出指令。但是到底怎么样靠近地球，都要经过弹道分析，也不能让它太快靠过来，太快下来的话，很难控制，比较危险。

主持人××：有报道“神七”飞船返回地面要经历4个阶段，分别是制动飞行阶段，就是刚才我们说的阶段。还有自由滑行阶段，然后进入大气层阶段和着陆阶段。我们才刚说了一个阶段，这些阶段的技术关键和最危险的阶段分别是哪些阶段？

××：调整姿态就是脱离轨道，这是很关键的，搞不好的话回不来。自由滑行问题不大，主要是高温，飞船靠外层的保护通过这个区域；以后就是回收着陆，就是减速，把速度进一步减到最终使航天员比较舒适地落到地面的范围以内。

主持人××：自由滑行可能难点不是特别大，主要是能对抗高温就可以了。

××：还有过载也不能太大，因为里面有人，很难承受，不像卫星。过载的问题，可以通过弹道师设计来解决，例如可以调整姿态，使它产生一定的升力，滑行的时间比较长，气动载荷的时间长。

主持人××：什么是过载呢？

××：过载是这样的，你坐汽车速度很快，你如果突然间来个急刹车，人是往前面撞。

按照你重量的倍数，两个过载可能就是超过你人体重量的两倍，人承受这种能力是有限的。宇航员在地面做过训练，有一个设计指标，过载应该控制在某个范围内。

主持人××：减速太快了，怕航天员受不了。

××：一切都是为人来考虑的。

主持人××：刚才我们说了两个阶段，这是自由滑行阶段。接下来进入大气层阶段，这个阶段是什么样？

××：就是高温、高过载。可以让飞船有一定的升力，让它能够滑行，把载荷降下来。高温的地方靠船舱来保护，外面即使温度很高，但里边还是保持原来的温度。

主持人××：当初看“神五”报道的时候，杨利伟在返回的时候说觉得有点热，就是因为外面是很热的。我现在疑问的是，返回舱的温度很高很高，能把钢铁熔化的温度，真的能够保护好我们的宇航员不会被高温伤到，可能需要很多技术吧？

××：这是一个技术难点，我们现在已经是第七艘载人飞船，前面都经过考验，这个技术过去卫星也经受过考验，应该没问题。座舱有各种装置，有空调，可以保证工作温度、环境温度不会升到太高。

主持人××：接下来看最后一个阶段：着陆阶段。着陆阶段是不是也应该有技术难点呢？

××：有。比如说降落伞是串联式的，哪一个环节卡住，就不能正常工作。比如伞舱盖子打不开，主伞那么大，它很薄，万一损坏了，也不行。如果减速伞没有分离，主伞就出不来。到了底下，着陆缓冲火箭，高度如果测不准，提前了也不行，推迟了也不行，一环扣一环，每一个环节都有一些技术难点。

主持人××：这都是你们要保证的。

××：对，考虑的方面还比较多。

主持人××：特别是降落伞的打开，您刚才说一个伞打不开都很有可能造成一定的后果。

××：对。

主持人××：您当时说这个伞很薄、很小、很轻，还要被压制在一个很小的体积里，然后要迅速打开，这都是技术难点。

××：降落伞开伞环节是最难的，因为那么大的伞，包装包在里面，搁在返回舱里头，重量、体积要求非常严格，而且你要保证各项性能指标都符合要求，制约条件越多，问题就越难。

主持人××：刚才我们从返回舱的角度看这些问题，接下来我们把角度换一下，放在航天员的角度，返回的过程中，宇航员所要经受的考验，我听说考验可能有高温、黑障区还有过载等，站在宇航员的角度考虑一下，咱们挨个来说一下，“黑障”区是怎么回事？

××：“黑障”区就是飞船和外界失去联系，因为飞船高速下降，等离子体把飞船包围起来，信号无法通过电离层。

主持人××：像咱们为了应对这个高温，要采取很多技术措施，您所了解到的比如咱们应对高温所采用的技术手段都有哪些呢？

××：主要是外面的材料、保护层。是多层的保护，外层烧了，里边还是好的，热不会传到里边去。

▲问题专访

【范文】

专访中国汽车工程学会副秘书长××（节选）

A：中国汽车工程学会　副秘书长：××

Q：除了组织国内的车展之外，中国汽车工程学会还组团参加了包括美国汽车工程师年会暨展览会在内的众多国际展会。我们知道美国汽车工程师年会相比一般汽车展会来说更具专业性，具体表现在更注重专业汽车技术人员的交流。事实上我们也了解到，国内的专业汽车技术人员单纯参加美国汽车工程师年会学术交流的比例非常小，是什么原因造成这种情况的呢？

A：可能社会上不是很了解，其实中国的汽车行业一直很注重对外交流。由于国外的汽车行业发展比我们自己早很多年，所以中国早期很多的汽车专业骨干都是从国外回来的，这些人现在有些已经去世了，有些还健在。这些人和国外汽车行业的人有很深的关系，包括个人关系、同事的关系，所以其实汽车行业的对外交流从一开始就比较深入。而从国际上来说，一般的国家都会有汽车工程学会这样的组织，简称SAE。目前有35个国家的协会共同组织了一个国际汽车工程师学会联合会，总部现设在伦敦，每年有两次理事会，咱们是他们的常任理事，并且每年都参加会议。而且它每两年还有一次年会，咱们在1994年在当时刚刚落成的国贸承办了国际汽车工程师年会暨展览会。国际上还有一个组织，1983年时由美国、日本、韩国、中国和澳大利亚五个国家发起，当时叫泛太平洋汽车工程师协会，现在逐步把越南、斯里兰卡、印尼和泰国吸收进来，举办了亚太汽车工程师年会暨展览会，这也是两年开一次的年会。1989年11月，第五届亚太汽车工程师年会暨展览会未受政治事件影响，仍在我国举办，当时法国雪铁龙的总裁哈夫纳等都亲临现场，所以这个会的规模还是相当大的。下一次也就是35届年会将于2012年在中国举办。所以说，汽车行业在国际上的交流是很早的，当年中国和美国、法国还没有建交时，汽车工程学会就派出代表团去参加工程师的会议。

你们刚才提的美国工程师年会暨展览会我们协会每年也是派人参加的，20世纪80年代的时候很多国家的代表都去参加美国的工程师年会，我们也对它相当重视。当时一次这个年会的论文数五六百篇，现在基本达到了一千多篇，鼎盛时期参加的人数达到四五万人，展览会的会场有三万多平方米。他们的展览会叫OEM展，实际上就是一些配套零部件的展览，那些零部件都是很贵的，代表世界上最先进的技术。另外还同时举行40多个会议，总共需要花费三天半左右的时间。1997年以后，我们举办了一次中美零部件座谈会，我们组织了中国十个厂家代表六十多人，加上美方的两三百人举行了这个会议。并且从1997年开始，我们也组织展团出去参展。当然，近几年这个展会也受到美国经济衰退的影响，但是论文数量和质量还保持在原有的高水平上。中国去参加的人数其实还是不少的，但是相对来说，我们愿意再有更多人去，当然这里主要也有一些因素影响，一方面发表论文的人未必去参会，另一方面去的人可能没有发表论文，毕竟参加这个展会也还是需要资金支持的，包括路费、食宿等。

从技术上来说，这些会议对中国并不封锁，然而过去由于我国的汽车工业薄弱，在这方面的交流自然就比较少，但现在我们逐步有了资本去参加更多的专业学术会议。比如去年我们参加了在德国法兰克福举办的“白车身研讨会”，白车身的概念就等于没穿衣服也没有内脏，只剩下车壳儿，并且车壳儿也是不上油漆的，所有的焊点和内部结构都呈现在参观者面前。白车身研讨会的意义是非常大的，作为轿车来说，白车身是很主要的技术，技术体现在哪里？就体现在刚才说到的碰撞，牵扯到了安全、空气阻力、车形以及整体的性能，所以说轿车的一个很重要的技术体现在车身上。我们有一个车身委员会，20世纪90年代初我们也参加过这个会，不过那是美国举办的会，我参加的是欧洲组织的会，欧洲的汽车大厂都会派人参加该项会议。这些厂派出他们设计、制造、检测白车身的团队，三队人马都参加这样的会议。这些专业人员带着白车身上台做讲解，这台白车身是如何制造的、有什么技术特点、碰撞的数据是怎样的。这个会参与的有五六百人，开会时间约为三天，从早到晚马不停蹄地开。每个白车身讲解完之后，大家围绕它展开提问，设计人员就得当场回答。这也就意味着，所有这些车身制定的规范、规则都在这里面，行业上的很多标准无形中也都在这里交流，起码可以说白车身的精英都会聚在那里，欧洲所有的大车厂、美国的福特、通用、克莱斯勒以及韩国的人员都参加了。中国也参加了，我和×××设计师去了，上汽也去了，上汽英国设计所的人也去了。所以国际上的交流咱们参加的是比较多的。但是它注册费是比较高的，另外语言主要是英语、德语、法语，连日语都不能算主要语言，尽管每年日本都派人参加。另外这个会每年都会评奖，去年是菲亚特500拿了白车身的冠军，制造成本又低实际效果又好，当然这款车还没有进口到中国。

Q：中国厂商现在可能还拿不出相当级别的白车身到这样的专业研讨会做演讲，参加这样的会议对他们有什么好处？

A：他们可以学习，看别人的设计，听别人的讲解。而且这些内容到普通车展或者参观厂房时是看不到的，所以更多的技术交流是更现实更充分的、意义更大的。

Q：那么会不会存在技术外泄的情况？

A：打个比喻，有一桶水的人不会在乎贡献出一两勺水。这种交流是互为的，在你问问题的时候我也能够了解你的思想。所以，从技术人员本身来说是愿意交流，不愿意封闭的，封闭是做不好东西的。其实咱们也有一些制造工艺上的诀窍，在设计理念上这是互为的，谁也不会完美，谁也不会全能。

Q：国际上有很多高水准的汽车制造技术和设计理念，但从我们自主品牌来说，怎么把这些技术合理运用到量产的车型中去，如何使得这些技术适合中国消费者的需要是我们要研究的另一个重要课题。

A：对，所以中国汽车要发展就得研究自己的市场研究自己的企业。当然国外也有很好的例子、模式，但这么多种的情况摆在了中国人面前，其实形势更复杂了、更艰苦了，所以这就要求我们要有自己的思想，但首先要做，不能一味地观望。我们正在筹备11月在天津举办的中国汽车三十年的历史回顾展，原本的想法是今年我们可能要达到1000万辆车，我们想表彰1000个人，通过他们来体现这些年来的成就。当我们回顾起来的时候，回想当年，1978年的时候我们才有十几万辆车，正好1978年也是改革开放的元年，改革开放以来，我们从十几万辆做到1000万辆，成长了100倍。在这里面有很多思想、很多做法上的突破，而且现在我们有很多握在手里的东西，如果没有改革开放汽车工业也不会有今天，汽车也不会离你我这么近。我们的汽车工业也算走了一条自己的路，尽管后来合资的、独资的企业纷纷进来了，但是我们的国有企业还在，并且民营企业也都兴起了，而且做得还很好。所以我们觉得也应该好好回顾一下，改革开放三十年来的成绩。而且这也涉及一个经济学上的问题，要不要走依附型经济的道路。依附型经济的结果是你干得很多但不是很富，当然也可能饿不死。世界上汽车工业最强的七个国家都是走自主型经济的道路，由原创性的东西自己一步步发展起来的。中国这样大的国家不可能走依附型经济的道路，一定要走自主型经济的路。这当中必然会遇到很多的阻力，当然也包括实际工作中遇到的自然的阻力，另外有些人有些国家也不会愿意你发展得很好。所以汽车行业现在在做模仿，我们现在确实得这么走，但要怎么走我们自己心里要清楚。利用外资、利用外资的技术，这也是个策略问题，还有我们的宣传，还有我们怎么做，光说不做，还是不行。

Q：从这次的北京车展上我们也看到，很多的自主品牌推出了自己的概念车，我们也发现很多概念车只有一具空壳，有些甚至不具备动起来的条件，您怎么看这个问题？

A：概念车不一定要动的，它只是厂家某一方面概念的展示，有些概念车的材料甚至只是油泥的。这些理念通过展览进行了展示，获取社会的一些回应，其实厂家在这里也是做了一种交流。所以刚才我们也说，技术人员为什么希望这样，因为任何一个好东西都不是闭门造车出来的，都是通过交流逐步完善的，甚至是几代人完成的。技术员是非常希望有这种交流的。

Q：北京车展和上海、广州车展的定位有什么区别？

A：实际上北京车展更注重技术的交流，当然它有政治和地理上得天独厚的条件。但是中国这样一个幅员辽阔的国家，南北两地在政治条件、经济条件上的差别都比较大，东、西也是一样。实际上，展览也是依托当地的市场需求。上海为什么能做起来，实际上长三角地区的经济发展、上海地区的经济基础以及汽车工业的发展来看，它肯定是能做起来的。广州原来没有汽车工业，但也是有一定需要的。我认为还是要依托当地的需要。包括现在国内很多地区，省级市、地级市都在做车展，我个人认为也不要全部否定。不同层次的地区有不同的需求，我最近去了趟莱州，莱州5月底举办了一次车展，它更多侧重于自己的交流，当时莱州正好举办了自己的芍药节，莱州和外界的来往并不是非常多，尽管它所在的山东省生活相对还比较富裕。它在芍药节的时候，各家、各村、各大队都要到县城来，就是说它自己有一个交流，所以它借着这么个机会搞了一点汽车展览展销，结合了自己的特点，我觉得这种做法并没有什么不合适的，符合市场需求，大伙儿看车看得也很高兴，对汽车的买卖也有促进。

我们做车展和展览公司不同，展览公司做车展就是为了赢利，如果汽车展不能赢利，那么他们很快就转到其他赚钱的展览里去了。而我们做展览的宗旨是不一样的，我们是为了促进这个行业的发展，反过来说我们能够结合行业的需求提出我们的主题，提出大伙的要求，所以我觉得我们在汽车展览上更有前景。

Q：今年的北京车展您认为是否达到了学术、技术交流方面的目的了呢？

A：不光这届，每届车展我们都实现了我们的目标。今年我们举办了几个论坛，一个是关于发动机的，一个是关于产业政策的，另一个杨澜访谈录，还有关于售后市场的，还有一个大的技术交流会。任何一个展览会我们都会做这些工作。

Q：《反垄断法》即将在8月1日实施，业内人士指出在汽车销售环节中，有三种以往被视为厂家惯用营销手法的行为普遍被认为与《反垄断法》有抵触，即厂家限制车辆的最低价、只容许品牌专营店的经营模式以及异地购车，它们分别触犯了：《反垄断法》第十四条第二款“禁止经营者对交易相对人限定向第三人转售商品的最低价格”，第三十七条“行政机关不得滥用行政权力，制定含有排除、限制竞争内容的规定”以及第十三条第三款“经营者禁止分割销售市场或者原材料采购市场”。您认为这三种惯用营销手法一旦被政府认定为非法而遭到取缔，是否会对汽车厂商的盈利造成负面影响？

A：我不是学法律的，我也没有读过《反垄断法》，但是我知道《反垄断法》资本主义国家早就有，尽管某些方面会有差别，但我理解它们都有一个宗旨，就是让所有企业在同一个起跑线上发展。实际上我觉得各个企业追求的也是这个，在同一起跑线上，赢利的透明度也就更高，反过来社会的得益也就越多，老百姓、买家得益更多。出现以上你说的那些问题我觉得是以前计划经济留下来的问题。实际上我更愿意看到的是《反垄断法》让所有企业在同一起跑线上公平竞争，提供一个透明度更高的政策，在工作上在制造中形成这种良性竞争，这种竞争的结果是促进技术进步、促进社会进步。

▲社会评论

【范文】

公众有权监督才能确保食品安全

保障食品安全一向被认为是企业的道德责任，也是政府的监管义务。但一个月前被揭露的毒奶粉事件，证明这两方面都已经出现严重的问题：有着1000多道检测工序的奶粉企业仍未能阻止人为添加有毒物质，并且有证据表明这已成牛奶行业“潜规则”；至于政府监管方面，某市政府在公开道歉中承认其在8月初接到报告后，为保护当地企业和控制“负面影响”而延误上报达月余，致使事态蔓延。

毒奶粉事件给整个公民社会的反面教训就是：当政府和企业都靠不住的时候，一个社会必须能够自救，或者有能力推动制度变革，以使类似问题不再发生。如果社会没有这个能力，只是寄希望于企业自律和政府安排，就很难保护自身的利益。

如果公民社会比较发达，毒奶粉事件发生后会出现什么样的情景呢？首先，媒体会在第一时间将其曝光，并且深挖整个毒奶粉的产业链，列出可能的责任人；全社会开始对这种现象进行声讨，将追究责任和救助受害者等话题引向深入；行业协会要为其监管不严而负上责任，或者建立新的行业协会，并确定食品健康的新标准，公布其他厂家情况；司法救助也在第一时间展开，大批律师准备为受害者打官司，针对厂家和监管部门的诉讼开始大量出现，有些是集体诉讼；相关企业做出道歉和巨额赔偿；政府承诺负责和弥补制度漏洞……公民社会的行动不会停止，直到事件得到令人满意的解决，人们能吃上放心的奶粉。

在我们这里，这一切似乎也在发生，但其主导者都是政府：追究责任、检查患儿、赔付受害者等工作都是由政府来做，甚至三元收购出事的三鹿，也是由政府主导。这样做的结果是大家都在等政府拿主意，所有的期望、所有的压力和责任都在政府身上。在这种情况下，稍有差池就会对政府信用构成致命打击。

同时，政府承担了整个社会监护者的角色，社会本身的自我保护能力也没有机会得到提升。拿食品安全问题来说，由于其涉及面太广，任何国家都不可能只靠政府监管，必须诉诸公民社会的监督。但在我们这里，公民社会的监督缺乏最基本的激励机制，如公益诉讼很难打赢，赔偿也少得可怜，甚至连消法中的双倍赔偿都拿不到；媒体经常处于沉默状态；第一时间提出质疑的公民轻易就被收买噤声；民间自发的揭弊和志愿律师团追讨等行为不受鼓励；等等。这些情况都导致公民社会的监督无法落地，甚至要为这种监督付出过高的代价。与之相比，企业则很少为自身产品的质量问题付出什么代价。作为要赚钱的经济单位，企业一旦在维护食品安全的成本和赔偿消费者的成本之间做比较，毫无疑问是后者的成本低，难怪欺诈消费者行为成为企业第一选择。

一个国家进步的动力、创新的能力和自我净化的潜力都来自社会层面，政府更多的时候是在扮演一个事后认可的角色。中国改革开放30年的历史大抵如此。与此类似，西方国家的发展也是由公民社会推动的。20世纪初的“进步主义”运动，就是在美国社会因两极分化、垄断、腐败而乌烟瘴气的时候，由公民社会主动出击，逼使政府和大企业改弦更张，在一代人的时间内建立起了一个干净的社会。美国的社会有自我成长和促进政治经济持续发展的能力，这一点是其发展的关键所在。但要指出的是，群众的首创精神是来自一个社会本身的活力。如果一个社会事事依赖政府，又有什么活力可言?

毒奶粉事件说明，我们的问题不是技术，而是有了好的技术却用不好；不是法律缺失，而是法律已成一纸空文。制度和法律层面的完善当然有赖于政府，但制度的实践和法律的落实要靠整个公民社会的推动。而恰恰是在这一点上，公众并没有行动起来，或者因为缺乏相应的保障而无法行动。

举个例子，要培养社会的自救和进步能力，前提是信息公开和媒体监督。如果社会公众对安全风险浑然不知，就不可能自我保全。约瑟夫·普利策说：“倘若一个国家是一条航行在大海上的船，新闻记者就是船头的观望者。他要在一望无际的海面上观察一切，审视海上的不测风云和浅滩暗礁，及时发出警告。”

历史已经证明，要最大限度地防范公共危机，就必须唤起公民社会的力量。只有这种力量才能促使唯利是图的企业和迟钝不前的政府向正确的方向迈进。

▲思想评论

【范文】

市场经济的道德悖论

每一种经济制度都有相应的道德观念和法制基础。以追求自利作为核心特点的市场经济，为什么在发展结果上，呈现了与道德经济的统一性？这是一个典型的道德悖论。

其一，真正的市场经济是一种道德经济。费尔巴哈有句名言："没有精神的肉体是动物，没有肉体的精神是神，肉体和精神的统一才是人。"之所以真正的市场经济是一种道德经济，关键在于市场经济提供了实实在在的道德手段。也就是说，市场具备一种道德的软性力量，一种通过让经济人做他想做的事情而获得预期结果的能力。这是通过引诱而不是强迫实现目的的一种能力。市场经济之所以能起道德作用，是它能够说服经济人遵守或同意那些能够产生预期行为的准则或制度。

政治学家塞缪尔·亨廷顿说，物质上的成功使得一种文化和思想变得具有吸引力，而经济和军事上的失败则会导致缺乏自信和特性危机。他的话是对的。市场经济的道德的软性力量正具有其应有的吸引力，而道德说教和政治思想教育的失败经常引致普遍的社会性危机。

其二，道德是一个过程。道德作为一种社会意识，它的形成要经过一个漫长的过程，是一种演进的历程，通过各种道德观念的竞争在社会实践中由人们来选择。用博弈论的观点来看，这个过程实际上可看成一个多重博弈均衡的过程。市场经济下的功利主义观的形成就可以看成是生产者与消费者之间的博弈均衡的过程。用韦伯的眼光来看，功利主义、利己行为是人的一种理性行为，而重义轻利，讲"人情"则为非理性行为，资本主义企业家精神中最重要的就是这种理性思维。当然，从资本眼光看是这样，我们并不这么看。

作为过程的道德性是通过市场经济的激励而不断完善的。竞争是市场经济发展动力的杠杆。效率优先，优胜劣汰，适者生存是市场通行的原则。它促使人们积极进取，开拓创新，渴望发挥自己的智慧和才能。人们从竞争的成败中，体验到全面提高素质的重要性。经济活动社会化程度的提高，信息交流节奏的加快，人际交往的频繁，拓宽了人们的视野和活动空间，增强着人们的参与意识、整体观念和决策选择能力。人们适应社会需求的选择，以德识、才学各方面充实自己，完善自己的愿望越来越强烈，有可能从依赖性的束缚中摆脱出来，在社会大舞台上展现自己的才能。

其三，传统的道德机制需要调整，道德的市场经济基础必须建立。中国发展市场经济，不能建立在传统道德准则基础上，笔者认为，当立足于传统道德而引发如此众多疑问的时候，其立足点就是个问题了。美国社会学家英格尔斯在《走向现代化》一书中曾深刻而尖锐地指出："如果一个国家的人民缺乏一种能赋予这些制度真实生命力和广泛的现代化心理基础，如果执行和运用这些技术的人，自身还没有从心理、思想、态度及行为方式上都经历一个向现代化的转变，失败和畸形发展的悲剧是不可避免的。再完善的现代制度和管理方式，再先进的技术工艺，也会在传统人的手中变成废纸一张。"高瞻远瞩，我们必须适时进行中国道德机制的调整，将政治思想教育转到市场经济及其制度完善的基础上来。

中国传统历来重精神、重和谐、重道德、重义轻利、重理轻欲，即如古训所云："君子喻于义，小人喻于利"，"君子谋道不谋贫"。在这样的传统下，经济和道德被看作两个互相对立、互相排斥的方面，好像从事经济活动就必然道德沦丧。按照这一逻辑，如果要做道德人就不可做经济人，反之亦然，二者仅能取其一。这是不正确的。功利性确实是市场经济的主要特征，但完善的市场经济体制可以在很大程度上将社会成员对功利的追求限制在不损害他人生存的范围内。

其四，作为道德基础的中国市场经济需要进行制度完善。对市场经济与道德的研究，不能拘泥于个体的道德规范与教育的研究上，而应该扩展到制度的道德问题。人的社会本质决定了任何人都是在一定制度下生活的，而制度本身的结构是否合理以及由此产生的各种政策和规章制度是否正确公正，直接关系着人们的价值取向和品行的好坏。一旦制定的方针、政策、规章制度缺乏公正，就会导致社会权利和义务倾斜，使得社会利益分配失衡，为投机钻营的各种不道德的行为提供滋生和蔓延的沃土，因此，制度的非道德性对社会的文明和道德风气，具有举足轻重的作用。由于社会转型，制度本身的不完善所产生的漏洞，使得一些人靠钻政策或各种规章的空子大发不义之财。为此，扭转社会道德的颓势，就不能光抓个体的道德建设，而应从根本上加强制度的道德建设。

▲文艺评论

【范文】

中国画创作"四论"

一论精神。严格地讲，"山""水"和"山水"是有区别的。山、水是客观世界中的两种自然景观，也是人类感知世界的两种典型实例；山水则不然，其含义已不仅仅限于自然景观，还充满着情、思、境、灵、魂、魄，是宇宙世界与精神灵魂的和谐统一体。在统一的山水中，山在水中，水与山汇，实处求山，虚处求水，虚实相生；化山为水，化水为山，谁也不能离开对方而独立存在。这就是我理解的山水精神。存在决定意识。山水精神，就产生于画家对自然景物的钟情、观察和体验中，同样，也产生于画家对中国特有的绘画手段——笔墨这一具有精神含量的形式语言所进行的提炼、浓缩和运用。山水精神反映的是山与水的关系以及山水与天、地、人的关系，也就是反映了天、地、人三位一体的本质关系。画家若在创作中能通过笔墨语言把这种山水精神表现出来，画中万物就会有灵性，天人合一的境界才能得到实现。谈到山水精神，在我的创作中，首先应该谈到的是我对北方乡土的情深意长。乡土之情对所有的画家来说都具有重要意义。艺术创作中的乡土之情，事实上是一种飘忽不定的依恋情绪与感觉，这种情绪与感觉可以笼统地说成是一种精神氛围和美的气息，它理应蕴含着对悠久文化传统的留恋与对当代性的追求。

二论笔墨。我以为，在创作中应该把笔墨语言看作一种创造性表现客观的手段。它具有反映画家情感轨迹的特征，是历史、文化积淀的产物。笔墨语言在山水画中，是以其风格化的面貌出现的。山和水是自然界中的两种不同景观，也是人类表达思想感情时的依据。孔子曾有“仁者乐山，智者乐水”的说法。而与山水这一自然景观相对应的便是笔墨中的黑白及由此而来的点、线、面的概念。以黑白为主要色调，以笔墨为表现语言的中国画决定了其意象性的表现特点，这是因为融于画家笔下的山水，绝非是真山真水，而是“近观其质，远观其势”的胸中丘壑。黑与白是最本质的两种颜色，是众色之源，是阴阳契合的象征。黑白二色的使用源于一种对客观自然的假设，之后，随着这假设的完善和发展，二者逐渐具有独立的观赏价值，并能体现超出它们客观功能之外的主观意愿。因此黑白所成就的不仅仅是“运墨而五色俱”和对自然色彩的转换，更主要的是体现了“天人合一”中人的本质力量。黑白、水墨作为山水画的主要色调和工具，具有很强的象征意义和心理作用。因此以黑白、水墨为主导的笔墨语言，是一种象征性强、意象程度高和含蓄微妙的表现方法。恽南田曾有“山从笔转，水向墨流”之论，就体现了笔墨和黑白在水墨实践中的主导作用。董其昌说：“以笔墨精妙论，则山水决不好画。”那么反过来说，神妙之画就一定能使笔墨语言的独特价值体现得更为充分。

三论灵性。在我的创作中，“灵性”贯穿过程的始终。因为就艺术创作而言，“灵性”意味着艺术家及其作品应该在情感、个性、才华、体验等多方面有鲜明的特点。灵性的展现，要求画家具有才华和智慧。缺少才华的作品，必然缺少灵性，它让人感到平庸、僵化、无味；智慧会使画家产生“灵机”，从而能感受到造化的奥秘、诗意的境界，并使画家在创作过程中有着良好的心态、兴奋的情绪与活跃的思维。“精骛八极，心游万仞，对物通神”的灵感和想象力能使画家迅捷地捕捉到生动的艺术形象并赋予作品无穷的审美魅力。要想得到灵性，就要对生活体验进行提炼、升华和艺术概括。这可从以下三个方面去理解：一、画家要关注自然，关注人生；二、画家要注重流露真情，这是艺术创造的重要内容；三、画家要注重品格，作品要体现优雅。在创作中，自然万物是有灵性、有感情的，与画家的心灵应是相互融通的。由于画家心灵的作用，画面中的自然形象之间也有感情上的交流和沟通，这是灵性的又一种体现方式。

四论神韵。“神韵”是中国绘画中极其重要的内涵，山水画就更不能缺少它。前人对中国画创作基本上是以“画品”来定优劣高下的，所以曾出现了“神”“妙”“能”“逸”四种风格品质和“气韵生动”六法的标准，并且“神”为四品中的首品，“韵”是六法中的第一法。神与韵，是相互关联并浑然一体的，故称之为“神韵”。但是仔细分析，有一个由“神”“妙”“能”“逸”而生“气韵”的过程。我认为，在中国画中，山水画的内容和形式语言最丰富，表现力最强，也最强调神韵。同时，山水画还强调画家感情对物象的植入；强调超越主观感受的意蕴表达；强调“不着一字”的境界追求；强调无限的神对有限的形的涵盖。神韵，通常是体现着创作个性的。个性必然与画家的艺术风格特征相互联系，也就是说，神韵植根于画家的审美意识之中，画家富有神韵的审美天性对其艺术风格的形成具有限制与规定的作用。但神韵作为画家独特的审美气质，又在很大程度上制约了艺术构思中的多向性，而构思的多向性恰恰会更加丰富完善画家的审美气质。所以画家要获得完美的审美气质，除了要提高审美水平外，更需要发展其思维的多向性。画家以长期积累起来的审美经验，将生活筛选、提炼而成为意象性形象，从而使作品产生神韵。神韵的产生虽然还有赖于对中华传统文化、西方文化等各方面营养的吸收，但是最重要的还是靠画家的心灵与自然万象的交融。

▲影视评论

【范文】

新“007”伦敦放映遭恶评

——新华社 2008 年 10 月 24 日讯

即将于下月在我国公映的最新邦德电影《007：大破量子危机》（前译《余温之恋》），近日在伦敦放映，观众是制片方邀请的部分媒体人员。这些媒体在肯定影片制作精良的同时，集中批评了该片的节奏把握和人物塑造。有影评人认为，较之前作《皇家赌场》，《量子危机》明显逊色。

BBC影评人认为，《量子危机》给人的感觉是“三部曲的第二集”，既没有第一集的炫目，也没有起到承上启下的衔接作用。整部影片的动作场面火爆，但没有脱离以往的套路。应当说，该片能看下来，丹尼尔·克雷格的蓝色双眸起到了关键作用，而朱迪·丹奇扮演的M还是一如既往的老辣。

《独立报》的评论说，克雷格在《皇家赌场》的高调亮相把007系列推向了新境界，但《量子危机》没有延续这股气势和劲头。由于该片片长适中，所以观影过程还是非常震撼的，至少猛烈的动作场面胜过布鲁斯南时代的任何一集007作品。遗憾的是，松散无力的结尾让全片魅力受损。

在各家媒体的评论中，《时代在线》最为苛刻，其影评人表示，《量子危机》貌似《皇家赌场》续集，整部电影却不如前者那样生气勃勃，邦德更像个退化版的“伯恩”，只顾着从一个国家跑到另一个国家。和以往的邦德片相比，该片还少了些智慧，台词也不够幽默。尽管片长已缩短很多，但看起来还是冗长。

▲经济评论

【范文】

尽快改革增值税救企业、救经济

——2008年10月24日讯

从G3经济区（欧、美、日）到新兴市场，从美国、匈牙利到巴基斯坦，所有的国家都在应对金融危机，以及接踵而来的经济衰退。全球信贷市场仍然紧缩，大宗商品交易价格下挫近半，全球衰退不可避免。

我国终于出台了一系列政策，目标是在尽可能短的时间内阻止经济增长速度大幅下滑。财政部、国家税务总局21日联合发布通知，将从2008年11月1日起再次调整纺织品服装商品的出口退税率，部分纺织品、服装、玩具出口退税率提高到14%。10月22日晚，财政部与央行出台房贷与房税新政，以阻止房地产交易急剧下滑的势头，10月23日，媒体传出消息，财政部9月初提交的千亿元减税规模的增值税全面转型方案已获国务院批准，减税规模保底为1500亿元，有望达到2000亿元，2009年1月1日起实施。

系列救市举措是救市场、救企业、救经济的应急之举、必要之举。面对目前的经济形势，有关各方必须放弃救市或者托市之争，抛弃政府不应救市的书生之见，参与全球救市行动，保住中国的经济增长，不能让中国受全球经济下滑的大害。

笔者早在一系列文章中以数据说明，中国经济下滑势头迅猛，从用电量来看，GDP已降至9%以下，沿海中小制造企业的倒闭风潮已经蔓延至上游资源性企业，导致中国资源性产品价格全面过剩。同时，美国信贷继续紧缩，商业票据几近断流，全球经济有可能陷入长期衰退，从外部冲击我国出口导向的经济结构。

与紧急救市相比，更为急迫的是，救市举措应成为中国基础制度改革的契机，为中国企业与经济的市场化发展提供空间。企业增值税改革就是这样的基础性制度改革，短期可为企业降负、增加工商企业投资积极性，长期来看可以提振内需，配合中国经济结构转型。

增值税改革一直雷声大雨点小。“十一五”规划明确提出，2006年到2010年期间，将“在全国范围内实现增值税由生产型转为消费型”，从2004年7月起，东北地区“三省一市”的八个行业开始试点增值税转型，2007年7月起又延伸到中部六省26个城市继续试点，但年年说改年年难以推广，主要是增值税在我国整体税收中所占比重过大，牵一发而动税收半壁江山，也因为我国的征税手段较为落后，而生产型增值税是最为简便的征税方式。

为了迁就落后的征税手段，难道我们就必须维持落后的税收体制，向企业重复征税？全球90%以上的国家实行消费型增值税，难道我国的征税手段与税收人员素质落后于90%以上的国家？这显然说不通，关键是有关部门有没有让利于企业、让利于民的决心和勇气，是改革的动力何在。

增值税改革的核心是企业购买固定资产发生的进项税可以在当期销项税中扣除，缩减增值税税基。这将导致税收下降，但仍在政府可以承受的范围之内。国家税务总局对中部六省的26个老工业城市、一万两千多户企业进行了扩大增值税抵扣范围的试点。到去年年底为止，一共为这些企业抵退增值税仅34.5亿元。即使减税冲击达到千亿元以上，与披露方案的减税规模保底为1500亿元，有望达到2000亿元相近，以2007年国内生产总值达到24.66万亿元，比GDP增长更快的全国财政收入5.13万亿元而言，也在可以承受的范围之内。

增值税改革势在必行。由于我国据测算的隐性税负高达30%以上，增值税只对工业企业和商业企业征收，导致不同的企业处于不公平的竞争平台；增值税税率档次多，政府对于不同企业出台重重叠叠的优惠政策，导致税负的法律严肃性荡然无存；由于政府的税收主要来源于增值税，使地方政府唯提高投资与GDP为能事，而对于促进内需、促进消费兴趣不大，因为消费税进项远远不如增值税。

税收是重要的经济激励举措，正确的激励可以促使企业将市场与消费者当成上帝，而错误的激励则会让地方政府与企业将一味生产无视污染。从1994年税改以来，中国的财富分配形成了重政府、轻居民、重生产、轻消费的格局，长此以往，拉动内需将成一句空话，不当的税收政策已经对中国经济增长方式的转变直接造成负面影响。

坏事变好事，此次全球金融危机是我国基础制度改革的契机。只有推进增值税改革，才能拉动内需，促进工商企业投资，让政府与企业重视消费。

▲科技评论

【范文】

中国航天事业里程碑——外媒热评“神七”凯旋

——××时报2008年9月28日讯

2008年9月28日17时37分，“神舟七号”载人飞船顺利返回地面，中国第三次载人航天飞行任务取得了圆满成功。美联社、法新社、路透社、英国广播公司、美国有线电视新闻网等媒体都迅速发出了“神七”返回舱顺利着陆的消息。

美联社报道说，中国航天员返回地球并从返回舱中顺利走出，成功完成了中国首次太空行走任务。

法新社报道称，实施了中国首次太空行走的航天员们周日（28日）在中国土地上着陆。电视直播画面显示，“神七”返回舱在中国北部内蒙古的着陆场缓缓飘落。

路透社的消息称，在成功完成一场具有挑战性的、包括太空行走在内的太空飞行任务后，中国3名航天员已安全着陆。这是中国科技水平的展现，也是中国向登月迈进了一步。

美国有线电视新闻网消息说，三名中国宇航员周日返回了地球，完成了包括中国首次太空行走在内的三天的任务。

消息还称，“神七”返回舱在内蒙古着陆场着陆前，负责搜救任务的多架直升机已起飞待命。航天员在着陆前告诉控制中心他们很安全，状态良好。

英国广播公司报道则称，“神舟七号”返回舱在北京时间28日17时40分左右着陆。内蒙古气象台预报称，28日午后，四子王旗主着陆场天气晴到少云，符合“神七”着陆的气象条件。

外媒纷纷指出，“神七”是中国航天事业的一个里程碑，显示中国在太空俱乐部的实力迅速上升。同时，也有外媒指出，“神七”不应导致“中国威胁论”抬头，它是带着和平使命升空的，是和平新使。

▲文教评论

【范文】

家长爱送孩子上学就让他们送吧

——××××报2007年9月3日讯

56.9%的人认为送孩子上大学是家长的幸福之旅。

每年这个时候，和大学高年级男生一样，社会舆论也在密切关注着大学新生——即将从这个秋天开始在大学校园里四处晃动的一张张新鲜的面孔。

有关新闻随着庞大的家长队伍又一次涌入人们的视线：火车票就像春运期间一票难求，学校招待所客房早早被预订一空，烈日下的校园里到处可见家长们的身影，他们和孩子一起流汗的照片出现在各大报章显著位置。

今年8月，为避免去年“新生家长露宿操场”的一幕再现，清华大学通宵开放一处千人食堂，各地媒体纷纷组织“结伴上大学”活动倡导学子“不让家长送”，一些媒体则发出“送子大军请止步”的呼吁。

上周，××××报社会调查中心与新浪网新闻中心联合开展了一项调查，这项有3143名参与者的调查显示，在“家长是否该送孩子上大学”这个问题上，有一半的人认为“送不送都有道理”，剩下的一半各执一词：三成认为“该送”，两成认为“不该送”。

撇开是否应该的判断，大家对这一现象的看法并不如媒体般忧虑，只有14.7%的参与者同意家长送孩子上大学的最主要原因是“宠爱，得给孩子什么都办妥帖了”，更多的人认为家长主要是因为担心或者高兴：47.5%的人认为是因为“孩子第一次出远门，担心路上安全”，37.8%的人认为是因为“孩子上大学了，家长也去看看，顺便旅游”。

在家住××的施阿姨眼里，担心自己的女儿是天经地义的事情，“大人出门都得担心，何况从来没出过远门的孩子！”调查也发现，如果孩子能找到伴一起走的话，仍表示会送的比例已明显降低。

“我觉得家长送孩子很正常啊，”施阿姨的女儿说，“你看，朱自清20岁的时候，已经去过北京两三次，他的父亲不是一样坚持要送他，还因此留下了流传至今的名篇《背影》，多温馨！”

在她看来，送不送与独立性没有多大关系，“只是送一次而已啊，怎么可能会影响到孩子的独立性呢，送走了还是要靠自己独立生活的啊。”她并没有拒绝父母相送，“这是他们表示亲情的一种方法”，而离开父母的日子里，她生活得很好，这种“之后对环境的适应能力”才是她所认为的所谓独立性。

“父母送孩子，更多的是给孩子一种心灵的慰藉。”虽然已经习惯于四处奔波，何江依然记得10年前独自一人从××小镇来到××上学的情景：正值午后，校车刚走，站在西客站空旷的广场上，看陌生的人群和车流来往，感到一种从未有过的无助。“抑郁了不少时间。头一次到陌生的环境中，要是有亲近的人在身边，会好一些。”

本次调查中，问题的焦点回到家长身上。56.9%的人认为送孩子上学，对家长来说是一次幸福之旅，半数受访者认为这是很多家长表达爱的重要方式。“做父母的，就算不帮孩子做什么，看着他一点点开始独立，在一个新的地方开始新的生活，心里也是甜蜜的。”

“就算在一向鼓励孩子独立的美国，家长还不是一样开着车大包小包地送孩子上学。可见天下父母的爱都是一样的，与独立不独立无关。”有参与调查者留言说。

但是32.5%的人认为，送孩子上学不利于培养独立性。“去校园里看看吧，有多少新生自己听着MP3，却让父母跑来跑去办手续！”有参与调查者说。不过，也有30.7%的人认为，培养孩子独立性不是一蹴而就的，“毕竟送也只是一两天而已”。

“这其实是个学生和家长自由选择的个人具体问题，”何江告诉笔者，“我上学的时候，家里人没有送我，很重要的原因是经济条件不许可。将来我的孩子上学，离得远的话我肯定会去送。”

调查中，49.7%的人认为，送不送孩子上学其实都有道理。

▲编辑部评论

【范文】

突出一个“实”字

本报评论员

地处改革开放前沿的××省××市，近20年，越是改革开放，越是发展市场经济，××市越是加强社会主义精神文明建设。他们创建文明城市的一个突出特点是：着眼实处、着手实事、着重实效，从始至终贯穿着求真务实的精神。

精神文明建设同物质文明建设一样，根本目的都是给人民群众谋利益。要使精神文明建设得到人民广泛支持和参与，很重要的一条，就是既要让人民受教育，更要让人民受益。××市在精神文明建设中特别忌“空”、忌“虚”，牢牢把握“实”、十分突出“实”、非常崇尚“实”。哪里群众意见最大，哪里疾苦呼声最高，哪里热点、难点问题最多，他们就把精神文明建设做到哪里。从住房改善到文明新区，从乘车困难到公交新风，从满天黄沙到见缝插绿，从取消垃圾箱到建成垃圾屋，从治理脏乱差到扫除黄赌毒……××市精神文明建设没有一项是“空对空”的表面文章，都是让人民群众称心如意的实事。

创建精神文明需要实，巩固和提高精神文明建设成果更要下实实在在的功夫。怎样做到实呢？××市特别强调依法治市。从道德感化，到法规、制度约束，再到养成自觉自愿的文明行为，这是一个艰苦、漫长的过程。××市把法制建设作为精神文明建设的重要组成部分，作为精神文明顺利开展的重要保证。十四年前，××还是一个落后的农业县，由农业县到县级市、再到地级市，行政升级很快；经济发展也很迅速，从告别贫困到步入小康，再到户户富裕，也只是短短的十几年。然而，“洗脚上田易，洗脑进城难”。从小农生产者到现代文明市民的转变，不是可以自然而然完成的。相反，富裕之后，如若精神文明建设和法制建设跟不上，就会引发一系列不文明的“富贵病”，甚至犯罪。××市十分清醒地认识到这一点，在精神文明建设中，一直坚持法制建设。目前，由他律到自律，遵纪守法，按章办事，正逐渐成为××人自觉的文明行为。

文明创建重在实，领导干部是关键。××市的领导为了更迅速、更直接地了解和掌握全市两个文明建设的实际，作出符合实际、符合民心的决策，明确规定一条：市领导不建豪华奢侈、戒备森严的“常委楼”，也同普通百姓一起居住到一个个文明小区，群众有苦有难、有怨有屈都可以直接找到家门。其次，每月15日法定为“市长接待日”，12年风雨无阻，雷打不动。为了方便偏远农村居民，从1989年起，××市还开通了一条特别绿色通道——免费“市长专邮”，群众多了参政议政的渠道，干部多了密切联系群众的桥梁。如今，在××市，市民想市长的事，干部尽为民的责，上上下下形成了一种融洽和谐、积极奋进的气氛。有了这样一种良好的政风、市风、民风，还有什么事办不好、办不成？

▲社论

【范文】

光荣属于伟大的奥林匹克

——热烈祝贺第29届夏季奥林匹克运动会闭幕

（人民日报社论）

2008年北京8月24日专电　8月25日出版的人民日报将发表社论，题为：

光荣属于伟大的奥林匹克——热烈祝贺第29届夏季奥林匹克运动会闭幕。全文如下：

燃烧了16天的奥运圣火，在国家体育场缓缓熄灭。放飞梦想的“鸟巢”，用不舍的温情点亮告别的夜晚，为第29届夏季奥林匹克运动会画上圆满的句号。

16天里，北京，这座有着光辉历史而又充满生机活力的城市，让我们经历了多少激情和欢乐。16天里，奥林匹克，这人类体魄与精神的大舞台，为我们呈现了多少精彩故事和传奇。

204个国家和地区，1万多名运动员，45亿观众，北京奥运会成为有史以来参赛国家和地区最多的一届奥运会，也是奥运会历史上转播规模最大的一次。体育是天神的欢愉，体育是生命的动力，奥林匹克的旗帜，前所未有地将整个世界凝聚在一起，这是北京的光荣，更是奥林匹克的光荣。

我们不愿告别，16个日日夜夜，我们尽情享受属于奥林匹克的欢乐和自豪。

博尔特百米潇洒飞越，菲尔普斯泳池狂揽八金，刘春红举重力拔山兮……奥运会上不断刷新的纪录，书写着人类超越自我、挑战极限的梦想。这里有力与美的展示，更有精神和意志的壮歌——它来自南非游泳独腿健儿的抗争，来自50岁的栾菊杰挺剑而起的勇气，来自印度、蒙古等国激荡人心的“零的突破”。“更快、更高、更强”，无数运动员的精彩表现，将体育精神带到一个新的高度，这是北京的光荣，更是奥林匹克的光荣。

我们不愿告别，16个日日夜夜，我们奏响团结、和平、友谊的北京乐章。

不同国家、不同民族、不同文化，五环旗下的伟大聚首，让我们看到人类携手未来的热切向往。当那些从索马里崎岖的砍柴小道上，从阿富汗、伊拉克战后动荡中跑来的健儿，共同站在了北京奥运会的赛场，当各国和地区选手簇拥着冠军绕场向观众致谢，当热情的观众为所有选手欢呼加油，人们再次看到奥林匹克精神超越一切的力量。“同一个世界，同一个梦想”，北京奥运会展现了世界人民团结友谊的和谐图景，这是北京的光荣，更是奥林匹克的光荣。

我们不愿告别，16个日日夜夜，百年梦圆的中国与世界美好相遇。

带着举办一届“有特色、高水平”奥运会的庄严承诺，13亿人民以最大的努力和最大的热情，为人类搭建一座欢乐的舞台，也为中国打开一扇理解之门。中国从未以这样的角色走进世界的视野。竞赛场上，中国健儿以51枚金牌100枚奖牌的优异成绩和崭新风貌令世界瞩目；赛场内外，百万志愿者以他们的亲切微笑和周到服务令世人称颂。奥运的契机，让我们在30年改革开放之后，从容不迫地呈现一个更加开放自信的中国。绿色奥运、科技奥运、人文奥运，北京奥运会必将在中国现代化进程中产生深远的影响，这是北京的光荣，更是奥林匹克的光荣。

赛场的奋斗只是人类奋斗的一个缩影。正如《奥林匹克宪章》所言："现代奥林匹克主义是一种生活哲学。"在这里，不仅有成绩、奖牌、冠军，也有汗水、泪水、艰辛；不仅有坚韧、顽强、奋斗，还有和平、自由、公正；不仅有对抗、竞争和拼搏，更有理解、宽容和超越。在这个挑战日益严峻的世界，在我们这颗越来越小的星球，人类从未像今天这样需要相互理解、相互包容、相互合作，也从未像今天这样渴望分享奥林匹克的价值和精神，搭建团结友谊的桥梁。

请世界记住北京，记住这奥林匹克大家庭和谐相处的欢乐时光；也让北京感谢世界，感谢世界人民的共同努力，谱写了人类和平进步的美好篇章。

沸腾的"鸟巢"渐渐平静，心中的梦想仍在飞翔。今天，我们并未告别，带着激情、回忆和热望，让我们相约伦敦，期待4年以后的又一次欢聚，期待奥林匹克的新的荣光。

▲读者来信

【范文】

"限塑令"不能仅收费了事

《人民日报》2008年10月31日

自今年6月1日"限塑令"实施以来，塑料袋使用量明显减少。商场、超市、集贸市场随处可见自备购物袋的顾客，不过也有不少顾客购买商家的塑料袋。我陪女儿购物时，就曾购买过两次，一次收费0.2元，另一次收费0.4元。就一般规模的超市来说，按每天卖出1000个塑料袋计算，平均增收可达300元，一年下来可获利10万元左右。全国有多少家超市，他们出售塑料袋增加的收入有多少？显然，那是一个庞大的数字。这部分因"限塑令"取之于民的巨额收入，用之于民了吗？

"限塑令"不能仅约束使用塑料袋的消费者，更不能沦为商场、超市的生财之道。针对这部分巨额收入，可以设立白色污染治理专项基金或由商家给自带购物袋者一定的优惠或奖励。特别是有儿童参加购物时，自带购物袋可以奖励一个小玩具或饰品。从娃娃抓起，是民族振兴之本，可取得事半功倍之效。

为最大限度地保证"限塑令"的实施效果，更好地推动"限塑令"长期执行，防止变样或流产，建议有关部门进一步完善相关机制，尽快制定必要的监督措施。

▲评论员文章

【范文】

关键的抉择 伟大的历程

——纪念改革开放30周年

——2008年9月26日新华社特约评论员电

当代中国人最熟悉的词汇是改革开放，当代中国发展最强大的动力是改革开放。以30年前召开的党的十一届三中全会为标志，中国改革开放大潮波澜壮阔，势不可挡。回顾30年来改革开放的伟大历程，总结改革开放的宝贵经验，对于我们继续解放思想，坚持改革开放，推动科学发展，促进社会和谐，进一步开创中国特色社会主义伟大事业的新局面，意义重大而又深远。

改革开放，是决定中国命运的关键抉择。30年前，邓小平同志以巨大的政治勇气和理论勇气振聋发聩地疾呼："不改革就没有出路"，"再不实行改革，我们的现代化事业和社会主义事业就会被葬送"。党的第二代中央领导集体作出了把党和国家工作重心转移到经济建设上来、实行改革开放的历史性决策，吹响了走自己的路、建设有中国特色社会主义的时代号角。此后30年间，改革开放的大潮冲破重重阻力、战胜各种困难，以不可阻挡之势奔腾向前。

实行改革开放，是国家的需要、时代的呼唤、人民的意愿；坚持不懈地推进改革开放，体现了党中央高瞻远瞩、矢志不渝地为民族求解放、为人民谋幸福的坚强意志；30年改革开放的伟大成果，是全中国人民在党的领导下自强不息，开拓奋进，大踏步赶上时代前进潮流的生动写照。

改革开放，是中国的第二次伟大革命。这场革命的目的是要解放和发展生产力，以人民富裕为基础，实现国家强盛、民族复兴；是要推动我国社会主义制度自我完善和发展，赋予社会主义新的生机活力，开辟中国特色社会主义道路；是要在引领当代中国发展进步中加强和改善党的领导，保持和发展党的先进性，确保党始终走在时代前列。

改革开放的伟大实践，带来了我国政治、经济、文化、教育、科技、社会、生活等各个领域的深刻变革，带来了人们精神面貌、价值观念、生活方式的重大变化，引起了社会各方面利益关系的调整。这场革命是社会主义制度的自我完善，是在党的领导下有秩序、有步骤地推进社会主义的自我发展。坚持和推进这场新的革命，成为我们党领导全国人民在30年新时期中最伟大的实践。

改革开放，是人类发展史上的一曲壮歌。30年的洗礼，30年的进步，让这个世界上最大的发展中国家面貌发生了巨大变化，生产力极大提高，综合国力不断增强，经济总量跃居世界前列，科技、教育、文化等领域取得巨大进步；中国人民的面貌发生了巨大变化，生活水平总体上达到小康，生活质量明显改善，精神面貌充满活力；中国共产党的面貌发生了巨大变化，党的建设新的伟大工程不断推进，党的先进性继续保持，执政能力不断提高，凝聚力、战斗力、创造力进一步加强；社会主义的面貌发生了巨大变化，在实践探索与理论创新的相互促进中，走出了一条有中国特色的社会主义道路，形成了中国特色社会主义理论体系；世界战略格局发生了巨大变化，中国与世界的联系日益紧密，中国的国际地位明显提高，中国在世界上发挥着越来越大的影响和作用。改革开放带来中国社会的这些巨变，无论在中国历史上，还是在世界历史上，都是少有的，也是举世公认的。

实践是检验真理的唯一标准。抚今追昔，见证了30年改革开放的每一个中国人，都会由衷地感受到祖国的发展进步，都会发自内心地赞叹改革开放的神奇伟力。30年的实践充分证明，改革开放是决定当代中国命运的关键抉择，是发展有中国特色社会主义、实现中华民族伟大复兴的必由之路；只有社会主义才能救中国，只有改革开放才能发展中国、发展社会主义、发展马克思主义。30年的实践充分证明，改革开放符合党心民心、顺应时代潮流，方向和道路是完全正确的，成效和功绩不容否定，停顿和倒退没有出路。

实践永无止境，历史昭示未来。站在新的历史起点上，身处风云变幻的世界中，中国的发展不会一帆风顺，改革开放作为一场新的伟大革命也不可能一蹴而就。在中国特色社会主义伟大旗帜指引下，中国人民有信心、有决心不为任何风险所惧，不为任何干扰所惑，继续解放思想，坚持改革开放，推动科学发展，促进社会和谐，把祖国建设得更加美好，为世界发展和人类进步作出新贡献。这，就是我们回顾改革开放30年得出的必然结论。

▲短评

【范文】

办一届最干净的奥运会

中国是第一个加入《反对在体育运动中使用兴奋剂国际公约》的亚洲国家；中国对本国运动员的兴奋剂检查和处罚力度超过国际惯例；中国拥有世界一流的兴奋剂检测水平。作为东道主，中国在反兴奋剂斗争中以身作则，同时有决心、有能力兑现申奥承诺，承担起举办一届“最干净”奥运会的责任。

▲编后语

【范文】

编后语

编后语　从遭遇“绿色壁垒”到标准化建设“强身健体”，从单一追求量变到转向质变的跨越，从小农经济的分散经营到农业产业化的龙形经济……加入世贸组织后的中国农业正在进行着以提升国际竞争力为核心的大变革。透过这一历史性的变革，我们清醒地看到，今日中国农业正站在一个巨大的突破点上，并逐步勾勒出21世纪发展的清晰轮廓。透过这一历史性的变革，我们同样感受到作为中国农业战略旗舰的超大现代农业与时俱进的轨迹和中国农业的美好未来！

▲专栏言论

【范文】

团省委召开深入学习实践科学发展观活动动员大会

10月6日下午，团省委召开深入学习实践科学发展观活动动员大会。团省委书记、党组书记×××作动员讲话，省委学习实践活动指导检查组组长××对团省委开展学习实践活动提要求。团省委领导班子成员××、×××、×××、×××、×××和机关全体党员、直属单位领导班子成员参加会议。会议传达学习了中央、省委深入学习实践科学发展观有关会议精神，对团省委开展学习实践活动作了全面动员和部署。

×××在动员大会上讲话指出，科学发展观是我国经济社会发展的重要指导方针，是发展中国特色社会主义必须坚持和贯彻的重大战略思想。在团省委机关开展科学发展观学习实践活动，是体现共青团组织政治属性的必然要求；是推动全省团的事业科学发展的迫切需要；是加强团干部队伍建设的重要途径；是顺应团员青年新期待的现实举措。他要求团省委机关干部要在深刻认识全党开展深入学习实践科学发展观活动重大意义的基础上，进一步认识在团的领导机关开展学习实践活动的现实意义，切实增强搞好学习实践活动的责任感、紧迫感和自觉性、坚定性。

×××强调，要按照中央的部署和省委的要求，准确把握学习实践科学发展观活动的重点环节。一是学习调研要扎实深入。在集中时间、集中精力认真学深、学透的基础上，以加快发展、服务青年、改进作风等方面内容为重点开展调研，着重研究加快推动团的事业科学发展的思路、建立健全服务青年的体制机制、解决基层团组织困难问题的办法措施，并在调研的基础上深入开展解放思想大讨论活动。二是分析检查要找准突出问题。要坚持并创造性地贯彻党的群众路线，认真听取青年意见建议，接受青年监督。切实找准并解决制约科学发展的突出问题和干部党性党风党纪方面等群众反映强烈的突出问题，以实际行动和效果，树立团的领导机关和干部的良好形象。三是整改落实要确保取得实效。把提高认识、解决突出问题、创新体制机制、扩大发扬民主贯穿于整个学习实践活动的全过程，以整改落实的高质量确保学习实践活动的高质量，切实取得推动科学发展的实践成果和制度成果。要下功夫解决几个影响和制约科学发展的突出问题，办成几件基层团组织和团员青年迫切希望的实事。

×××对团省委开展学习实践活动提出四点要求。一是加强领导，明确责任。团省委党组成员要首先带头，各支部书记、各部门负责人要身体力行，当好表率。二是积极探索，大胆创新。要大胆探索，不拘形式，努力使团省委机关学习实践活动有特色、有新意。三是依靠青年，服务青年。要通过各种方式，形成团员青年参与积极、监督有力、评价客观的良好局面，切实达到服务青年和让青年满意的要求。四是统筹兼顾，妥善安排。要把学习实践活动的成效体现到解决突出问题、促进团的事业发展上，切实做到两手抓、两不误、两促进、两提高。

××在讲话中对团省委迅速贯彻落实省委有关精神，及时召开动员大会予以肯定，对团省委开展深入学习实践科学发展观活动提出三点要求。一是认真学习贯彻中央、省委精神，牢牢把握学习实践活动的正确方向。认真学习、深刻领会、全面贯彻学习实践活动的指导思想、目标要求、主要原则、重点问题和方法步骤。二是充分认识搞好学习实践活动的重大意义，切实增强责任感和使命感。在深化理论武装、解决突出问题、完善体制机制上下功夫。三是采取有力措施，确保学习实践活动真正取得实效。落实领导责任、加强分类指导、积极探索创新、搞好舆论引导、注重统筹兼顾，圆满完成学习实践活动的各项工作任务。

自中央提出科学发展观以来，团省委始终把学习贯彻落实科学发展观作为首要任务。在去年年底召开的省十二次团代会上，团省委把贯彻落实科学发展观作为会议的主题，坚持以科学发展观为统领，全面安排部署团的工作。今年4月，团省委集中组织了全省团干部学习实践科学发展观读书班，进行了系统、深入的学习和研讨。下半年以来，团省委还围绕制约科学发展的主要问题，确定了重点调研课题，并分别由领导班子成员带队，深入基层、深入青年开展广泛深入的调研活动。目前，按照科学发展观的要求，团省委的各项工作正稳步推进。

根据省委统一部署，团省委深入学习实践科学发展观活动将分三个阶段进行，从2008年9月底开始，至2009年2月结束。第一阶段为学习调研阶段，时间自2008年9月底至11月20日。主要包括学习培训、开展调研和解放思想大讨论三个环节。第二阶段为分析检查阶段，时间自2008年11月21日至12月31日。主要包括召开党组专题民主生活会、形成领导班子分析检查报告、组织群众评议三个环节。第三阶段为整改落实阶段，时间自2009年1月1日至2月28日，主要包括制定整改落实方案、集中解决突出问题、建立完善长效机制三个环节。

▲编者按

【范文一】

编 者 按

生态建设是西部大开发的重要内容。中国工程院组织专家经过两年多的考察、研究，完成了《西北地区水资源配置、生态环境建设和可持续发展战略研究》报告。这个报告提出了必须确立人与自然和谐共存的发展方针，必须以水资源的可持续利用来支持经济与社会的可持续发展等思路，以及10项战略对策，对西北地区经济社会可持续发展具有重要的指导意义。本报从今天起刊登对课题组部分成员的专访，介绍报告中的一些重要观点和对策。

【范文二】

编辑点评："小事"不小

——据新华社××月××日电

××市一名工商所长因提前收取个体户门店租金和管理费，并违反规定购置办公车辆，最近丢了官下了岗。这是××市加大整顿机关作风力度，成立机关作风投诉中心后严肃查处的又一桩"小事"，自5月4日成立以来，该中心已查处类似"小事"65件。

违反规定购置办公车辆，看似小事，实则不小。因为，如果我们的党政官员都不注意这些小事，都在这些小事上犯错误，那么，众多的小事加在一起，就变成了大事，就要酿大祸；就会严重损害国家公务员的形象，损害政府的形象。由此我们说，整顿机关作风，从这类"小事"查起，很有必要。愿××的同志也像××市那样，从"小事"抓起，一抓到底，切实抓出成效来。

第十章　报道领域与深度报道的写作

第一节　报道领域与深度报道的写作技巧

一、会议报道写作

1. 会议新闻概述

（1）会议新闻的含义

会议新闻属于动态消息，有很强的时效性，但新闻讲究时效，并不意味着在没有认真思考的情况下就把重大事件匆匆忙忙地报道出来。

（2）会议新闻的写作要求

如何在很短的时间内抢发出一条精良的会议新闻，事实上要下的功夫不在会场内，而在会场外；不是在会议后，而要做在会议前。善于从会议文件、发言、交谈、活动中，发现、挖掘出受众关心的有报道价值的新闻或新闻线索，是一项重要本领。西方国家的新闻媒体，也经常采取“以点触面”的报道方式，即以会议为突破口，全方位、多侧面地剖析重要会议，在会议中提取受众关心的内容。

（3）会议新闻之病因

会议是新闻媒体和新闻报道中不可缺少的一个新闻源，同一切新闻一样，不是要不要报道，而是怎样做精、做细、做活、做好的问题，以达到领导满意、群众乐意、社会欢迎之目的。

2. 会议报道的创新

会议报道的创新，要把握好三个问题：

（1）把握好会议的权威性和指导性。有些法定的会议权威性很高、指导性很强，既是党和人民政策生活中的大事，又为今后或相当长的一个时期工作作了安排，这些会议不仅要全面报道，而且要有专题报道或后续报道。

(2) 把握好社会和公众需要的有价值信息。凡会必有主题，必有信息。要及时准确地将社会和公众欲知未知的有价值的信息传播出去，并成为群众工作、生产和生活的指南。

(3) 把握好解决和待解决的突出问题。许多会议是为研究解决工作而召开的，记者不仅要人入会，而且要心入会。要将会议解决的问题抓在手上、待解决的问题放在心上，除报道会议外，还要有序追踪，只有这样才能把党和群众普遍关心的大事要事和热点难点问题报道好、引导好，才不至于会议新闻跑调，不能因为会开完了，新闻便做完了。

3. 会议报道的写作技巧

会议新闻报道要本着“领导高兴、读者爱看”的原则，一切从工作出发，一切从实际出发。

(1) 控制总量，压缩会议及领导人活动的报道范围。

(2) 突出重点，努力提高会议新闻报道质量。

(3) 科学安排版面，形式服务内容。

二、时政报道、灾难报道写作

1. 时政报道

(1) 时政报道的含义

时政新闻是关于国家政治生活中新近或正在发生的事实的报道。主要表现为政党、社会集团、社会势力在处理国家生活和国际关系方面的方针、政策和活动。

(2) 时政报道的特点

时政报道具有阶级性、原则性、逻辑性等特点。

(3) 新闻工作者如何做好时政报道?

①导向正确、主题鲜明、准确无误

时政活动具有很强的政治性、政策性和敏感性，不仅反映党委、政府的政治立场、政治主张和政治观点，而且反映重大的战略决策和重大举措等重要内容。时政新闻工作者的责任重于泰山，要坚决贯彻党的方针政策，切实增强大局意识、政治意识、责任意识，不断提高政治敏锐性和政治辨别力，确保时政新闻报道旗帜鲜明、导向正确。在思想行动上，以坚定不移地履行新闻工作者的责任为荣，以执着的敬业精神和良好的业务素养做到大事面前不糊涂，关键时刻不动摇，纪律严格听指挥。

②创新报道视角和手段、开拓报道空间

时政新闻报道原则性很强，要求高，不能有半点闪失，新闻工作者往往因责任重大而忽略了主观能动性的发挥，不注重新闻报道体裁和写法的创新，结果使时政报道变得枯燥乏味。时政新闻工作者要在报道过程中不断拓展视野，尝试性地选择独特视角，大胆创新形式，深化主题，增强时政新闻报道的生动性、可读性和感染力。既要完整准确全面地将主题思想报道出来，还要多侧面、多视角地体现和突出时政活动的精髓，用创新性的视角升华主题，挑选受众最关心的新闻线索，打造出有特色的新闻报道。

③全面地体现时政新闻报道的价值

有些时政新闻报道内容比较单一，不注重会议新闻的延伸，不少时政新闻报道经常是一事一报，不注意事件的关联度。这就要求新闻工作者注重时政新闻价值的深化，要通过悉心观察和平时的素材积累，将政府工作部署和群众的关注点有机地结合起来，从多方面挖掘出有价值的新闻事件和线索，并对于可能涉及或已经影响到的个人和群体进行深入采访，挖掘出会议背后深层次的社会问题。

2. 灾难报道

（1）灾难报道的含义

一般而言，由于非人为因素所引发的、人力不可抗拒的自然灾害，以及主要由人为因素引起的公共卫生或安全事件等，均属于灾难新闻的研究范围。因此，灾难事件大致可分为自然性和社会性灾难两大类。灾难报道由灾难事件本身而言，即对给人类带来灾难的事件的报道。

（2）新闻工作者如何做好灾难报道

新闻工作者作好灾难新闻报道，首先必须端正思想，提高职业道德，摒弃为了个人利益、小集团利益的心态，将事实真相以最快的时间传播给受众，并在传播过程中给受众具有新闻价值的而且不伤害受灾者及其家属的灾难信息，不要为了个人的利益而不顾灾难事件中的人和事；要明白灾难报道的意义，不但有利于消除谣言、传播信息，而且有利于赈灾和灾后重建；要以人为本，关注受灾者及其家属的生活状况和心理；要担负起促进社会进步的责任，社会的进步包括制度、意识、道德。其次应该提高自己的报道能力。提高自己的能力，就是要善于发掘有新闻价值的事件以及优秀的笔法来报道新闻，不要敷衍受众，流于形式；就是要不断增强对其他各种知识的了解，以便在报道中随心应手，不要没有深度地报道；就是要有做好追踪调查的技巧和信心，不要一遇到阻拦就后退；就是要有对受众知情权和受灾者及其家属的隐私权的平衡能力，不要一味地为了知情权而不顾隐私权，也不要只为了隐私权而放弃知情权。

灾难发生后，新闻工作者应当有一个充分的准备，注重报道的时效性。在报道过程中要坚持真实、客观、准确、全面的原则，不能出现漏洞、偏差和错误。另外还要注意事态的发展变化，坚持正确的导向，倡导积极向上的东西，同时始终以深入采访为标准，寻找鲜活、感人的素材。

三、教育报道、人物报道写作

1. 教育报道

（1）教育报道的含义

教育新闻主要是发布教育动态，追踪教育热点的相关报道。

由于教育活动缓慢而又循序渐进，所以要捕捉动态新闻相对比较困难，在挖掘独家新闻或通过突出新闻报道的时效性来与经济、社会新闻一较长短并不占优势。所以，要做好教育新闻报道只有扬长避短，发挥教育新闻的非事件性特点，巧妙地选择报道题材。

（2）教育新闻的技巧

①独家。教育领域新闻事件大多具有可预见性，突发事件较少，而且在当今资讯发达的时代，要找所谓“独家”很难，但这并非不可能，选题的创新和突破总是和现有媒介相比较而言的，在时效性上不占优势的教育新闻选题，同样也可以“后发制人”。

②补充。补充策略可以挖掘出新题材和题意以扩充先前的选题，致力于再发现和新发现。

③质疑。根据相关的教育知识理论和政策法规，通过教育新闻现象、教育事件和教育问题进行分析，对其科学性、可行性、合理性、适宜性等提出质疑，指出其存在的负面效应和不确定性的新闻选题。澄清误区，纠正错误，就能找到好的选题。

④解难。教育领域总有很多难题，学校有学校的难题、考试有考试的难题、教育工作有教育工作的难题。原来的难题解决了，又会出现新的难题。这些难题盘根错节，且复杂多元，人们众说纷纭，见仁见智。从选题的角度说，破解难题不仅责无旁贷，而且是出新闻力作的捷径。

（3）教育新闻选题来源

①来自上级精神和指示；

②记者主动发现新闻线索；

③通过媒介间的相互借鉴以及各种资料研究获取新闻线索；

④通过受众提供的信息发现新闻线索；

⑤关注新闻多发区获取线索；

⑥通过专门的策划活动获取选题。

2．人物报道

（1）新闻中人物报道的特点和写法

①要有现实针对性

写作对象的选择必须具备两个条件：一是能体现时代精神，二是对人们有激励和鼓舞作用。也就是说，选择的采写对象如果与当下先进性的时代要求不相吻合或相差甚远，则不能让广大受众产生思想上和情感上的共鸣，也就难以收到以正确的舆论引导人、以高尚的精神塑造人、以先进的思想教育人的社会效果。

②事迹可信度要高

长期以来，“为社会树立榜样”是人物报道写作的“经典性”法则，然而，它很容易导致新闻人物的真实性产生偏差，使报道的可信度下降，从而弱化甚至消解所期望的报道效果。带有普遍性特征的偏差在于：先验地以某种绝对化、纯粹化、理想化的标准，预制一种理想榜样模式，然后用这种模式来“套”现实中的人物，相当程度上以简单化的宣传价值取代审美价值，从而给人物报道的写作带来失真的弊端。

③故事情节要生动感人

我国唐代著名诗人白居易曾说过：“感人心者，莫先乎情，莫始乎言。”把它引用到新闻报道上也十分妥帖：这里的“言”可以指新闻报道的文体；“情”就是新闻人物的情感，或称作者诉诸文本而传达出来的情感；“人”就是受众。人物报道往往特别强调事件对受众个人的人性化、个人化的情感诱惑力。

④报道中的人情味要浓

为了吸引、取悦易变的受众，记者开发出许多讲故事的方法、技巧和策略，这些方法能使报道生动、吸引人。为了确保报道被人们阅读，新闻记者必须以一种呈现个人亲历的戏剧性事件的手法进行报道。新闻记者做到这一点的方法之一是：使用人们常用的词汇讲述故事。记者通过寻找与事件有关的人，使新闻人格化和戏剧化。

⑤要有典型的事例

先进人物的事迹总是让人感动，给人激励，给人启迪。只要你走近你熟悉、喜欢的先进人物，或实地采访，或查阅收集资料，那么，人物报道就一定能写成功。

⑥“评”出深意，情理相生

人物报道以叙述描绘为主，但是一篇好的人物报道，不仅要叙述巧妙，还应有恰到好处的评、议和恰如其分的抒情。这可以使人物、事件增添光彩，可以生动有力地揭示和深化原有材料的意义，并对人物塑造的主旨起到画龙点睛的作用。

一般来说，精辟的议论来源于作者对事物的洞察能力和坚定的正义信念；抒情则来自作者对真善美的追求和热爱。要想把人物报道写得饱满，使它具有高度的思想性和艺术性，就必须善于运用多种表现手法，熔人物形象、情愫、哲理于一炉，汇真实性与文学性于一体，才能达到教育群众、感染群众的预期效果。

（2）把握人物报道的特点

时代造就英雄，英雄模范人物身上凝聚着时代精神。不同的时代有着不同的英雄模范，不同时代的英雄模范人物身上表现着不同的时代精神。

人物通讯要通过先进人物的精神风貌反映时代精神，就必须把所写的人物放在时代的宏观背景下观察、认识、表现。只有这样，才能准确把握主人公的先进思想的本质，才能正确估量主人公先进事迹的社会价值；也只有这样，先进人物的精神风貌、崇高思想，才能在当代人的心中撞出火花，引起共鸣，才能收到感染人、教育人的良好作用。

通过人物的精神风貌体现时代精神，就是要反复地提炼和确定能够反映时代特征的主题。主题的提炼，关键是，要善于把报道的人物本身具有的特点和现实斗争的需要结合起来。若能找到它们之间的联系，就能提炼出既能反映人物的本质特征，又能解答现实斗争中广大群众迫切要求回答的问题的深刻主题来。

主题确定之后，还要着力选择典型材料来充分地深刻地表现它。凡是有利于突出主题的材料，都要有效地加以利用；一切游离于主题的材料，不管它多么生动，则要果断地将其舍弃。

（3）将人物报道中的“人物”写活

通讯是对具有新闻价值的人物和事件的详尽报道。人物通讯是以人物为中心的通讯，写好人物的重要性不言而喻。那些以事件、经验、风貌为中心的通讯，也不可能完全脱离人物。栩栩如生的人物形象对于任何通讯都是有重要意义的。那么，怎样才能写活人物呢？

①通过行动刻画人物

通讯中的人物是行动着的人物，人物的思想、性格，都要靠行动进行刻画。高尔基关于文学创作曾说过这样的话：“为了使艺术作品有说服力，有教育的力量，要尽可能地使人物多行动，少说话。”这段话对于通讯也同样适用。一个不行动的人，也许有他的“心迹”，却没有“事迹”，没有“事迹”也就没有新闻。可以通过对主人公所做的某件事，即通过刻画他的行为举止，展示其内在精神。

王进喜在井喷发生时为了抢险跳进泥浆池里搅拌水泥的行动，焦裕禄带着县委干部们到火车站去看外出逃难的乡亲们的行动，吴吉昌被打成残疾仍用捡来的棉籽在自家房后偷偷试种棉花的行动，都给人留下了终生难忘的印象。同时需要指出的是，通讯中人物的行动不一定都是英雄式的壮举，不一定都要惊天动地。

②精选细节展现性格

选好细节是写活人物的一个关键问题。有时，一个有典型意义的细节，就能写出一个性格鲜明的人物来。吴敬梓的《儒林外史》中严监生的吝啬性格让人过目不忘，主要是得力于作者写他临死时因家里的油灯点了两根灯芯太费油而不能安心闭眼一个小小的细节。在通讯写作中也有一些相似的例子。《把一切献给四化的人——访全国劳动模范、爆炸大王陈火金》中有这样一个细节：有一次，陈火金家被小偷盗窃了。陈火金得知后，马上跑了回来。他一进门，首先钻到床下查看，然后又翻他桌上的东西，看到他积累的资料、计算的数据，还有书籍杂志、计算工具，样样都在，就告诉在场的警察："没丢什么！没丢什么！"他爱人在一旁急了："怎么没丢？钱不见了，箱子里的几件新衣服没了。"……这细节活画出了一个一心只在科研上的知识分子性格特征。虽然不免有些"迂"，终因真诚而感人至深。

除此之外，还有自我展示法、他人评价法、以景写人法、矛盾冲突法等。

四、深度报道写作

1. 深度报道含义、特点和类型

深度报道不是一种新闻文体，而是一种报道追求深刻性的理念、思想方法和立体的思维方式和旨趣。

一篇深度报道包含的主要内容：事件，新闻背景，新闻前景，新闻过程，新闻分析，主观感性，新闻预测，图片说明，对策建议等。

深度报道从调查走向研究，从知性走向理性，记者通过调查研究社会问题，从调查型记者走向研究型记者。

（1）深度报道的含义

所谓深度报道，就是在报道新闻事实的同时，对事实作出解释和分析，努力阐明事件之间的因果联系，并力图对事件发展趋势作出准确预测的报道方式。

（2）深度报道的特点

深度报道的特点如下：

①重视揭示新闻事实基本性质和深层含义

深度报道的这一特点体现在：

A. 不仅要报道现象，还要抓住现象背后的本质；

B. 不仅要叙述清楚事件本身，还要揭示出事件的深层含义；

C. 不仅要确认事件的现状，还要预测事件的发展趋势。

②解释充分，分析透彻

深度报道永远离不开解释和分析。

③形式多样化

报道形式的多样性是深度报道中一个显著特点，但一般情况下在单篇作品中看不出来。深度报道自身并无固定的体式，可以借助于通讯、述评、专访、调查报告的形式，也可以集以上各种形式于一体。

④视野开阔，材料详尽

深度报道叙事不局限在中心事件上，议论也不局限在一事一议的小范围，它所提供的信息有一定的立体感和系统性，有视野开阔的特点。

（3）深度报道的类型

深度报道分复合型和单项型。复合型由若干篇组成，其组合形态又有两种情况：一种是沿时间顺序展开的进行性深度报道，另一种是呈并列态势的系列性深度报道。单项型是指针对一个中心话题，作一次性的集中报道。

①复合型深度报道

A. 系列性深度报道

系列性深度报道跟进行性深度报道的不同之处在于，它不是在时间的链条上逐次展开纵向结构，而是围绕一个中心，分别从不同角度进行报道。每一篇文稿之间，基本上是呈现并列关系，合构起来才能体现思想的深度。

B. 进行性深度报道

一个事件正在发生和发展的过程中，还没有出现结果，新闻就可以对它进行连续的阶段性报道，这就是人们常见的连续报道或追踪报道。如果这种报道不满足于现象的描述，而是逐步进行深入的发掘，这组报道就是进行性深度报道。

连续性深度报道是在时间顺序上逐次展开的，每一篇文稿都是整个报道中的一个环节，作者在写作前面的文稿时，并不知道事件下一步将发展为什么状况，更不知道事件最终的结局。能够成为连续报道题材的新闻，一般都是众人关心的事件，而后续内容的不确定性，不断地制造出悬念来，吸引着读者更强烈的关注。

进行性深度报道多以事件为中心题材，也有以某一人物一个时期内的行动，或以某一存在问题的探讨过程为中心题材的。

②单项型深度报道

A. 典型性深度报道

典型性深度报道，就是选择一个具有广泛代表性的事物，对其进行深入的剖析，得出一些具有普遍价值和意义的结论，用以指导全局的一种报道方式。典型性深度报道一般用于报道有模范意义的先进人物和集体，或介绍和推广成功经验。

B. 预测性深度报道

预测性深度报道，指作者对于人们密切关注的新闻事件的发展趋势作出必要性的预测，为读者提供可资参考意见的报道方式。而且这种预测要建立在深入的调查、分析的基础上，要有相当多的事实和数据做依据，要讲究科学性。预测性深度报道常用在经济新闻和国际新闻中。

C. 解释性深度报道

解释性深度报道的特点是，在报道新闻事实的同时，对其发生的原因进行深入的说明和解释，以使读者对事件发生的必然性有准确的把握。其用于解释和说明的材料比较丰富，包括人物事迹、地理环境、历史形态、相关政策、物质条件，等等。

D. 调查性深度报道

调查性深度报道是针对某一新闻事实，通过展示调查过程，提供大量事实、数据和有关反应及评价的方法，来深入揭示其本质、特征、发展规律的一种报道方式。调查性深度报道多用于各种媒体的新闻调查。

E. 分析性深度报道

分析性深度报道的特点是，在报道新闻事实的同时，运用分析、综合、比较等方法，确认新闻事实的性质、意义、发展方向，以帮助读者深入理解新闻事实。分析性深度报道常用于经济形势报道、政治形势报道和国际问题报道。

2. 写作深度报道应注意的问题

(1) 善于把握导向

深度报道要具有一定的舆论向导作用。要有鲜明的立场、观点和倾向，要提供积极的、建设性的意见，对读者进行正确的引导。

(2) 题材要有分量

题材分量要重，一是能引起人们的注意，二是有深入的余地。所谓分量重，主要体现在以下三个方面：

①是人民群众普遍关心、迫切要求解决的问题。

②报道所反映的事件关系到重大的原则问题。

③是引起各界注目的社会焦点。

(3) 运用立体思维

深度报道所涉及的多是重大事件、热点问题，在写作时，作者必须运用全方位、多层次、多角度的立体化思维方式，才能不断开拓出新的思路，触发新的感想，获得创造性的发现。

（4）手法灵活多样

深度报道并无固定的形式和固定的写作手法，各种新闻体式皆可拈来，各种手法皆可运用。例如：

由××经验引出的话题

——有关劳动消耗转化管理方法试验搁浅的反思

×××

6月26日，记者看过发表在当天《人民日报》头版头条位置的通讯《××经验有多少内涵》之后，马上拨通了××大学教授××的家庭电话。

记者：××教授，你看了关于××经验的报道吗？

××：看了。××经验和我们的《劳动消耗转化论》确有——

惊人的相似

记者翻出××教授发表在本报1993年6月17日“理论周刊”版的《劳动消耗转化论》一文，和《人民日报》报道的××经验进行比较，发现两者之间确有惊人的相似。

其一，报告说××经验的一个杰出贡献是提出了市场经济的成本核算公式：目标成本＝该产品的市场价格－目标利润。《劳动消耗转化论》表述其基本原理是，“企业可把现行计算利润公式等号两边的成本与利润互换位置，在销售收入中把目标利润事先予以扣除，其公式为：销售收入－税金＝成本”。

其二，报道说，××“倒推”出市场成本后，再层层分解到分厂、车间、班组，直至每个岗位。《劳动消耗转化论》提出，目标成本确定后，“分解到车间、班组，直至个人”。

其三，报道说××把按劳分配与市场成本指标结合在一起，完不成成本指标者，扣除全部奖金；节约了，按节约额的5%～10%提成奖励。《劳动消耗转化论》提出，目标成本确定后，交给劳动者自己控制。“出现超支，由劳动者负担。如节约则由劳动者、企业和国家三方分成。”

不必再列举了。至少可以说，《劳动消耗转化论》和“××经验”是“英雄所见略同”。不同的是，我们××有这种科学见解，但未能在实践中生根开花结果，而××在实践中取得了成功。××××年7月，××教授带着这一理论到××童车厂搞试验，仅半年就取得了显著成效。××××年1月至5月，该厂在主要材料价格平均上涨40%的情况下，完成产量比上年同期增长13%，产值增长

15.43%，利润增长87.99%。童车厂也曾因此红火一时，还引得全国2000多家企业来厂取经。可惜，那只是——

短暂的辉煌

《劳动消耗转化论》（当时称“成本控制法”）在童车厂试验不到一年，就因故而停了下来。这个“故”是什么呢？记者找到了当时任童车厂厂长的周××同志。

周××说，××厂当年试行“成本控制法”，效果的确不错。厂里把根据产品出厂价“倒推”出来的成本分解到车间、班组和劳动者身上之后，职工精神面貌发生了深刻变化，精打细算、勤俭节约蔚然成风。但就在试验逐步深入的关键时刻，有人对使成本和职工收入相互转化的做法在理论上提出了“质疑”，认为这一做法违背了马克思的劳动价值论。他们还把这种观点写成文章，发表在理论刊物上，这对当时正一门心思抓试验的厂领导来说，不啻当头一瓢冷水。“反马克思主义”这顶帽子，叫人不寒而栗。在这种情况下，厂领导虽然也想坚持试验中一些行之有效的做法，但毕竟不那么“理直气壮”了。

据周××介绍，当时厂里有些干部、工人曾自发地写文章，反驳对这一试验的“批判”。××教授也曾多次撰文予以反击。但令人痛心的是，宝贵的时光在“争论”中无可挽回地流逝了。

面对这样的结果，我们当然很想知道——

××经验是怎样成“气候”的

7月26日，××第二会议室。忙得不可开交的××总经理×××接受了本报记者的采访。

××建立“模拟市场核算，实行成本否决的机制，也不是一帆风顺的”。×××介绍说，××××年，××连续5个月亏损。厂领导经过分析，认为主要亏在成本高、效益低上。怎么做降低成本的文章？厂里先后搞了几套方案，算下来，还是亏。最后统一意见，按市场价格倒推成本。这个成本大大低于原来的计划成本，有的厂一年要降低几千万。方案出台后，全厂像开了锅，一些分厂领导死活不干。有人还搬出一条“理论依据”，认为国有企业的生产只需要考虑是否符合社会主义生产的目的，即生产的产品是为了满足人民群众的物质文化生活需要，不需要考虑亏不亏的问题。但厂领导的决心没有被这些思想干扰左右。通过反复做思想工作，层层算账，终于把领导的意志变成了全厂职工的意志，并在实践中逐步丰富和完善了新的经营机制。

看准了的路，不管阻力多大，困难多大，也要坚持走下去。×××把这称为××成功的“秘诀”。

也许，我们可以说，××的“经验”比“××经验”更早；也许，我们可以和××人争一争成本核算公式的“发明权”。但一个不容争辩的事实是，《劳动消耗转化论》在××经济中一直坐着“冷板凳”，而成本否决机制不仅造就了××今日的辉煌，名满天下，而且其经验的反哺××，给了我们几多的启示、几多的反思！今天，或者说，面向未来——

我们该有怎样的思索

作为《劳动消耗转化论》这一理论的提出者，××教授谈了自己的看法。

一个本来具有很强指导意义和经济价值的理论，为什么在××这块土地上没有结出丰硕的果实？一个原因是思想解放不够。有些人对改革实践中出现的新事物，总要往姓“资”姓“社”上扯。××童车厂在试行成本控制方法时受到的责难就是典型例证。另一个原因是落实不够，“中梗阻”严重。××××年1月，××市经委曾正式行文，要求扩大成本控制法试点。但会开了，文件发了，试点不仅没有扩大，而且连原来的“点”也逐渐消失了。××××年，这一理论也曾先后引起省政府主要领导和××市主要领导的重视，他们先后批示有关部门抓好试验，总结经验。但批文在有关部门“揉”过来“揉”过去，终于不了了之。具有指导意义的科学理论，具有经济价值的科研成果只能“落实”在文件上、口头上，这就是我们落后的一个重要原因。

从《劳动消耗转化论》的遭遇，我们不禁又想起了“丽珠得乐”的出走，想起了“三花接骨散”的远离，想起了……这些凝结着我省科技人才的心血，凝结着我省有识之士才华的优秀成果，为什么就不能用之于××的发展实践呢？而且，我们不知道，在我们的有关部门里至今还有没有好的理论、好的方案、好的科研成果，在被“揉”着、被“踢”着、被“搁”着？

××最大的实际是发展不够，造成发展不够的根本原因是思想不够解放，落实力度不够。去年，我们这样说；今年，我们这样说；明年、后年，我们还要这样说吗？

——××××年8月23日《××日报》

3．写作深度报道应掌握的技巧

（1）写作深度报道的技巧

深度报道相较于其他新闻体裁的写法而言较难，要想写好深度报道，应掌握以下几点：

①确立重大主题，选取典型材料

深度报道对题材有严格要求，这就是要选择重大题材。重大题材是指它所报道的事件是关系到重大的原则问题，是人民群众普遍关心、迫切要求解决的问题，是引起各界注目的焦点。这只是一个概念，具体表现这类题材就要靠典型材料了。典型材料是指能揭示事物的特殊性与特殊矛盾，又有普遍的指导意义与教育意义的材料。

②运用立体思维，进行全方位考察

由于深度报道是一种多侧面、大跨度的报道，线多面广，这就要求新闻工作者不能局限于单层次的、单方向的线性思维方式。必须运用全方位、多层次、多角度的立体化思维方式，才能开拓出新路，避免反映事物平面化。同时还要予以全方位考察，以避免反映事物出现片面性。

③设立纵横坐标，进行全面组合

深度报道的结构特点是横连纵贯、纵横交叉。横连就是运用各种现实材料从事情的发展变化及其相互联系中研究、认识问题，然后把纵贯和横连有机地组合在纵横坐标上，按照一定的轨迹来表述事实，表达主题思想。纵贯就是运用各种背景材料，从历史发展的角度分析问题、认识问题。一般把报道的内容分成一个一个的“镜头”，而不是按顺序罗列。然后按照一定的思路把这些“镜头”按逻辑关系组接在一起，产生连贯、呼应、对比等作用，形成一系列有机的片段与场面。

④强化思辨色彩，揭示事物本质

深度报道的另一个特点是提供事实、提供意见。表现在写作上是客观的叙述、主观的议论。通常通过思辨性的语言揭示事物本质，通过抒情式的议论发表作者的见解。

（2）加大深度报道的艺术和引导水平

深度报道是一个总结、回溯性报道，它不仅要回答“是什么”，还要回答“为什么”，其新闻价值一般蕴含在事物的本质层面，需要在报道时深入挖掘。深度报道一般是先从已经发生的事实中提炼出主题，再策划采制报道，具有强烈的导向性，因此各媒体对这种报道都十分重视，往往是精心组织报道。

加大深度报道的报道艺术和引导水平，关键是要增强报道的新闻性。

①选择好新闻的切入点，增强报道的形象性；

②精心选择典型事实，强化新闻的客观性；

③坚持“以受众为中心”的传播理念，提升新闻价值。

4. 由深度报道引起的两点思考

在充分肯定深度报道优势的同时，也必须注意处理好下面两个问题。

(1) 理性分析与客观报道的关系。深度报道偏重理性思辨，如果把握不好，会显得主观色彩太浓。要避免这些问题，必须把握好两个定位。一是角色定位。新闻工作者要明确自己是事件的反映者。二是报道角度定位。新闻是用事实说话的，事实的深刻胜于思辨的深刻。在报道中，用理论思辨深化新闻主题，强化新闻的社会意义，起到画龙点睛的作用，但不应过量运用。报道的重点还是要放在对深层事实的挖掘上，深层事实出来了，深层思想也就自然而然产生了。

(2) 长与短的关系。深度报道由于反映的是重大社会问题，事件错综，背景复杂，篇幅长也就在所难免。在此，有两个问题需特别注意：一是篇幅不宜过长，该短则短；二是任何题材都想写成深度报道，结果造成深度报道没深度，空话连篇。

五、调查性报道写作

1. 调查性报道的含义

调查报道是对生活中某项工作、某种事件、某些情况进行调查研究后以书面形式写成的报道。调查性报道的材料要揭示运动发展规律，总结、推广、落实党的各项方针政策的典型经验，以指导当前的工作。

2. 调查报道的分类

调查报道按内容和功能可分为以下五类。

(1) 关于社会情况的调查报道

这种调查报道重在反映社会生活各个方面、各条战线（政治、经济、军事、文化、思想、工业、农业、财贸、教育、卫生）的基本情况。可以总揽全局，分别从几个方面分析情况，从宏观方面写出较为详尽的报道，也可以从一条战线的某个方面微观地进行集中而深入的具体剖析。这类报道主要是送交领导者、决策机关，为制定工作方针、政策、措施提供依据。

(2) 关于典型经验的调查报道

这类调查报道为了树立典型的榜样，指导并推动全局，集中总结并推广先进地区、先进单位、先进个人的典型经验。这类调查报道一般要写出经验产生的特定背景与条件，具体而扼要地分列出主要经验，以及取得的成效，进而分析出经验的原因，还有现存的问题等。

(3) 关于反映问题的调查报道

在现实生活中，既有表现为光明面的成绩与创举，也无可回避地存在着哪怕是支流的却又是不容忽视的阴暗面的问题。这类调查报道就是用来反映社会问题的。这类报道，有的是揭露生活中的阴暗面、消极因素，发人警醒；有的则是反映某个事件的真相，以期矫正视听。这类调查报道反映社会问题，是为了引起人们对问题的重视，并采取切实有效的方法与步骤解决问题。

（4）关于历史情况的调查报道

虽然调查报道重在反映现实生活，但是也有由于某种特殊需要而对某些历史情况进行调查了解，写成此类调查报道的。这类调查报道，有的是为现实生活和建设与发展的需要借鉴历史的某些经验教训。以历史的经验教训，为现实提供有价值的参照与借鉴的科学依据，有的为了澄清历史是非，有必要实事求是地重新对某些重大的历史事件、历史问题进行调查，了解事实真相，作出切实的结论。

（5）关于研究性的调查报道

这类调查报道可以分为工作研究与理论研究两种。前者着重于某项工作的具体了解与综合分析；后者着重于问题产生原因等方面的理论探讨。

此外，学术研究还有专业性调查报道，如地质考察调查报道、考古发掘调查报道等，需要理论与实际相结合的研究与探讨。

3. 调查报道的特点

（1）针对性

调查报道所反映的内容必须是现实生活中人们普遍关心、迫切需要解决的问题。其针对性越强，报道的分量就越重，发挥的作用也就越大。

（2）真实性

调查报道是客观事实的报道，必须以事论理，用事实揭示规律性的东西。

（3）典型性

调查报道通过对大量事实的介绍、分析、综合，总结出具有方向性的普遍经验，推动实际工作的开展。它选择的事实，必须具有典型性，能对现实生活发挥指导作用。

4. 调查报道的写作格式

一般来说，调查报道由标题、前言、主体、结尾四个部分组成。

（1）标题

①单标题

A. 公式化写法。此写法就是按照“调查对象＋调查课题＋文体名称”的公式拟制标题。如《对广州市一集体企业的财务调查》就是这样的标题，其中“广州市一集体企业”是调查对象，“财务”是调查课题，“调查”显示文体是调查报道。这样写的好处是要素清楚，读者一看就知道写的是什么单位，涉及的是哪些问题，并且文种也很明确。

B. 常规文章标题写法。具体方式灵活多样。可以用问题作标题，如“儿童究竟需要什么读物”；可以显示作者自己的观点，如“莘莘打工者，维权何其难”；可以直接叙述事实，如“三个孩子去蛇岛”；可以用形象画面暗示文章内容，如“航空母舰逐浪经济海洋”。

②双标题

双标题由正副标题组成。其中，正标题一般采用常规文章标题写法，具体写法如上所述；副标题则采用公式化写法，由调查对象、调查课题、文体名称组成。

（2）前言

调查报道的前言一般要根据主体部分组织材料的结构顺序来安排，常用的有以下三种方式。

①提要式

提要式就是把调查对象最主要的情况进行概括后写在开头，使读者一入篇就对它的基本情况有一个大致的了解。

②交代式

在开头简单地交代调查的目的、方法、时间、范围、背景等，使读者在入篇时就对调查的过程和基本情况有所了解。

③问题式

在开头提出问题来，引起读者对调查课题的关注，促使读者思考。这样的开头可以采用提问的方式引出问题，也可以直接将问题摆出来。

（3）主体

调查报道主体部分的材料丰富、内容复杂，在写作中最主要的问题是结构的安排。其主要结构形态有以下三种。

①用观点串联材料

由几个从不同方面表现基本观点的层次组成主体，以基本观点为中心线索将它们贯穿在一起。

②以材料的性质归类分层

课题比较单一、材料比较分散的调查报道，可采用这种结构形式。作者经分析、归纳之后，根据材料的不同性质，将它们梳理成几种类型，每一个类型的材料集中在一起进行表达，进而形成一个层次。每个层次之前可以加小标题或序号，也可以不加。

③以调查过程的不同阶段自然形成层次

事件单一、过程性强的调查报道，可采用这种结构形式。它实际上是以时间为线索来谋篇布局的，类似记叙文的时间顺序写法。

(4) 结尾

调查报道常在结尾部分显示作者的观点，对主体部分的内容进行概括、升华，因此它的结尾往往是比较重要的一个部分。常见的写法有以下三种。

①概括全文，明确主旨

在结束的时候将全文归结到一个思想的立足点上，如《关于邯郸钢铁总厂管理经验的调查报道》的结尾。

邯钢的实践证明，国有企业适应建立社会主义市场经济体制要求，必须在转换经营机制的基础上转换经营方式，切实转变经济增长方式，这样才能充分挖掘企业的内部潜力，提高企业的整体素质和市场竞争力。邯钢的做法为国有企业实行从传统的计划经济体制向社会主义市场经济体制，从粗放经营向集约经营两个具有全局意义的根本性转变提供了借鉴的经验。

②针对问题，提出建议

在揭示有关问题之后，对解决问题提供一些可行的建议。

③指出问题，启发思考

如果一些存在的问题还没有引起人们的注意，如果限于各种因素的制约作者也不可能提出解决问题的办法，那么，只要把问题指出来，引起有关方面的注意，或者启发人们对这一问题的思考，也是很有价值的。如《暗访北京站前发票非法交易》一文的结尾。

记者随后又转了几个地方，16 时 10 分从北京站前离开。在这 40 分钟里，碰见了大约 20 名卖发票的不法人员。听口音他们大都是外地人。从言谈举止可以感觉到他们知道自己的行为是违法的。在广场、路口维持秩序的公安、保安人员不少，也许是司空见惯了吧，记者没有看到他们出面制止这种不法行为。

对发票非法交易的现象，到底该由谁来管，怎么管？作者指出这一问题，以期望能引起有关部门的重视。

5. 调查报道的写作要求

(1) 必须进行深入、细致的调查研究，大量、详细地占有材料，做到既要掌握间接的材料，又要掌握直接的材料；既要了解现实材料，又要了解历史材料；既要了解正面的意见和材料，又要了解反面的意见和材料。占有材料越丰富、细致、全面，对提炼主题、精选材料就越有利。

(2) 认真研究分析，找出规律性的东西。分析中，还要分清现象和本质，区别主流和支流，抓住主要矛盾，从而揭示出规律性的东西。

（3）必须做到材料和观点的统一，不得把材料和观点割裂，讲材料的时候没有观点，讲观点的时候没有材料，材料和观点应该是互相联系的。不要堆砌一大堆材料而不提出观点，不说明赞成什么，反对什么。材料不在多，能够说明问题就行，并且一定要用明确的观点去统率材料。

六、解释性报道写作

1. 解释性报道的含义、特点和适用范围

（1）解释性报道的含义

解释性报道又称解释性新闻、分析性报道，是运用背景材料来分析一个新闻事件发生的原因、意义、影响或预示发展趋势的一种新闻报道。侧重于说明新闻事实的来龙去脉，阐述事实发生的原因、结果以及相关事物之间的联系。

（2）解释性报道的特点

解释性报道的特点是，在报道新闻事实的同时，对其发生的原因进行深入的说明和解释，以使读者对事件发生的必然性有准确的把握。其用于解释和说明的材料比较丰富，包括人物事迹、地理环境、历史形态、相关政策、物质条件，等等。

（3）解释性报道的适用范围

解释性报道是一种作解释或者作分析的报道，它是一种加背景给新闻揭示更深一层意义的报道。解释性报道适用的题材主要包括：政党和国家颁布的重要方针、政策及举措；政治、军事、经济等突发重大事件及趋势变化；重要的科技成果；涉及公众切身利益的重大问题。解释性报道能够帮助读者思考，加深读者对新闻事实的理解。

2. 解释性报道的写作要领

解释性报道不仅报告新闻，而且着力于新闻事实的多方面解释。它必须在报道新闻事实的同时，运用多种类型的背景或其他相关材料，解释蕴含在新闻事实中的原因、结果、意义、性质，重心在解释。要想写好解释性报道，就需要掌握以下要领：

（1）抓住要害

解释性报道以抓住要害、攻其一点的方法求得主题集中。

解释性报道的任务是揭示新闻事件的本质，而本质总是藏在现象的深处，而且往往是多方面的。这就需要对多方面的因素做一番比较、分析，抓住最主要、最能揭示新闻本质、最为受众关注的一点，集中笔墨予以解释，这样才能篇幅短小，剖析透彻。

（2）用事实说话

用事实说话是新闻写作的基本方法，对于解释性报道而言显得特别重要。“解释”比起“报道”带有更强的倾向性，因此也就更需要表达上的客观。越是客观，越是用事实说话，越令人信服，越易被接受。但事实不能虚构，务求真实，无论何种事实都必须是真实的，解释性报道的“生命”是由新闻的真实性和解释的真实性共同构成的。解释性事实必须和新闻事实有内在联系，这种联系越直接、越紧密，越能揭示新闻的意义。

（3）理由充足

逻辑有一条规律，叫充足理由律。解释性报道通过解释总是要说明某种道理，内中也含有推理过程，也必须符合充足理由这一条规律。理由充足，就要求背景事实和其他相关事实来支撑这一观点或道理，不可以点代面，以偏概全。

（4）讲究方式

解释什么，不解释什么，用什么方法解释，要根据党和国家的方针、政策认真研究。有些可以明示，有些只能暗示。特别是涉及国际关系的，更要讲究方式，注意策略，既达到揭示新闻本质的目的，又不授人以柄。

（5）消除偏见

解释性报道有很强的倾向性，但并不是说可以主观、任意解释。新闻事件的本质、真相只有一个，它是客观的存在。倾向性的正确与否，说到底，就是是否敢于揭示新闻事件的本质，说明其真相。能揭示本质说明真相者，是科学的解释，它所体现的是进步的倾向；歪曲事实，掩盖真相，则是错误倾向，甚至是资产阶级的偏见。

3．解释性报道应注意的几个问题

（1）适用范围。新闻报道是面对整个大千世界的，其报道对象与内容是千差万别的。有的简单，有的复杂；有的单一，有的多元。并非所有的内容都需要深入解释，凡是较为简单，读者通过了解事实与进行思索即可把握其内容与意义者，就无须再画蛇添足地予以解释，否则反而会引起读者的反感。有些事实较为复杂，并非浅易地简单地报道就能解决问题。这就需要深入挖掘、细细道来，非如此，读者不能明白就里。

（2）量力而行。解释性报道也是报道，是报道之一种。而报道当然属新闻的范畴，而既是新闻，就应在新闻真实性的前提下，顾及时效性。在这个意义上讲，客观上往往不会给予传者十分充裕的时间去深入挖掘、去精雕细刻。

总之，解释性报道是双刃剑，解释做得好、做得准确，使读者在了解新闻事实之外，还了解其内涵、意义乃至趋势。但倘若解释偏了，甚至解释错了，则会误导受众与社会公众，起到误导舆论的恶果。

4．解释性报道的解释方式

（1）用事实解释事实

解释性报道是用事实来解释事实，要用所收集、采访到的事实材料解决报道对象所涉及的新闻背景、前因后果、来龙去脉、内在规律及重要意义和动向等问题。成功的解释性报道用来解释新闻事件的事实，主要包括：历史事实、现实事实、数据事实和知识性事实。

（2）把握好解释的部位

在需要解释的地方用解释性事实加以解释。在这方面，成功的解释性报道提供了经验，综合有以下几点：

①在新闻题材原因的显露点上解释。解释性报道重要的社会功能之一就是帮助受众理解新闻事件的前因后果。解释性报道的一个重要任务就是在题材产生的原因的显露点上回答五个“W”中的“why”和“how”，它在“为何”上做文章，并尽可能利用各种材料说明新闻事件是在什么样的背景与条件下发生的，帮助受众了解题材产生的来龙去脉，理解题材的价值。

②在凸显新闻题材本质的地方解释。新闻题材的价值由其本质体现，本质藏于题材的内层，受众不易于发现。发现不了新闻题材的本质，新闻信息的价值就会流失。在报道中，记者巧用背景材料，在凸显新闻题材本质的地方作解释就能获得成功。

③在受众对题材的理解点上解释。解释性报道的题材往往重大而复杂，题材在发展过程中牵涉政治、经济、文化各方面事实，而一般读者缺乏这些知识，这时就需要记者用事实解释清楚。

④在意义的提升点上解释。在现实生活中，不少具有重大意义的题材，单一、孤立地看很琐碎，但是如果记者把新闻事件放在一定的社会背景和时代背景下来分析，就可能发现新闻题材潜在的重大意义。

⑤在对受众的引导点上解释。一些常规报道（如外交活动、领导人出访、节日性报道等）在媒体反复出现，受众以为司空见惯，从而不予注意。其实，有的常规报道题材藏寓着重要价值，这时恰当地运用背景材料作解释，可以引导受众注意新闻，实现成功报道。

第二节　报道领域与深度报道的写作范文

▲体育报道

【范文】

中国女足迎战加拿大　志在全取三分力争提前出线

2008年8月9日19时45分，中国女足将在天津奥体中心水滴体育场迎来奥运会小组第二个对手加拿大女足。对于同积3分的两队而言，本场比赛取胜一方将提前锁定一个八强席位。中国女足如果击败对手，几乎可以确定拿到小组头名。若遗憾告负，那么不仅首胜瑞典的优势恐将化为乌有，并有可能再次在小组末战陷入看别人脸色的尴尬中。

在有些爆冷地击败小组头号劲敌瑞典后，中国女足小组出线形势非常明朗。第二场与加拿大队的比赛战绩一定程度上将决定女足的最终命运。如果能够击败加拿大队，中国女足就很可能拿到本小组第一。根据规则本组头名四分之一决赛的对手是F组或者G组第三，这样中国女足晋级四强的概率就增加许多。如果无法击败加拿大女足，中国女足很可能以小组第二甚至第三晋级。最差的情况自然是小组第三出线，那么根据赛程安排，E组第三如果出线肯定遭遇G组头名。目前看来挪威获得G组头名机会不小，去年世界杯我们就是在四分之一决赛中输给了她们，而且挪威队首战轻取美国展现超强实力，中国队肯定不想在八强战就遭遇这个对手。如果以第二名跻身八强，中国女足将遭遇F组第二名。在这个死亡之组当中，无论是朝鲜、德国还是巴西，中国女足都不希望碰到。因此中国女足要想完成四强目标，此战必须至少不能输给加拿大，末战再力争小组头名。所以今晚的比赛，中国女足志在三分。

提起加拿大队中国女足并不陌生。虽然历史战绩中国队绝对占优，从2003年之后的交锋中中国队也保持不败，可是2003年世界杯的四分之一决赛，身体强壮的加拿大女足就曾经凭借定位球1比0击败中国队，导致马良行率领的中国女足无缘四强。中国女足也从此一蹶不振，中加之战也成为女足命运的拐点。在今年年初的四国赛上，中国队也只是0比0与对手握手言和。

与瑞典队相似，加拿大队员身体优势明显，她们的对抗能力强，攻防速度快。加拿大队攻击点较为分散，在首场比赛中加拿大18次射门由8名队员完成。该队中前场有自己的灵魂人物——队长辛克莱尔。在与加拿大的比赛中，辛克莱尔一人完成5次射门2次射中球门范围，居全队之首，同时她在前场穿针引线的传切更是令对手防不胜防；另外一名锋线队员卡拉4次射门3次射中并带来一个进球，这名前锋不仅门前较为灵动，还有一脚任意球绝活。加拿大中后卫查普曼的技术特点有点类似中国队队长李杰，她除了有出色的防守能力，助攻也颇为凶悍，与阿根廷的比赛就是她率先为加拿大队打开僵局。

不过从加拿大与阿根廷的首战来看，这支球队防守存在极大的问题。对战阿根廷，她们给对手留下了很多进攻的机会，甚至还让阿根廷队打进一球。中国队如果能够在比赛中积极拼抢，借助主场优势立足于不败的可能性很大。在赛前接受采访时，主帅商瑞华保持了一贯的冷静，他认为加拿大队的进步非常大，队员在冲击力上丝毫不逊色于瑞典队，中国女足不可掉以轻心。不过老帅同样表达了小组出线的信心："我们一定能够小组出线。现在只是个开始，还是一步一步来吧，但中国女足不会让球迷失望的。"

▲连续报道

【范文】

追踪国际大通道建设

昆曼公路云南段"十五"期间将全面改造

听众朋友，您好！我是记者××。我在西双版纳傣族自治州的勐腊县县城向您报道。

4月17日上午，我们《中南半岛纪行》采访团从思茅市出发，下午到达了勐腊县城。

据省交通厅的同志介绍，从思茅到勐腊县的磨憨口岸，现有公路总长341千米。其中，思茅到小勐养路段为山岭区二车道四级公路，沥青路面，全长124千米。"十五"期间，将按山岭区四车道调整公路建设。目前已经开展前期工作，力争今年下半年开工建设，预计2004年建成通车，届时将缩短行车里程26千米。小勐养到磨憨路段，为山岭区二车道四级公路，沥青路面，全长217千米。计划按山岭区二车道二级公路改建，目前已经进行前期工作，建成后将缩短行车里程51千米。

明天，我们将从磨憨口岸进入老挝。回顾两天来走过的路，可以发现，昆曼公路中国云南境内段，即国道213线，现有公路运输里程为827千米，它贯穿了昆明市、玉溪市、思茅地区、西双版纳州四个地州市，十二个县市，辐射影响区域广，大约占全省总面积的三分之二。近年来，我省加大公路基础设施建设，对老公路分段进行改建，到2004年改建结束后，行车里程估计将缩短为670千米，而且路面等级高、设施完善，不仅将对沿线经济、旅游和交通的发展产生巨大的推动作用，而且能够充分满足昆曼国际公路全天候运输要求，从昆明出发的货物，10小时左右的时间就可以到达磨憨边境口岸。

老挝政府积极支持修建昆曼公路

听众朋友，您好！我是记者××。我在老挝波桥省省会城市——会晒向您报道。

当地时间4月18日、19日下午，南塔省省委书记兼省长相勇、波桥省省委书记兼省长莫朗分别在省政府接受了我们《中南半岛纪行》采访团的采访。

相勇和莫朗表示，老挝中央政府对修建昆明到曼谷公路老挝段非常支持，南塔省和波桥省都是直接受益者，两省都将尽全力修建老挝段公路。

昆曼公路老挝境内段，贯穿于老挝西北部南塔和波桥两省，起于中、老两国边境的磨憨口岸，止于波桥省省府会晒，现有公路全长约247千米，其中仅有80千米基本达到四级公路标准，其余都是乡村土路，路基狭窄，错车困难，旱季扬尘，雨季泥泞严重，过水路面多，晴通雨阻，行车时速低，平均每小时仅为20千米，而且沿线地形相对复杂，起伏高差较大，改建工程投资相对较大，成为昆曼公路的卡脖子路段。

以老挝的经济实力来看，很难独自修建这一路段。目前，中国、老挝、泰国和亚洲开发银行四方正在协商共同建设这一路段。在第四次中国—东盟领导人会晤时，中国国务院总理朱镕基代表中国政府提出，中方愿意与老挝、泰国和亚洲开发银行合作，承建老挝境内路段，为昆曼公路早日贯通作出贡献。南塔和波桥两省领导人在接受记者采访时都表示要积极和各方合作，尽快修建好这条大通道。

泰国政府将积极推动昆曼公路老挝段的建设

听众朋友，您好！我是记者××，我在泰国曼谷向您报道。

4月27日上午，记者采访泰国经济社会发展局时获悉：经过十年建设，泰国南北向公路已基本完成从二车道公路到双向四车道公路的提升改造任务。下一步，泰国政府公路建设的一个重点就是和中国、老挝以及亚洲开发银行一道积极推动昆曼公路老挝段的建设。

据介绍，泰国目前百分之八十的运输量靠公路运输完成。昆曼公路作为泰国从陆路连接老挝、中国的重要通道，其作用是不言而喻的。

泰国经济社会发展局副局长蓬差表示：

（出录音）

蓬差：（英文）……

（翻译）：我的理解呢，建设昆曼公路的重要意义，不仅仅在于修了一条路，更重要的是将建立一条经济带。

蓬差：（英文）……

（翻译）：我认为，昆曼公路的建成将带动沿线的经济活动，将促进沿线中小企业的发展，将促进沿线旅游业、商贸业的快速发展。昆曼公路的建设将极大地促进沿线群众生活水平的提高。

蓬差副局长也谈到，昆曼公路建成后，如何养护是个重要的问题，特别是鉴于老挝的经济实力有限，老挝段公路如何养护？中国、泰国、老挝三国政府应该进一步深入探讨、磋商。

蓬差副局长还透露，最近，泰国政府拨款上亿泰铢对湄公河上的清盛、清孔两个港口的安全设施进行重点建设，以保证今年6月澜沧江—湄公河国际航运开通后过往船只的安全。

马来西亚是国际大通道上的重要国家

听众朋友，您好！我是记者××，我在马来西亚边境口岸——新山，向您报道。

现在的时间是5月12日上午10点，过一会呢，我们《中南半岛纪行》采访团将通过新加坡的兀兰海关进入城市岛国——新加坡。

过去的11天，我们沿着马来西亚最长的高速公路——南北大道穿过了马来西亚西海岸的富饶地区。西海岸集中了马来西亚全国大约四分之三的人口和几乎所有的大城市。这里公路、铁路、海运、航空编织成的立体交通网给我们留下了深刻的印象。

南北大道高速公路北起泰马边境的黑木山口岸，南到新马边境的新山市。全长740千米，双向四车道，平均时速80千米以上。

马来西亚的铁路运输已有一百多年的历史，在西海岸的铁路，北接泰国，南到新加坡，全长600多千米。目前，马来西亚政府正在积极修建贯穿南北的电气化铁路复线。

南北大道和铁路把马来西亚印度洋沿岸的三个重要海港和四个国际机场串联了起来，组成了一个立体交通网络，马来西亚政府正在积极努力促使其形成一个公路、铁路、海运和航空的联合运输格局。

目前，马来西亚铁路公司已经和吉隆坡国际机场，马来西亚第一大港——巴生港实行了联运。旅客下了飞机可以去设在吉隆坡市内的火车站领取行李，也可以在吉隆坡市内火车站完成登机手续。从泰国曼谷出发的火车48小时内可以直达巴生港口。巴生港是印度洋海岸的一个深水港口，可以停泊目前最大的集装箱货轮。以前，云南的物资要运到非洲和欧洲，先要运到我国东部沿海，经太平洋，绕马六甲海峡才进入印度洋。如果昆曼公路建成通车，那么从云南昆明出发的物资，四天内可以到达巴生港，直接运往西亚、非洲和欧洲。时间仅是以前的一半，运费也将大大降低。

发达的交通网络无疑使马来西亚成为国际大通道上的一个极其重要的国家。

大通道——连接中国与东南亚两大市场的桥梁

听众朋友，您好！我是记者××，我在新加坡向您报道。

现在的时间是5月16日晚上。明天一大早，我们《中南半岛纪行》采访团将乘飞机返回云南。过去的一个月时间，我们坐车走过了从昆明到新加坡的国际通道公路。通过实地采访，我们对这一条国际公路的硬件设施建设情况有了较为全面的了解，同时，我们也切身体会到了云南建设连接中国与东南亚、南亚国际大通道的重大意义。云南省次区域经济合作指导小组办公室副主任金×以及省交通厅基本建设管理处助理调研员黄飞燕，作为我们采访团的顾问，他们和我们一起走完了全程，他们的体会就更深刻了。

（出录音）

黄飞燕："越往南走啊，道路状况就越好，交通状况就越好。"

记者："目前从硬件设施来看，修通一条道路，应该是不困难的吧？"

黄飞燕："基础设施、硬件方面，只要资金到位，我想问题不太大。关键是修通以后，软环境的建设问题。"

记者："如何让道路畅通的问题？"

黄飞燕："就是。"

记者："软环境包括哪些方面？"

黄飞燕："就是我们跟这些国家多边或双边运输协议要签订；还要就交通规则进行协调、统一；还有要简化入关、出关的手续；等等。总体来说，国际大通道包括五个内容，除了基础设施，就是公路、水路、铁路、航空这四个方面，更重要的一个方面就是通信、信息方面的建设，如果这方面建设有问题就会影响国际大通道效益的发挥。"

记者："金副主任，我们这一趟国际大通道的采访到新加坡就算是结束了，一路走下来，我们听众朋友可能更想了解的是，云南省为什么要建设这一大通道？"

××："大通道建设的意义就在于要发挥我们云南省的区位优势。如果没有基础设施的建设，云南省作为中国联系东南亚的门户的地位就是空的，所以通过基础设施建设，立体交通网的形成，这个通道才算真正建立起来。如果这个通道建成，就能够在东南亚新兴市场和中国大市场之间架起一个桥梁，充分发挥多种市场的相对比较优势。我举个简单的例子，比如说，一位国际游客到了泰国普吉岛旅游，交通方便的话，再花一两天的时间，他就可以到丽江玉龙雪山去滑雪，这样，整个澜沧江—湄公河次区域的旅游综合吸引力就增加了。所以说，大通道建设不仅仅是我们国家人民的愿望，也是次区域六国人民的共同愿望。”

记者：“那么一路走下来，你接触了这些国家的很多官员，你感觉他们对大通道建设的态度是什么样的呢？”

××：“总的来说，要比我们原来想象的热烈得多，增强了我们要搞大通道建设的信心啊！”

▲系列报道

【范文】

中国民航局紧急行动起来抗灾救灾

2008 年 5 月 13 日电　中国民航局紧急行动起来，投入到地震抗灾救灾中。受地震影响，成都双流机场有 169 个进港航班和 108 个出港航班受到影响。中国民航局局长李家祥 5 月 12 日夜已赶赴灾区指导民航系统抗灾，成都双流机场已重新开放，民航局已紧急调配了移动雷达车等设备支援成都。

中国民航局局长李家祥在接受记者电话采访时介绍说，地震发生后，民航各单位自动启动了应急预案，在民航西南管理局的组织协调指挥下，有条不紊地开展了抗震救灾工作，组织有力、措施得当、工作有序。受地震影响，成都双流机场的雷达等设施被损坏，塔台、区调无法正常工作。为使机场尽快开放，空管部门采取了特别应急措施，在跑道下滑线上建立了室外应急平台，利用三部电台搭建了临时塔台、区调，改用程序管制指挥飞机起降。5 月 12 日 21 时 45 分，受地震影响一度关闭的成都双流机场经过努力恢复运行。

成都双流机场的空中交通管制设施设备也受到不同程度的破坏，地震当天，成都双流机场有 169 个进港航班和 108 个出港航班受到影响。成都民航交通管制部门立即启动应急预案，对正在空中飞行的航班进行了疏散，指挥即将在成都降落以及正在飞往成都的航班去其他机场备降，将途经成都空中交通管制区域的两条欧亚国际航路及时改道，指挥正在这两条国际航路上飞越的国际航班改经兰州、太原通过京广航路飞越。正在候机的旅客全部被疏散到空旷安全地带，民航方面为旅客提供了餐食和饮料，并在候机楼外的停车场上为旅客搭建了防震棚。

李家祥一行还连夜驱车赶往离灾区最近的广汉中国民航飞行学院，看望了飞行学院的14000多名学生和教职员工。地震发生后，学校实施了停飞、停课，学生们全部被疏散到学校的操场等开阔安全地带休息。李家祥鼓励大家团结一致，共渡难关，争取早日复课。

目前，四川省内的9个机场全部运行正常，但受设备限制，前往成都双流的航班有适度的流量控制。李家祥表示，机场将优先保障运送救灾物资及救灾人员的飞机起降。民航局已紧急调配了电源车、移动雷达车等设备支援成都。

李家祥要求成都地区民航各单位认真落实国务院抗震救灾的有关要求，按照轻重缓急、循序渐进的原则统筹安排民航的抗震救灾工作，系统检查各项设施设备，在确保安全第一的前提下，全力以赴保证灾区的紧急航空运输任务。他同时为成都地区的受灾的民航员工带去了临时筹集的18吨食品等应急物资。

▲组合报道

【范文】

国际社会盛赞北京残奥会开幕式

2008年9月7日　北京2008年残奥会6日晚在国家体育场“鸟巢”隆重开幕。国际社会纷纷盛赞北京残奥会开幕式。

俄罗斯电视台新闻频道6日发自北京的报道说，北京2008年残奥会今天在北京开幕，北京残奥会对选手的如此关爱在历届残奥会中还未曾有过。一位名叫巴卡耶夫的残奥会参加者说，残奥会的一切设施都齐全、配套，周围都绿化了。残奥会的参加者们说：“我们和奥运选手没有任何区别。”

委内瑞拉在现场报道北京2008年残奥会的记者在评论中说，北京再次成为全球的焦点，两次开幕式，一样的完美，充满感动，体现尊重残疾人、人文第一和积极向上的精神，北京将关爱传递全球。委内瑞拉《宇宙报》认为，毫无疑问，北京又迎来一次体育的节日。来自147个国家和地区的4000多名残疾运动员将进行特殊的体育比赛。委内瑞拉国家通讯社指出，虽然委内瑞拉只派27名残奥运动员，委国家电视台仍为转播残奥会作出了巨大努力。从人员配备到技术处理等方面，努力将北京2008年残奥会的全部赛事报道做得尽善尽美，与中国一道为人类的人文事业作出贡献。

巴基斯坦《每日邮报》总编辑马克东·巴伯在朋友家通过卫星天线收看了北京残奥会开幕式的转播。他激动万分地表示：“我很高兴地看到，残疾人的体育盛会残奥会开幕式同北京奥运会一样精彩，五颜六色的焰火照亮了北京的上空，精彩纷呈的文艺演出让人目不暇接。来自世界各地的残疾人运动员们展现了残疾人自尊、自信、自强、自立的精神风貌，向世人证明了他们是生活的强者。”马克东表示：“中国在上届雅典残奥会上取得了不俗的成绩，高居金牌榜和奖牌榜首位。在期待残奥会与不久前结束的奥运会能一样精彩的同时，我希望中国运动员能够在此次残奥会上再创佳绩，也希望巴基斯坦的运动健儿能够实现零的突破。”

古巴拉美社6日报道说，6日晚，“鸟巢”又一次开始了节日庆祝。中国国歌、无数绚烂的焰火铭刻了这一历史时刻。北京2008年残奥会的整个开幕式强调了“生命的价值”。成千上万的志愿者就像友好的标志，欢乐重新成为盛大聚会的主题。中国让两个奥运同样精彩。

英国广播公司（BBC）辟出专门频道对北京2008年残奥会开幕式进行现场直播。其他新闻媒体也以不同方式播出了有关新闻。BBC直播频道的解说员在看到残奥会开幕式的精彩表演时，一个劲儿赞叹开幕式表演“精彩”“美妙”“充满诗意”。有媒体消息说，北京2008年残奥会开幕式表演在风格上与前不久的夏季奥运会开幕式表演有很大的不同，但气氛活泼、构思巧妙，长达3小时的开幕式再次向世人献上了一次精彩的视觉盛宴。

澳大利亚广播电视公司从当地时间6日晚9点55分开始直播北京2008年残奥会开幕式。报道说，6日晚“鸟巢”里的残奥会开幕式跟奥运会开幕式同样盛大，同样多姿多彩。当缤纷的烟花点亮夜空，9万名观众挥舞着旗帜，欢呼声如潮。开幕式表演以超现实主义的手法，彰显了残疾人运动员的勇气和精神，鼓舞了整个世界。澳大利亚广播公司将对北京残奥会直播100小时以上。

德国电视二台实况转播了北京残奥会开幕式。当中国代表团进场时，解说员介绍说，这对8000多万中国残疾人来说是一个重要时刻。中国国家主席胡锦涛在奥运会举行期间就曾看望正在备战的残疾人运动员。当德国代表团打出“你好，北京”的标语时，解说员说这是对组织者的良好祝愿。电视二台在随后的整点新闻节目中还将残奥会开幕式消息作为头条新闻播出，特别提到四川地震中失去左腿的12岁女孩表演芭蕾舞节目，提到300余名聋人姑娘的优美演出，提到侯斌点燃主火炬时表现出的“能力和勇气”。《法兰克福汇报》的报道认为，开幕式的演出时而富有生机，时而如梦如幻，总体上创造了非常适合残疾人体育比赛的友好亲切气氛。德国电信公司在全国约100个门市部中设立了等离子和液晶电视屏幕，供顾客观看残奥会开幕式。

西班牙残奥委会记者发自北京的报道说，北京6日晚以一场激动人心的开幕式欢迎来自世界各国和地区的残疾人运动员。西班牙体育报《马卡报》报道说，北京残奥会开幕式感人至深，北京再一次光耀世界。6日晚，“鸟巢”再次披上盛装，包括残疾人在内的演员献上一场多姿多彩的演出。残奥会开幕式同刚刚结束的北京奥运会的开幕式一样精彩，不同的是，这次运动员们在开幕式演出前入场。这是为了让运动员们也能坐在看台上欣赏表演。报道说，开幕式的演出是一曲歌颂残疾人生命、希望和奋力超越的颂歌，残疾人运动员是光辉的榜样。观众为拼出全力点燃圣火的残疾人运动员鼓掌加油。这象征着一个人只要努力就能成功。西班牙国家电视台直播了北京残奥会开幕式。该台将总共播出100小时的残奥会比赛节目。西班牙残疾人奥委会主席卡瓦列达在残奥会开幕当天表示，我们残疾人盼望的体育盛会开幕了。北京张开臂膀欢迎我们。从抵达北京开始，我们就感受到北京人民的巨大热情和尊重，大家都非常激动。

▲经济报道

【范文】

社科院报告称应看淡房地产的支柱作用

2008年10月2日电　日前，中国社会科学院经济学部赴美考察团发布报告称，不能过度依赖房地产业拉动经济增长。过去那种高度依赖房地产业拉动经济增长的做法，可能扭曲地方政府在经济发展中的作用，扭曲经济增长的拉动因素，降低经济整体竞争力，甚至诱发社会矛盾。

中央财经大学中国银行业研究中心主任×××在接受《中国产经新闻》记者采访时表示，“各地方情况不同，但总体来讲，地方财政对房地产的依赖性比较强。有些地方税收中房地产所占的比重高达40%～50%”。

“但土地是有限的。这将会导致地方财政收入具有不可持续性，另外对高房价也有推动力。还造成一个恶果是，为了获得财政收入，耕地被征收为包括商品房用地在内的各种商业用地，导致耕地面积不断减少，不利于国家经济稳定。”×××指出。

某大学房地产研究工作室主任×××也在接受本报记者采访时指出，“土地资源有限，人们的居住需求也没有必要无限制地膨胀，大规模建设到一定的时候，行业的投入产出量就会萎缩，结果是经济缺少可持续发展的动力”。

×××建议，以后要从土地的税收制度上做根本的改革，也就是说土地不要一次性出让70年，现政府不要把子孙政府的钱都花完。

×××则指出，现在进行财税体制改革是必要的。地方政府如果确实需要寻找财路，可以考虑其他办法，例如地方政府是否可以发行债券，也是可以讨论的。此外，“房价适度回落，也有利于地方政府减少卖地冲动。”×××最后补充道。

▲工业报道

【范文】

中国工程机械距离世界级企业有多远

2008年4月24日电　全世界生产工程机械的国家并不多，美国、德国、日本、英国、法国、意大利、中国、韩国。包括18大类300多小类4000多种规格型号产品的中国工程机械行业已经有40多年的发展历史。改革开放以来，随着我国经济的高速发展，工程机械行业快速发展壮大。中国已成为工程机械行业生产大国。

但由于受到企业规模、国际化程度尤其是关键核心技术等影响，中国并不是工程机械行业的强国。正视这些现状，是中国工程机械行业前进的基础。

打造世界级工程机械航母

来自中国工程机械协会的信息显示，到2007年全国已有工程机械生产企业及科研单位2000多家；全行业固定资产净值270多亿元，是1978年的16倍，产品年销售额达2200多亿元，是1978年的122倍。在全国机械工业行业中，其规模仅次于汽车、电工电器、石化通用三个行业，名列第四。

"然而世界工程机械巨头卡特彼勒2006年的营业收入已经超过400亿美元。就是说相当于全中国的工程机械产业的全行业营业收入。"中国工程机械工业协会副秘书长说。

记者了解到，即使是中国规模最大的工程机械制造企业徐州工程机械集团公司，其销售额也只是美国卡特彼勒公司的15%左右，日本小松公司的28.9%左右。"在经营规模方面，目前中国工程机械产业集中度虽有很大提高，但与国际相比仍较低。目前全国仅叉车企业就有100多家。"中国工程机械协会综合部主任、高级工程师×××说。但是，经过多年发展，中国已经有了打造工程机械航母的基础。

据中国机械工业联合会市场发展部×××介绍，经过多年发展，中国工程机械行业已经形成了一些以区域划分的产业基地，如以中联重科、三一重工、山河智能为代表的湖南工程机械；以徐工、常林、镇江为代表的江苏基地；以广西柳工、玉柴、柳建为代表的广西工程机械；以合力叉车、星马、江淮为代表的安徽工程机械；以山推、山工为代表的山东工程机械基地等。

北京大学教授×××认为，区域基地内的企业组合往往是成就区域品牌的重要基础，也是造就品牌的基本条件之一 。

重组合并，将为大型企业的成长提供便捷的途径。中国工程机械工业协会秘书长××认为，在工程机械产品品种上，重组合并主要是产品互补和同类产品合并同类项两种方式，如起重机械为主导产品的企业，与土方机械为主业的企业组合；或生产起重机的企业与相关生产领域企业的合并重组。另外，生产企业与销售企业、生产企业与科研院所的合作中，前一种重组能扩大产品链条的宽度，而后一种则延长了产业链的长度。

记者了解到，中联重科先后收购了英国保路捷、湖南机床厂、浦沅集团，以规模化发展促进行业技术水平的提升，走了一条低成本扩张之路。

安徽合力股份有限公司坚持以扩大本公司产业链为目标兼并联合壮大规模。1996年接收了安庆车桥厂，1997年兼并蚌埠液力机械厂和宝鸡叉车四厂，宝鸡叉车四厂更名为宝鸡合力叉车厂。安徽合力兼并宝鸡叉车四厂。安徽合力总经理×××说，经过多年发展，兼并的3个厂已成为安徽合力的转向桥生产基地、油缸生产基地和合力叉车的西北制造基地。2007年安徽合力又收购了衡阳力尔美有限责任公司部分有效资产，投资兴建了合力工业车辆南方（衡阳）生产基地。目前安徽合力已经成为世界叉车行业的十强企业。

国际化是品牌成长必经之路

培育世界级的民族品牌绕不过国际化的过程。从改革开放之初，中国工程机械行业就开始了合资合作的尝试。

资料显示，中国工程建设机械的骨干企业大多有与外企合资、合作的经历。徐工先后与卡特彼勒在挖掘机方面、与利勃海尔在混凝土机械、起重机方面，与川崎在装载机方面等十多家外资企业有过合资、合作；柳工与卡特彼勒在装载机、与凯斯在挖掘装载机方面有过合资、合作；山推与小松在推土机、挖掘机方面有过合资合作；三一与迪尔（销售）等也有过合作。

长沙中联重工科技发展股份有限公司董事长詹纯新分析，“在那些与外企的合作中，大部分企业达到了预期的目的。这些合资合作企业的产品也大都销往国际市场”。

中国国际名牌协会会长解艾兰曾说，衡量企业的国际化程度不仅看企业海外市场的销售额占其总销售额的比重是多少，还要看企业拥有的跨国人才数量、有没有国际化的企业管理方式等等。

在广西柳工机械股份有限公司的生产现场，记者看到柳工股份“老外”副总裁大卫·闭同葆正在对周围人交代着一些具体的工作。这被外界认为是柳工“人才国际化”的典型例子。柳工股份的副总裁来自国外一家著名工程机械企业。在柳工生产经营中已经发挥重要作用。也是在柳工，把建设“开放的、国际化的柳工”为目标，引进了以质量管理为主线的管理体系——六西格玛

(6Sigma)。柳工股份有限公司总裁曾光安说，当时柳工面临着严重挑战，想从根本上提高竞争力需要一套标本兼治的、操作性很强的、以数据为决策基础的管理体系。提到六西格玛，柳工党委工作部部长周邑生说，“熊熊燃烧的六西格玛”在几年中确实给柳工带来了很大效益。

另外，记者在采访中了解到，安叉集团、中联重科、三一等企业目前都已开始了针对在国外市场的本土化生产。本土化人才已占其各自海外公司的一定比例。

山东山推工程机械股份有限公司总经理×××说，通过引进国际先进产品技术和工艺，进行消化吸收再创新，山推各个配套件公司产品技术达到国际先进水平。通过采用国际先进的质量控制、产品检验手段，山推产品品质达到了国际先进水平。履带底盘通过了沃尔沃公司质量认证；结构件在日本市场获得免检。目前山推结构件公司的斗杆等主导产品一半出口到国际市场。

提高核心竞争力需要发挥合力

核心竞争力的提高，不是一蹴而就，也绝不是单靠某一方面的力量，而是发挥多方面合力，扎实苦干的结果。

中国工程机械行业发展很快，在国内市场已占主体地位，从产量上看也已是工程机械大国。行业要壮大，必须进一步提高自主创新水平，提高核心竞争力，产品向高水平、机电液一体化和智能化等方向发展。

中国工程机械协会综合部主任×××说，在工程机械行业高速发展的同时，中国本土配套关键零部件发展与主机生产技术水平提高不同步，严重制约了整机水平的提升，不得不依靠国外进口商，受制于人的被动局面正在显现出来。“提高国内基础零部件的生产制造水平，已成为中国工程机械发展的关键因素。”

从2007年下半年开始，从国外配套的液压器件及其他零部件供应不足。中联重科企业营运部部长辛本辉说，“订购国外著名企业的液压件周期已经从6个月延长到10个月甚至一年”。

记者在中联重科、三一重工等企业先后看到因为液压器件缺货被迫重新调整的生产进度和生产计划。为更及时保障基础零部件供给，中联重科、三一重工等企业的采购人员只好专门守在供应商的工厂里。为尽量减少订单推迟时间，有的企业甚至不惜采取航空运送原材料的办法。

三一重工股份有限公司执行副总裁易小刚说，规模以上工程机械企业生产的主机产品中，仅液压件、发动机两项就占成本的40%左右。企业从全球市场购进对优化产品有利的原材料和零部件，本来符合经济规律，但工程机械作为装备制造业的一个重要产业，其基础零部件依赖进口，不利于产业安全。对企业来说，不但增加了制造成本，其正常生产也受到限制。

作为中国工程机械行业的龙头企业，徐工集团董事长王民说，2007年徐工出口创汇5亿美元，而购买国外零部件就花费了20亿元。

针对几家工程机械企业不同程度遇到的液压件、发动机、变速箱卡脖子问题，中国工程机械协会副秘书长茅仲文坦言：核心缺少零部件和重要零部件支撑的自主创新是难以为继的。日本小松、美国卡特彼勒等世界级工程机械企业都是自己生产除液压元件以外的发动机、传动部件等核心基础零部件。

中联重科董事长×××指出，培植这些核心零部件及关键零部件投资大、研发周期长，对于任何一家成长中的工程机械企业都难承其重。

×××等认为，国家有关部门应在全行业统一规划，以行业为依托联合高校等科研力量，重点突破中高端液压元器件、发动机等瓶颈问题；通过资产重组或并购组建数家大型基础零部件龙头企业，增强零部件生产企业的研发能力；在关键、紧缺配套件研发中发挥合力。“比如采取‘国家支持一些、主机企业投入一些’等做法。”

据解艾兰介绍，国际知名品牌企业在进行大规模的或关键环节的技术创新方面，有依托自身或者联盟资源优势的先例。

来自商务部的资料显示，在打造世界级的民族品牌过程中，一些国家政府也会为维护本国企业利益而斡旋。即使是实行自由放任的市场经济模式的美国也不例外。日本和韩国更是直接介入品牌培育和保护的各个环节。

另据了解，我国在发展平板电视过程中，倾全行业之力解决核心零部件方面也已有先例。

▲农业报道

【范文】

中国农业迎接“资本时代”

2008年10月8日电　在粮食主产区并购粮食加工企业，与农民合股建立柑橘果园基地、兴建农场、收购养猪场……近期以来，国际资本在中国农业领域的一系列动作，引起了国内各方面的广泛关注。

细察之下，我们可以看出，国际资本的战略布局不可谓不精、生产品种不可谓不广。因此，尽管目前国际资本投资总额并不很大，但其长远影响不可忽视。联系国内大型工商企业大举“上山下乡”，有人惊恐，害怕资本会“蚕食”小农；有人高兴，欢迎资本带来新的市场机遇。

不管欢迎与否，大门已经打开——中国农业的“资本时代”正在到来。

国际资本和国内工商资本进入农业，这是国内外共同的市场规律，不可阻挡。目前，我国农业已形成对外开放格局，特别是在加入 WTO 后，对农业开放作出了一系列承诺，各项准入限制正逐步取消；同时，国内农产品市场体系已大大发展，农产品期货市场和各种现货市场已较为完备。这一切，为资本的进入铺平了道路。

从发达国家农业发展的历史看，当农业发展到较高水平后，工商资本、金融资本的进入是大势所趋。目前，购买农田、化肥和运输工具，正成为国际投资者长期投资农业产品的一大趋势。进入投资者视野的目标已经有位于美国、加拿大、阿根廷和英国等地的农耕地，中国的粮库也落入了国外投资机构的视野。

人们异常关心的是，强势资本会给几亿中国农户带来什么呢?

——带来现代生产要素。中国农业正在从传统农业向现代农业迈进，现代农业最突出的特点就是“资本农业”，以资本为纽带引入大量现代生产要素。目前，我国强农惠农政策和农业发展框架已经基本确立，但农业发展活力不足，“土地、劳动力、资金”三大要素外流问题依然突出。

资本像一个纽带，聚集着人才、管理、技术、资金，涌动着勃勃生机，带给传统农业效率更高的生产模式。与我国农村种地主要靠“386199（妇女、儿童和老人）部队”迥异的是，农业跨国公司里充斥着大批专业的硕士、博士。世界第三大果商澳门恒河果业在重庆江津区投资，与农民合作建设柑橘基地，从美国、澳大利亚、南非等国带来 70 多个优良品种。这些品种都申请了专利保护，几乎覆盖了全球各大区域、不同时段，一下子将我国的柑橘品种水平提高了几十年。

一些跨国公司的中国项目规划书上，对中国“三农”问题进行了大致相同的分析：中国农民问题主要是低收入，农业问题主要是低生产率，农村问题主要是疲弱的基础设施。而解决思路是发展提高组织化水平和科技水平，资本显然可以成为一个强大的助推器。

——带来现代组织方式。“一家一户”的小生产如何与国内外的大市场、国内外的资本相对接，一直是农业经营体制的探索方向。从“公司 + 农户”“公司 + 基地”到合作社，我们找到了一条“家庭联产承包责任制 + 合作社”的农业发展道路，符合我国国情。同时也要看到，尽管在各类专业合作社里，小农联合起来，具有土地、劳力等方面的优势，但因为缺少强大资本、市场渠道和品牌影响，合作社的产品很难参与国际市场的竞争，还没有形成一家在国际市场上叫响的大型专业合作社，而以农业为主业跻身世界 500 强的国际企业不乏其例。

我国改革开放 30 年的事实无比雄辩地证明，一个产业若想做大做强，必须引入资本。家电业和汽车业当年走过“以市场换技术”的路子，虽受到很多非议，但从整体上带来了产业水平的迅速提升。农业的开放也是大势所趋。

但是资本是把“双刃剑”，我们也要清醒地意识到资本进入中国农业，特别是国外资本进入中国农业的副作用，及时采取措施，趋利而避害。

——防止外来资本伤农。有的地方出现以建设新农村为名，工商资本大量圈占农民土地的行为，结果是“农民被挤走，资本获暴利”，农民成为“利益的旁观者”。

——防止国际资本危害国家利益。特别是防止国际资本控制一些关系国计民生的产业，控制重要农产品定价权。近几年，跨国公司已掌握我国植物油定价权，教训深刻；下一步，在粮食流通流域也有类似风险，必须及时制定相关的法律，比如规定其股份份额、进入领域等多种办法，防患于未然。

30 年来，我们在土地经营制度、农业税费制度、乡镇机构制度、财政补贴制度上进行了一系列改革，形成了稳定的基本农村制度；今后，在稳定家庭联产承包责任制的基础上，研究农业如何开放，向资本开放、向人才开放、向管理开放……向一切有利于中国农业发展的要素开放，则是一篇值得认真探索的大文章！

▲对外报道

【范文】

国防部新闻发言人就美政府决定售台武器发表谈话

2008 年 10 月 4 日电　国防部新闻发言人×××4 日就美国政府通知国会决定售台武器发表谈话。谈话全文如下：

华盛顿时间 10 月 3 日，美国政府通知国会，决定向台出售“爱国者” –3 反导系统、“E –2T”预警机升级为“鹰眼 2000”型相关设备和服务、“阿帕奇”直升机、“标枪”型导弹、潜射“鱼叉”导弹和飞机零部件共 6 项武器装备，总价值 64.63 亿美元。美方的做法严重违反美方在台湾问题上向中方作出的严肃承诺，严重背离了两国领导人就中美建设性合作关系达成的共识，严重违背了美方支持两岸关系和平发展的表态，粗暴干涉中国内政，危害中国国家安全，也严重干扰中美两国两军关系，中国军方对此表示强烈不满和坚决反对。

美国在台湾问题上是向中方作出了明确承诺的，并且正式写入了中美三个联合公报。美国在中美两国于 1982 年 8 月 17 日共同发表的“八·一七”公报中明确承诺，不寻求执行一项长期向台湾出售武器的政策，将逐步减少并最终解决售台武器问题。事实证明，美方言而无信。

近年来，中美两军关系总体上呈现出积极发展的良好势头，两军各层次、各领域的交流与合作进展顺利。在此情况下，美方宣布实施售台武器计划，无疑毒化了两军关系发展的良好气氛，为两军的交流与合作造成了严重干扰，我们要求美方认清形势，切实履行中美三个联合公报，恪守在台湾问题上向中方作出的郑重承诺，立即停止实施并取消售台武器计划，以免给中美两国两军关系以及台海和平稳定造成进一步损害。我们保留作出进一步反应的权利。

▲预见性报道

【范文】

四川震后重建 1.67 万亿元资金需求 为外企提供投资机遇

2008 年 9 月 22 日电　“四川地震之后的恢复重建，需要筹措资金 1.67 万亿元人民币。这将是包括外资企业在内的海内外企业实现自身发展和履行社会责任的双赢舞台。”

22 日，在此间举行的 2008 中国（上海）国际跨国采购高峰论坛上，四川省副省长黄××面对 280 家跨国采购商，描绘了一个遭遇特大地震之后的“机遇四川”。他说，“5·12”地震发生以来，累计已有 20 多家“世界 500 强”企业的董事会主席或首席执行官考察四川；地震发生后的 100 天里，四川平均每天新批一个外资项目，引进合同外资 8.7 亿美元。

定于 23 日至 25 日举行的 2008 中国（上海）国际跨国采购大会，设立了汶川地震灾后重建专区，为来自四川灾区的采购商和供应商搭建起了一个重建与发展的平台。

黄××说：“四川没有被包括外资企业在内的广大投资者抛弃，四川大规模的震后重建工程更是坚定了海内外企业投资、增资四川的信心。”

据介绍，四川震后恢复重建所需的 1.67 万亿元资金，将主要用于恢复重建城乡居民毁损住房、地震受损设施，以及防灾减灾和生态的修复等。

其中，在明年年底之前，四川计划通过修建永久性住房，彻底解决 347 万户无房农户的住房问题；通过修建安居房、廉租房等方式，解决 97 万户城镇居民永久性住房问题。

在今后 3 年里，四川大约需恢复重建公路 5.1 万公里、铁路 5500 公里、学校 1.7 万所、医疗卫生机构 9700 个、水库 2000 座、电站 810 个。

四川的受灾市镇大约需要恢复重建市政供水管网 6970 公里、供气管网 5300

公里。灾区需要恢复重建的历史文化名城有12个，历史文化名镇有11个。

黄××说，预计未来3年，四川的灾后重建大约需要消耗建筑钢材3700万吨、水泥3.7亿吨、木材2000万立方米、墙体材料2100亿块标准砖、砂石10.7亿立方米。

结合震后4000家企业的恢复重建，四川还将规划建设一批面向中国西部乃至东南亚和中亚的规模化、规范化、特色化专业市场和一批容量大、门类多、功能优的综合性市场。与此相配套，四川将新建6条出川铁路、8条出川高速公路，加快宜宾港、泸州港、成都铁路集装箱中心站和双流机场建设，申请筹备成都综合保税区，其中都蕴藏着巨大的商机。

目前，四川灾后恢复重建总体规划已获国务院批准，10个专项规划已完成编制。四川确定的灾后重建目标是“三年基本恢复，五年发展振兴，十年全面小康”；力争到2020年，四川生产总值达到4.7万亿元，人均生产总值达到5.5万元左右，人均生产总值比2000年翻两番以上。

第十一章　电子媒体新闻的写作

第一节　电子媒体新闻的写作技巧

一、广播电视新闻写作

1. 广播电视新闻的含义和写作特点

（1）广播电视新闻的含义

广播电视新闻是运用广播电视媒介对受众欲知而未知的新近事实的适时报道。

（2）广播电视新闻写作特点

广播电视新闻写作需要符合广播电视媒体的以下传播特点：

①快速及时，先声夺人：广播电视在时效性上具有其他媒介不可比拟的优势，甚至可以实现现场直播，广播电视新闻写作应高度重视时效性；

②线性传播：广播电视按时间顺序播发节目内容，在写作中要注意不断出现小高潮点，吸引受众；

③受众广泛，对象性强：广播电视直接诉诸受众的听学和视觉器官，较少受文化程度及年龄等因素的影响，因此，受众范围广泛，适应这一特点，广播电视写作中应注意通俗易懂；

④具体形象，感染力强：广播电视可以运用声音或图像再现人物和事物现场，给受众身临其境的参与感，在广播电视新闻写作中应注意运用好这一点，激发受众的接收兴趣；

⑤转瞬即逝，不留痕迹：广播电视的信息符号是声音和活动图像，稍纵即

逝，广播电视新闻写作应扬长避短，少用抽象、复杂的内容，便于受众掌握。

⑥易于接收接受：线性传播、转瞬即逝的特点要求受众的思维紧紧跟随，容不得细细揣摩，同时广播电视受众面广泛，在文化、年龄上是多层次，因此，广播电视新闻写作的内容和语言应明白晓畅，易于接收、接受。

⑦可听性：广播电视要求受众用听学器官捕捉语音、语义，因此要让受众听得见，也听得懂，要求“上口”和“入耳”，便于口说耳听。

⑧准确性：广播电视新闻写作要求真实准确，新闻报道对象确有其事，构成新闻的基本要素、过程细节、引语、资料等都应是准确的。

⑨完整性：广播电视新闻写作中，信息应相对完整。

⑩通俗性：要把深刻的思想、复杂的问题等用浅显易懂的语言表达清楚。注意通俗化不等于简单化、庸俗化。

⑪用事实说话：新闻写作的基本方法，即通过叙述事实发表无形的意见。A. 新闻报道中体现客观中立的立场；B. 新闻报道中注意消息来源的多样性，确保报道的客观准确；C. 采用多种“用事实说话”的手法，如选择典型事实说话、巧用背景材料说话、借用他人言论说话、用情节细节说话，等等。

2. 广播电视新闻的结构要求

结构线索单一：广播电视新闻的结构要适应线性传播的特点，力求线索单一，结构单纯，让受众在几分钟的时间内掌握报道要点。最常用的结构是时间顺序及层次单纯的逻辑顺序。

层次清楚：在叙事繁简适宜、详略得当的基础上，做到事实之间相互照应、环环紧扣，段落之间过渡自然、步步衔接，使之成为层次清楚的有机整体。

材料组织的整体构思：广播电视新闻是由多元素组成的，要求从整体出发，对文字、音响、画面、音乐等诸元素进行合理安排，使它们和谐协调，得到理想的整体效应。

核心信息处理：广播电视新闻对核心信息要加以强调和突出，如对核心信息进行适当的重复，在主体部分巧妙强化核心信息，围绕核心信息选择材料和突出主干材料，等等。

3. 写作广播新闻应注意的问题

由于媒介的不同，广播与报纸的报道在手段和方式上存在着很大的差异，但在其写作上，广播新闻的写作与报刊新闻的写作没有原则区别，只是应在方法上注意以下几点：

（1）形象具体

这应适用于任何新闻，但广播新闻要求更加严格。广播不大适宜播送理论较深、篇幅较长的文章（因为听众没有充分的时间思考），也不适宜搞连续性报道

（因为听众难于保证次次收听），因此，广播新闻中要用更多形象具体的事实来说明问题；同时，听众收听广播同看报纸还有区别，看报纸一般是坐下来一字一句地阅读，听广播时则往往手下还要干别的事，精神不是很专注，这样，形象具体的事实才能够引起听众的兴趣。这正如鲁迅所说："诉于耳的方法，和诉于目的时候是全然两样的。所谓听众者，凡事都没有读者似的留心。简洁的文字，有着穿透读者的心胸的力量，然而在听众的头里，都毫不相干地过去了。听众者，是从赘辩之中，拾取兴趣和理解的。"

（2）行文流畅

若报纸是一个面的话，那么广播就是一条线，因此，广播新闻的行文应该开门见山，环环紧扣，使人听了很容易就懂了。根据这一要求，报纸上常用的提问式、描述式、引语式导语和不便于听的怪导语、延续性导语以及插叙、倒叙等手法，都不适宜在广播中使用。

（3）表现粗放

广播新闻除少数情况外，多数比报纸上的新闻表现得粗放一些。比如某些事件的详细过程，某些详细的数字，某些详细的经验，某些详尽的分析和论证等，都可比报纸简略些。这主要不是为了节省字数，而是为了便于听，便于记。与其蜻蜓点水，不如对其中主要的几条多着些笔墨，其他的一般措施略提或不提，这样，给人的印象会深，针对性和指导性也会较强。事实证明，这种写法效果是好的。在庞杂的材料中把握精华，在纷纭的事物中抓住要害，绝不是轻而易举的事情。

（4）篇幅短小

一次新闻广播，只能一条条按顺序收听，不能中途进行选择，而多数听众都希望在有限的时间内听到更多的消息，因此，篇幅短小便成为广播新闻的又一特征。

（5）迅速及时

无线电波的传播速度为每秒 30 万公里，绕地球七圈半，因此，广播的传播速度比当今任何一种新闻工具都快。无论是专业的还是业余的广播通讯员，都必须时刻注意广播的这一长处，努力提高广播新闻的时效性。广播新闻如果落于报纸之后，那就在相当程度上失去了存在的意义。

我国的广播新闻的时效性近几年有了明显提高，但与广播新闻应有的速度相比，差距还很大，从根本规律上认识这一问题的重要性是必要的。

为了快，就要赶，这是广播新闻记者经常遇到的一种考验。这种考验比报刊记者多。比如，一项重要活动下午 6 点结束，报纸第二天见报，而电台晚上 8 点就开始广播，于是考验就来了。为了保证质量和时效，广播报道者应尽量争取事先多采访到一些材料。

(6) 适当重复

广播不留痕迹，不便查找，因此必须有适当的重复。这包括三种情况：一是整个广播节目的重复。适合各方面听众不同时间的需要。二是部分内容的重复。比如，为报道某个事物的背景材料，如果时间不是相隔较久，报纸上不宜重复使用。与之相比，广播就很有优势，相隔几月、几周甚至几天后仍可重复。广播没有时间回忆，每一件事都要讲完整，过去用过的某些材料，只要需要，复用一下是有益的。当然，复用时可以一次比一次简略。三是部分词语的重复。比如报道某个工厂，报纸上出现一次厂名即可，广播中则应多出现几次，以便让大家听得清，记得住。

上述几点是广播新闻写作的基本要求，为了使广播新闻顺利发展，其写作的基本要求是必须遵守的。

4. 广播新闻的语言应具备的特点

广播，是传统三大传播媒介之一。通过广播报道新闻，是新闻传播活动的重要组成部分。与其他新闻的最大区别是语言的不同。因此，为报刊读者写的东西不能原封不动地拿到广播中来，必须经过文字加工，使它由适合于看，变成适合于听。根据这一原则，广播新闻的语言除了同样需要准确、朴实、简洁、通俗以外，还应强调或补充说明如下几点：

(1) 通俗口语

报纸上的新闻要求通俗，但不一定要求口语，广播则要求两者兼而有之。也可以说，广播新闻语言要求通俗到口语化的程度。这是广播语言的基本要求。因此，当提笔写广播稿的时候，应该注意多使用口语。

根据口语化的要求，下面这些工作是必须注意的：

将书面词语改成口头语。比如“暮色茫茫，风雪满天”，应改为“傍晚的时候，刮着大风，下着大雪”，“转瞬间”应改为“转眼之间”等。

将单音词改为复合词。比如“并、但、应、现、已、时、较”应改为“并且、但是、应当、现在、已经、时候、比较”。

音同字不同的词要分清。比如“全部”容易听成“全不”，不如改为“全都”；“走近八宝山”容易听成“走进八宝山”，不如改为“走到八宝山附近”等。

(2) 简洁明快

广播一瞬即逝，没有充分的思索时间，更不能停下来反复研究，因此它的语言一定要干净利索，简洁明确，一听就懂。不可以在一句话中堆砌很多概念和词语，倒装句等有碍于听的句法句式，是应该避免出现的。

（3）生动优美

为了便于听，广播的语言还要求多样的句式、形象的比喻和音律的协调。汉语的音乐感很强，写广播稿时，应该充分地运用这个好条件。比如：

在办公室里，你一言，我一语，一声比一声大，一声比一声高。

这是个对仗句，音韵也好。这里的“言”字是平声，“语”字是仄声，“大”字是仄声，“高”字又是平声，这样平仄相间，听起来优美流畅。

广播事业有了很大发展，许多报刊上的新闻、文章等需要通过无线电广播或有线广播传播给广大群众，因此，即使是报刊新闻，也存在一个口语化的问题。如果专业和业余通讯员都能做到这一点，使报刊、广播、电视充满清新、简洁、口语化的语言，那将是人们的幸事。

5. 广播电视消息和广播电视新闻专题概述

（1）广播电视消息概述

广播电视消息：运用广播电视媒体迅速及时、简单扼要地报道新闻事实的一类新闻体裁。它力求以最快速度、最简洁的语言报道新闻事实，同时需要遵循广播电视的传播规律，以便于声音或声像传播、便于口说耳听的方式方法描述事物。

新闻六要素：新闻报道完备地表述事实通常应具体的六个基本要素，即何时、何地、何人、何事、何故和如何。一篇新闻报道在表述中应尽可能地清楚交代这六项内容，但不能强求任何一篇新闻报道都要六要素俱全。

背景：新闻事实之外，对新闻事实或新闻事实的某一部分进行解释、补充、反衬或烘托新闻事实和新闻主题的材料。

导语：导语是整篇消息的第一个单元，它以凝练简洁的语言告知最重要的新闻事实。它起到提示新闻要点与精华、引导收视的作用。

广播电视消息导语写作的特点：

①选材精粹：突出最具新闻价值、最有吸引力的事实，或突出最能表现最新事态的新闻要素；

②具体形象：避免概念化、抽象化，使用经过提炼的典型事实、形象化的情节和富有特点的细节；

③简短精练：明确报道主旨，抓住新闻要害，用准确洗练的语言表达；

④照应主体：导语是消息的开头，在内容及语言上，要与新闻主体协调一致，相互呼应，防止相互脱节或矛盾。

常见的导语类型：

①直接式导语，直接陈述新闻事实，开宗明义；

②延缓式导语，不直接陈述主要新闻事实，而是运用描写、气氛渲染、解

释、设问等手法先写一些相关的东西，再引出新闻事实。

广播电视消息的常用结构：倒金字塔结构、时间顺序结构、逻辑关系结构和金字塔式结构。

倒金字塔式结构：导语之后，新闻主体按新闻事实的重要程度或受众的关心程度排序的一种结构。特点是头重脚轻，短小精练，断裂行文（用段落之间的逻辑联系来行文，不用过渡段），优点是重点突出，成稿快，行文干练，有利于受众迅速把握报道重点，也有利于后期编辑控制报道时间。缺点是程式化。适合于时效性强、事件单一的动态新闻。

时间顺序结构：导语之后，主体根据新闻事件发生、发展直至结束的先后顺序来安排层次，展示事件的进程，这种结构保持了新闻事实原貌和进展的完整性，行文自然，线索清楚，符合受众接受信息的习惯；不足之处在于最重要的事实在报道中间或结尾，容易被淹没。

逻辑关系结构：导语之后，主体部分根据事物的内在逻辑或问题的逻辑性来组织材料、安排层次。主体可依据事实之间的因果关系、对比关系、并列关系、递进关系或主从关系等安排层次段落，表现事实。

金字塔式结构：报道将最重要、最精彩的事实放在最后，按照新闻事件的发生顺序或事件的因果关系等来安排组织材料。适用于趣味性或反常性较强的题材，具有悬念感。

结尾：为了深化新闻主题、强化新闻价值或扩大消息的信息容量，根据新闻内容写作的消息的收结部分。它通常是消息的最后一段或最后一句话。广播电视消息的结尾宜紧扣新闻事实，忌套话空话；宜增添新闻信息，忌同义反复；宜启发诱导，忌生硬说教，强加于人；宜精粹有力，忌拖泥带水、絮絮叨叨。

（2）广播电视新闻专题

广播电视新闻专题的特点：广播电视新闻专题是运用广播或电视手段，深入、具体、详尽地报道某一重大新闻事件或某些具有新闻价值又为广大受众关心的典型人物、经验，新出现的社会现象等题材的新闻报道形式，其特点是：

①主题开掘深刻，揭示事物的本质，反映客观事物的内在规律性；

②用形象说话：在用事实说话的基础上，捕捉能够更容易被受众感知的形象材料，通过个别来反映一般。体现事物本质的倾向、观点是从场面和情节中自然流露出来的，使受众在形象中满足对事实认知的需要和情感宣泄的需要；

③表达方式多样化：可以有恰当的描写、抒情和议论，并大量使用其他的符号手段，如音乐、音响、特效等。

新闻专题的表达手段：广播专题可同时调动同期声、解说、录音资料、音乐等手段，以对播、交谈、问答或听众参与的方式播出；电视新闻传播的表达手段，包括诉诸视觉的手段，如活动画面、照片、图片、动画、字幕、特技等，诉诸听觉的手段，如同期声、解说、录音资料、音乐等。在新闻专题中适当采用这些手段，与内容协调，起到烘托内容、激发受众情感、引起共鸣的作用。

主题：指作者经过对现实社会的观察、体验、分析、研究，通过对素材的提炼和组织，所表达的对客观世界的一种认识或一种思想观念。主题是新闻报道的灵魂，是新闻报道的事实所体现的中心思想。

新闻专题类节目主题的特点：

①主题的深刻性：不仅审视事实的新闻价值，尤其注意从反映社会脉搏和时代精神的高度来选择题材、提炼主题；

②主题的针对性：把握正确的舆论导向，针对宏观实际及人们的思想认识实际立意；

③主题的倾向性：专题类节目的主题应旗帜鲜明、是非分明，让受众收看或收听后获得明确的理解和领会；

④主题的启发性：新闻专题报道的目的在于通过对某一人物或事物的详尽反映及透彻分析，回应宏观实际的需要，实现以典型带动全局，或举一反三、触类旁通的舆论效果。

开掘主题：

①全局意识：在社会坐标中定位事实的意义；

②纵深意识：在历史的逻辑中寻求事实的意义；

③时代意识：紧扣时代脉搏，引领时代方向。

6. 广播电视新闻专题常用结构

纵式结构、横式结构和递进式结构。

纵式结构：按新闻事实发生、发展时间顺序组合和编排材料的一种结构形式。

横式结构：按照新闻事实的内在性质的区别联系，或以多侧面拼接的形式来安排新闻素材。横式结构又分为同时异空结构和多侧面拼接结构。

递进式结构：透过现象层层深入事实背后，步步深入，环环递进，从现象到本质的结构。

7. 广播电视现场报道概述

广播电视现场报道：指广播电视记者在采访现场面对话筒或镜头，采访现场有关人员，解说现场实况，直接交代、播报新闻事实的报道方式。是最能发挥广播、电视的特长与优势的报道形式之一。

现场报道的特点：

（1）立足新闻现场：一切以现场发生了什么为核心，虽然不排除现场以外的材料，但务必坚持以现场发生的事实为主；

（2）感染力强：伴随现场声音或画面，使受众产生身临其境的感受；

（3）源于现场，高于现场：现场报道对现场的信息进行了加工和梳理，使信息更加有序化、浓缩化，并通过记者报道提供一些录音机或摄像机不能直接记录的信息。

现场报道的题材选择：

（1）现场时间、空间相对集中：记者能在一定时间里，通过自己在现场的采访和报道活动，展现事件的发生、发展和来龙去脉；

（2）记者能以恰当的角色进入现场：记者以目击者、参与者等身份在现场作报道，可以增强报道的可信性和感染力；

（3）现场是正在进行时的：现场充满悬念和未知，记者的采访报道正在向未知取材，并向观众展现这个过程；

（4）内容较单一、现场事态发生发展的进程对观众具有吸引力的事件性新闻题材更为适合；

（5）现场有丰富的同期声或环境声等音响资源。

现场报道的结构：

（1）线索单一的时序结构：按新闻事件发生、发展的时间顺序安排，记者的叙事与事件的客观进程一致，便于受众了解新闻事件的来龙去脉；

（2）导引结构：由记者对新闻事件的概况作简要介绍，唤起受众的兴趣，再把报道内容转到现场事态，进一步在现场挖掘新闻事件。

现场报道对记者的要求：出色的口头表达能力，良好的心理调节能力，过硬的新闻业务能力，优秀的团队合作能力。

8. 广播电视连续报道与系列报道

（1）连续报道：对正在发生并持续发展的新闻事件在一段时间内进行多次、连续的报道。报道以时间为顺序，随着事件发生、发展的进程而展开。

连续报道的特点：

①连续性：报道对象事态本身的连续性决定了各次报道之间存在有机的联系，内容承上启下连续、衔接，呈线性分布，各次报道之间的顺序不能任意变动；

②时效性：在事态进展过程中进行报道，时间跨度小，每次报道都应有新的依据；

③完整性：连续报道从事件发生到追踪到结束，应是有头有尾完整的。

连续报道采写的基本要求：

①新闻依据的不断添加和变动：每次报道都是新闻事件刚刚发生的最新进展

和动向，分段、分层地将事件发展中有价值的信息及时传播给受众；

②递进式报道的方式：各报道由浅入深，一环扣一环地逐步递进，最终完成整个报道；

③节奏把握：对同一新闻作多次报道和多单元集合，造成一定的舆论强势，当新闻进展较快，可增加报道密度，反之，则减少，形成良好的节奏。

（2）系列报道：围绕同一新闻主题从不同侧面、不同角度作多次、成组的报道。多个独立报道没有外在的连续，却有内在的必然联系，集合在同一主题思想下，以求对新闻事实作比较系统、全面、有一定深度的报道。

系列报道的特点：

①集中性：围绕同一主题来进行，主题集中不分散；

②广博性：多角度、多侧面围绕同一主题反映各方面的情况，内容广博，信息量大；

③深刻性：系列报道题材多为题材重要重大的非事件性新闻，通过系列组合报道，深入揭示主题，具有深刻性。

系列报道采写的基本要求：

①精心设计系列：从整体目标出发去选择每条新闻的组合排列，同时注意每条新闻的信息量、报道水平，使单条新闻发挥应有的作用，形成整体报道的综合效应；

②立体开拓：在总主题的统率下，每条新闻作纵向、横向开拓，使整体报道立体化；

③以小见大：选择具体事实表现宏观主题，令受众可感、可知。

现场直播：与新闻事件或活动的发生发展过程同步，利用广播电视专用设备直接从现场播出的广播或电视形式。与事件保持同步，能够以最快的速度反映事件或活动的全过程；主要运用现场的画面或音响，加上记者客观的描述，带给受众置身现场、亲与其事的感受。是一种时效最快、感受效果最真切的广播或电视形式。

二、网络新闻写作

1. 网络新闻的含义

网络新闻是指综合运用文字、图片、图像、音响、动画等手段，借助网络平台和网络技术对新近发生的事实所进行的报道。网络新闻具有交互性，其信息量大，传播迅速快捷。

2．网络新闻的分类

网络新闻主要分为原创新闻和复制新闻两类。

（1）原创新闻

原创新闻是网络新闻写作研究的对象。其是指独家的、第一手的、网络记者自己采访写作的新闻报道；是指通过重组新闻资源、重新编辑改写的新闻报道；是指该新闻利用网络传播的特殊优势，制作出的适合网络信息传播规律，与传统媒体的报道方式、方法在形式上有差别的新闻报道。

在对原创新闻的描述中，实际上提到了内容和形式两层意思。

①第一层意思主要讲的是内容

网络新闻从业人员已经越来越清楚地认识到，网络媒体以“内容为主”。

在网络新闻的内容中，是否具有、具有多少富于冲击力与渗透力的原创内容至关重要。一个媒体网站如果仅仅做裁剪工或泥瓦匠，不可能占据网络新闻的制高点。只有在拥有了一定规模的新闻量之后，不断推出自己的原创新闻，才能形成风格，也才能赢得受众注意力，进而赢得市场。

②第二层意思主要讲的是形式

网络新闻写作与传统媒体写作在形式上有很多不同，它更强调即时滚动式写作，是一种超文本写作，又是一种互动写作。

由于写作方式的变化，网络原创新闻应该在表现新闻的手段、方法、形式上与传统新闻有所不同，或者是一种新的结构，再或者是一种新的文体。

（2）复制新闻

复制新闻又称为 COPY 新闻，指从传统媒体上复制来的新闻。各个新闻网站把传统媒体的新闻搬上了网络，然后大家再彼此搬来搬去。因此，目前的网络新闻竞争，在某种意义上说，是看谁家的网站新闻搬运得快、全、多。

复制新闻谈不上写作，因为涉及的多是网络编辑技巧。其制作过程是编辑先从网上消息的内容中寻找新闻；然后，将具有新闻价值的稿件挑选出来；在通常情况下，新闻不作改动，只是把长段打开，多划分几段；随后，就是改写标题，即把其改为包含新闻基本要素的单行题，且多为实题；最后，搜索本条新闻的相关链接，敲入与此新闻相关的关键字，搜索出相关的新闻，在发送该条新闻的同时，完成对其归类。

复制新闻只是网络媒体初创时的一种形态，如果只有复制，或者复制新闻的比例占得过多，那就会直接影响网站的生存。

3．网络新闻的特点

（1）在信息容量上

网上媒体突破了传统媒体对时空的限制，只要点击计算机，就可以发表更为详尽的深度报道和背景资料。

（2）在时效性上

它采用了24小时连轴滚动的发稿模式，即时播报世界各地的新闻，或者对某一新闻作持续报道。

（3）在传播方式上

它利用网上传播的交互性特征吸引读者的关注，而不再像以往那样依赖于通讯社提供的各种各样的新闻源，或者有赖于记者在新闻事件或突发事件发生后赶赴现场作报道。

4. 网络新闻的积极面与消极面

（1）网络新闻的积极面

网络新闻是一种即时化、个人化、交互化、多媒体化的新闻传播形式，具有不同于纸质新闻、广播新闻和电视新闻的全新特性。正是这种媒介特性在大众传播中的日益生动展现，不断深化着人们对其积极面的认识。

①新闻时效的迅速便捷。随着社会的进步，人们对新闻的时效性要求越来越高，实时传播新闻对于网络媒体则是举手之劳。

②新闻信息的海量内容。报纸受版面、广播电视受时段的限制，要求的是精选精编，而数字化使网络只要有足够的服务器，便有足够多的空间容纳那些可粗可精的新闻信息。这充分体现了网络新闻承载超量信息的优越性。

③新闻形式的超文本结构。多媒体是网络媒介的核心因素，从这个意义上才能更本质地把握网络新闻的媒介特性。

④新闻传播的双向互动。多媒体平台上的信息传输具有双向互动性。受众不仅可以接收信息，而且可以以传播者的面目出现，把自己认为有价值的信息传播给别人，并随时发表自己的见解，形成了网上信息的发布、反馈、再发布的循环往复过程。

（2）关于网络新闻媒介特性的消极面

网络是影响现代社会发展的一把“双刃剑”，对网络新闻媒介特性的分析也要两面看。

①公信力与权威性低。目前，一些网络媒体为“争夺眼球”，制造转发虚假新闻和有害信息；一味追求经济效益，致使专业新闻广告化、商业广告新闻化。正是那些混淆视听、误导公众的信息，损害了读者的利益，也损害了网络新闻的名声。

②舆论导向多元化。网络新闻的自由、开放、交互和渗透性传播，促进了政治文化的民主化、社会化、高效化与国际化。但是由于其对国家信息垄断的打破、统一舆论的瓦解，冲击着主流意识形态的主导地位。特别是一些错误、腐

朽、落后的东西在网上的传播，造成了错综复杂的局面。舆论导向正确是福，舆论导向错误是祸。

③侵权涉法问题多。网络新闻的内容浩繁芜杂，网络媒体的守门人功能很弱，法律赋予作者对其作品所享有的发表权、署名权、修改权、使用权等屡遭践踏，加上网络新闻资料的可长久储存并易于检索，任何人的隐私上了网络新闻都难免后患无穷。网络新闻传播过程中的法制化管理有待进一步加强。

第二节　电子媒体新闻的写作范文

▲广播新闻

【范文】

联合国官员和专家对××中学人口教育工作十分赞赏

×××　×××　×××

本站消息：

新都中学人口教育教师×××今天在他的办公室里，拿着一本厚厚的笔记本告诉本站记者：联合国官员和专家对××中学五年多来的人口教育工作十分赞赏。

人口教育是贯彻“计划生育”基本国策的战略措施。早在70年代初，周总理就倡导在中学生中进行人口教育。1980年3月，根据我国政府与联合国人口活动基金会签订的中学人口教育项目协定，××中学被列为全国10所试点中学之一。五年多来，这所中学已经有一千二百多名高中学生系统接受了人口科学基础知识和人口政策教育。去年年底，学生写的5份专论被提交联合国教科文组织亚太区教育处。

1984年3月17日，联合国教科文组织人口教育顾问×××博士来××中学视察，他作了这样的评价：“我对你们卓有成效的人口教育表示十分赞赏。”

去年10月16日，联合国人口活动基金审评小组全面审评××中学人口教育工作后，一致表示满意。当审评小组成员海迪·斯温德尔斯女士听了几位学生用英语汇报学习人口教育知识的体会后，高兴地说：“我要把你们写的心得带回纽约，让我的女儿拿到学校去念，使他们更好地了解你们。”

今年3月，联合国人口活动基金审评小组在给联合国的审评报告中写道："政府官员、教员和学生的高度主动性是非凡的"，"那些教师和学生将人口教育的信息传递到他们的村庄，例如，劝说他们的亲属遵循一对夫妇一个孩子的政策"。

今年9月23日，联合国开发计划署驻华代表×××委托他的夫人访问××中学后，称赞这个学校的人口教育搞得好，写下了热情洋溢的题词："向××中学学习"。

▲电视新闻

【范文】

街道园区扮靓夜晚迎新春

2011年3月1日

主持人：岁末年初，全区各街道、开发园区积极做好夜间亮化美化工作，以崭新的面貌喜迎新春的到来。昨晚，记者分别赶赴开发园区和谷里、秣陵、淳化、禄口等街道，亲身感受夜江宁的独特魅力。

记者来到有着"江宁的湖南路"美誉的开发区胜太路商业街。华灯初上，沿街的灯柱和各种灯饰相互辉映，20根幻彩灯柱、各种五彩灯饰成串成片，霓虹灯闪烁着五彩缤纷；琳琅满目的橱窗映衬着夜晚的街面，火树银花、流光溢彩。记者从开发区相关部门了解到，自2007年开发区管委会在胜太路沿线开展提亮出新改造工程以来，2010年又投入近2000万元对胜太路周边、百家湖周边、机场高速进行亮化改造，包括海通大厦、海关大楼、托乐嘉、湖滨金陵饭店、凤凰台广场等多处，并对楼宇灯光、橱窗灯光、小品灯光和节庆灯光进行了检查和整修工作，确保城市夜晚形象更靓丽。其中，去年4月起，开发区重点对机场高速全线实施亮化工程，至12月完工，有力提升了"省门第一道"的对外形象。

各街道也积极行动起来，谷里街道投入400万元，对科创中心、文化中心、中琅大厦、市民休闲广场等6处主要建筑进行了立体亮化，投入60多万元改造了牛首大道沿线路灯，在各主干道布置了灯笼、彩旗和LED显示屏，营造节日氛围；秣陵街道用光带和灯饰在大中沟沿线勾勒出一派明清风情，让人赏心悦目；淳化街道则主打现代小镇风格，投入400万元对集镇进行了整体亮化，流光溢彩的建筑在梅龙湖畔熠熠生辉；禄口街道以兔为元素，在各大广场和主要路口布置了形态各异的小品。

▲广播稿

【范文】

“高尚医德，高超医术”暖人心

2008年6月26日，在抗震救灾医疗队中，有一位年过半百的军人。在重灾区、在群众最需要的地方人们总能看到他的身影，他就是北京军区总医院“×××医疗队”队长×××。

5月14日下午，×××带领的医疗队在前往汶川途中，遇到山体滑坡车辆受堵。×××和他的医疗队没有停止前行，他们徒步三十多公里冒着余震和山石滚落的危险，终于进入了都江堰市受灾最严重的向峨乡，在废墟中建起了第一个救护所。

向峨乡党委书记×××说：“他们来的时候是医护人员和医疗器械带得最完整的，从废墟里抢救出来的伤病员看到他们感到有救了。”

为了不漏掉一户村民，×××带领医疗组翻山爬坡进行“拉网式”的巡查，在救治伤员的同时还给村民发放随时可以找到医生的联系卡。在抢救病人时即使条件再简陋、现场再忙乱，他和医生们都从病人的长远健康出发，坚持手写医嘱留存病人的用药情况，有时医嘱只能写在口罩的外包装纸上。目前他们已经走遍了汶川和都江堰的6个乡，28个村，救治伤病员6100多人。

人民群众说：“他们不顾生命来救我们，所以我们感谢党和解放军同志，感谢北京军区总医院‘×××医疗队’队长×××。”

北京军区总医院是×××大夫生前战斗的地方，军区总医院的医护人员说：“我们是他的战友，是他的传人，我们就要把×××精神带到我们的抗震救灾过程当中。”

▲网络新闻

【范文】

央行：中国已制定预案应对美国金融危机

2008年10月4日讯　为了避免和减少美国金融危机对中国的影响，人民银行和有关监管部门已经制定了各项应对预案。

10月4日上午，中国央行明确表态，对美国政府通过《2008年紧急经济稳定法案》表示支持，并透露央行和有关监管部门也已经制定了各项应对预案，并强调对中国经济发展和金融稳定充满信心，“中国经济发展的基本面没有改变，金融体系稳健、安全”。

希望法案有积极成效

“我们高兴地看到，虽然经历了波折，美国参、众两院最终通过了该法案。”央行新闻发言人表示，中国政府也一直密切关注美国金融危机的发展及其影响。

美国这项史上最大规模的救援计划在本周一首次表决时遭到了美国众议院的否决，但最终众议院还是通过了最后的修订版计划。布什随后对两院通过的计划签字成案。

央行新闻发言人称，希望这一法案能尽快得以实施并收到积极成效，以稳定美国金融市场和全球金融市场，恢复投资者信心。他说，在稳定金融市场方面，中美两国有着共同利益。中方愿与美方加强协调与配合，也希望世界各国齐心协力克服困难，共同维护国际金融市场稳定。

据了解，为了避免和减少美国金融危机对中国的影响，央行和有关监管部门已经制定了各项应对预案。央行表示，监管部门将继续加强对金融机构的审慎监管和服务，督促金融机构加强自身风险管理，提高抗风险能力，维护资本市场的正常秩序。央行还将继续与各国中央银行和国际金融组织密切沟通与合作，共同抵御金融危机。

中国经济基本面未变

中国经济增长是否能持续也成为市场更多关注的话题。对此，央行认为，今年以来面对国际国内诸多不利因素，中国政府积极应对，采取有效措施，克服了重重困难，保持了经济的平稳较快发展态势。总的来看，中国经济发展的基本面没有改变，继续朝着宏观调控的预期方向发展，经济持续增长的潜力巨大。

央行新闻发言人举例说，比如中国金融改革发展取得重大进展，国有商业银行股份制改革成效显著，中小金融机构经营机制不断完善，监管部门加强了审慎监管，各类金融机构实力普遍增强，盈利能力和抗风险能力提高，市场流动性总体充裕，中国金融体系是稳健的、安全的。“我们对中国经济发展和金融稳定充满信心。未来还将进一步提高金融宏观调控的预见性、针对性和灵活性，维护金融市场稳定，保持经济又好又快发展。”

他同时表示，为了避免和减少美国金融危机对中国的影响，人民银行和有关监管部门已经制定了各项应对预案；监管部门将继续加强对金融机构的审慎监管和服务，督促金融机构加强自身风险管理，提高抗风险能力。

第十二章　各类专业新闻的写作

第一节　各类专业新闻的写作要点

一、社会新闻写作

1. 社会新闻的含义、分类和写作特点

（1）社会新闻的含义

社会新闻就是从人们的日常生活角度出发，报道类似社会学所研究的范围（人口、就业、道德、秩序、婚姻、家庭等）以及人类与自然界中奇异现象的新闻。在报道社会学研究范围内的主要内容中，多以社会伦理道德为基础，反映社会风尚。

（2）社会新闻的分类

一般来说，社会新闻主要分为道德类、伦理类、生活类、法制类、风光类。

①道德类

主要是指反映新的道德风尚的新闻。

②伦理类

是指反映恋爱、婚姻、家庭方面的内容，表达评价和维护一定的社会伦理道德的新闻。

③生活类

是指反映新闻人物、社会人物的生活和活动以及人们的日常生活的新闻。

④法制类

反映与法制密切相关的社会事件的新闻。

⑤风光类

反映自然风光、风土人情以及自然界和生活中奇异现象的新闻。

（3）社会新闻的写作特点

①社会性

首先表现在题材上，诸如，道德风尚、恋爱婚姻、家庭问题、业余生活、邻里关系、世态炎凉、风俗习惯、乡土民情、天灾人祸、民事纠纷、社会治安、名人逸闻、奇异的社会现象或自然现象等，都是社会新闻的报道范围。其次是它的读者群有广泛的社会性。社会新闻取材于民间，反映的都是与人们的日常生活息息相关的事情。

②趣味性强

奇风异彩，珍闻趣闻，与众不同的人和事，都会让人感到新鲜、亲切，因而也就受人关注。

③涉及面广

社会新闻不受行业的限制，涉及社会领域的方方面面，题材广泛，内容丰富。

④在各类新闻中，社会新闻不能忽视

它所报道的内容必须服务于中心工作，引导社会舆论。

社会新闻与其他一些专业或重点新闻报道比较，虽然不直接和专门地去反映和指导“中心工作”，但它报道的是与中心工作有着直接和间接联系的社会生活的各个层面的情况，对于服务于中心工作，引导社会舆论，促进精神文明；对于移风易俗，鞭笞丑恶，匡正时弊，促进社会进步；对于开阔眼界、增长知识、拓宽新闻报道领域等方面，有着不可忽视的重要作用。

2．社会新闻的写作要求

（1）注重社会效果

坚持正确的舆论导向，既要宣传先进典型，也要揭露阴暗面。但这一切都要着眼于社会的稳定和发展。过多报道消极的东西，只会使人产生错觉。多报道先进方面的人和事，才能反映时代，引导人们前进。

因此，写作社会新闻要着眼于社会效果，既要如实报道，又要有目的、有针对性、有选择地确定写作角度和取舍材料，不能损害我们的社会利益，在揭露假、恶、丑的东西时，要寓引导于暴露之中，防止片面性，防止副作用。

（2）要有故事性

故事情节能使人对事件产生浓厚的兴趣。选择典型的情节，是写作社会新闻的一个起码要求。

（3）要有健康的知识

帮助读者开阔视野，扩大知识面，增强文化素养，是社会新闻的使命。但是，开什么样的眼界，长什么样的知识，要有选择，不能宣传伪科学和愚昧的东西，不能传播诲淫诲盗的知识。要选择给读者以有益的知识——有益于生活，有益于工作，有益于破除迷信，有益于身心健康，有益于增长科学知识。

（4）要有趣味性

趣味性是社会新闻的一大特性。社会新闻要对社会负责，给读者的情趣必须是健康的、高雅的，必须寓教育性于趣味性之中，要用富有趣味性的词语写出社会生活中多姿多彩的人物、戏剧性的片段、妙趣横生的情节、幽默的细节和耐人寻味的场面，把人们共同的喜怒哀乐表现出来，来吸引读者、感染读者，取得引人入胜的效果。

需要注意的是，趣味性要健康幽默，趣而不俗。

（5）态度明确

社会新闻一定要带有作者明确的态度倾向。这种倾向性的表露，一是通过事实本身去鲜明地说明问题，作者只要把事情的来龙去脉讲清楚就行了；二是采取夹叙夹议的写法，依事为据，画龙点睛，这可以采用解释性、分析性报道的形式；三是另外配言论，以编者按、编后语，或者评点的形式出现，明确表示作者或编辑部或政府有关部门对此所持的态度及采取的措施。

二、经济新闻写作

1. 经济新闻的含义、特点和分类

（1）经济新闻的含义

经济新闻，一般是对有关国民经济、生产建设、人民生活等方面的新近发生的有价值的事实进行的报道。

（2）经济新闻的特点

一般来说经济新闻具有如下特点：

①实用价值明显，直接服务于现代经济生活

不管是经济领域的决策者，还是产品的生产者、经营者，以及商品的消费者，都把经济新闻看成现代经济生活中不可缺少的重要信息来源。比起其他新闻来，经济新闻有着明显的实用价值。

②政策性强，有突出的指导作用

经济是国家的命脉，它的兴衰，直接关系到国家能否强盛，人民生活水平能否提高。因此，党和国家的一系列方针、政策，都是围绕发展经济这一中心而制定的。经济新闻的一个不可推卸的责任，就是对党和国家经济政策的宣传和阐释，指导人们更好地贯彻落实。

③有一定的专业性，需要作者具有相关的知识

经济问题总是有一定的专业性的，有些领域的专业知识甚至很深奥，例如金融、外贸、股市等。因此经济新闻要求自己的作者应该是内行甚至是专家。只有这样报道才能准确，分析才能到位，解说才能深刻。

（3）经济新闻的分类

经济新闻按题材的不同，可以分出许多种不同的类型。社会经济新闻是人类参与各种社会经济活动的事实的报道，主要反映人与人及人与自然之间的经济关系。

自然经济新闻是关于与自然紧密关联的经济现象以及影响经济的自然现象的报道。

边缘经济新闻是既涉及经济问题，又涉及其他领域问题的复合型报道。

经济新闻还可分出许许多多的小类，大致有：

政策性经济新闻，用于报道最新的经济政策；

分析性经济新闻，对新近发生的重要经济现象进行分析；

述评性经济新闻，就是经济题材的记者述评；

解释性经济新闻，侧重于对经济新闻事实的背景进行补充和解释；

预测性经济新闻，侧重于对某一经济现象的发展方向和未来结局进行预测；

信息性经济新闻，主要提供产品和市场的供求信息；

经验性经济新闻，介绍经济领域的成功经验；

经济珍闻趣闻，报道经济领域的一些奇闻趣事；

人物经济新闻，报道经济领域的主要人物如经济学家、企业家的言论和行动。

2．经济新闻的写作方法

（1）写活人物

作为新闻，它必须有事件，而事件就是人的行为，因此它也必须写好人物。

（2）通俗生动

经济新闻的作者有责任将作品写得更为贴近生活，通俗生动，吸引更多的群众关注经济问题。通俗生动的方法很多，就连枯燥的数字，如果利用好了，也能变得十分有趣。

（3）运用多种体式

消息、通讯、特写、专访、调查报道、新闻言论等体式，都可用以报道经济新闻。

3. 经济新闻的写作要求

熟悉国家的各项经济政策，掌握丰富的经济学知识，是写好经济新闻的前提。做不到这一点，首先就不可能发现真正值得报道的新闻题材，不管在什么领域，都是只有内行才能有真正意义的发现，更不要说经济这样专业性较强的领域。其次是难以保证报道的正确性，发表了一些违反了政策的言论，或者犯了知识性错误，自己还浑然不知。其三是表达时无法准确地运用概念和术语，即使勉强表达出来，也不会有深度。

三、法制新闻写作

1. 法制新闻的含义和特点

（1）法制新闻的含义

法制新闻就是对新近发生或发现的有关法制问题的事实报道。具体涉及十分广泛，既包括立法、司法、执法等方面，也包括守法、违法、犯法等方面；既涉及公安、检察、法院等机构，也涉及所有单位和所有社会成员。

法制新闻是社会新闻的一个重要组成部分，人们通过法制新闻，可以了解当前社会的现状、特征、发展动态。

（2）法制新闻的特点

①突出的政治性

法制新闻是对法律实践的及时报道，而法律是维护国家机器正常运转和人民群众社会权益的武器，从根本上看，法制和政治是很难分开的，法制不管在什么国家都有着极强的政治性。

②以法律为准绳

法制新闻的内容，应以阐释法律、宣传法律、维护法律为原则。对遵纪守法的好人好事给以褒扬，对违法违纪的行为予以揭露，对复杂的案情进行分析，对种种有关法律的疑问给以解答，这一切都以国家的种种法律条文为依托，为准绳。可以说，法制新闻中所报道的人和事，都是经过法律的眼光测定过的。

③事实的确切性

法律是非常细致严谨的，事实差之毫厘，性质就有可能发生根本的变化。因此，法制新闻在对事实的报道过程中，特别讲究材料和数据的准确无误，以免出现差错。

④风格的严肃性

一般新闻为了增强可读性，可以写得轻松幽默、活泼风趣，但法制新闻很少有这种情况。受报道题材的限制，法制新闻一般都是比较庄严郑重的。

2．法制新闻的写作要求

（1）遵循客观性原则

新闻记者不是法官，在法庭没有作出审判之前，记者不能认定案件的性质、确定罪名。记者只需把事实说清楚，而不要妄加评论，这就是法制新闻的客观性原则。

（2）事实准确清楚

在讲述法制新闻特点时，我们已经提出了“事实的确切性”问题，这是法制新闻的一个要害问题。另外，新闻报道中的法制事件，还要清楚明白，时间、地点、人物、事件、原因、结果等要素，以及事件发生的过程、阶段，都要完备。在有些新闻中出现的要素含混的情况，如时间说成“最近”，地点说成“华北某地”等，一般不得在法制新闻中出现。

3．法制新闻的写作要点

（1）措辞精当

法制新闻写作的措辞，要比一般新闻更精确、恰当。法律界有许多专用的词语，各自有着特定的含义，以民间所说的“诉状”为例，就有民事起诉状、刑事自诉状、行政起诉状等，各自适用于不同性质的诉讼。

（2）常用“系列报道”“追踪报道”的形式

有一些法制案件，案情复杂，法律界人士看法不一，很难一下子就审理出结果；还有一些人们关心的法制案件，其侦破、审理的时间有时很长，而且中间常有反复。对这样的法制新闻题材，可采用系列报道或追踪报道的形式。

四、科技新闻写作

1．科技新闻的含义和特点

（1）科技新闻的含义

科技新闻是对新近发生的有关科学技术方面的事实的报道，具体地说，它报道与科学技术有关的方针政策，新取得的科研成果和科技成就，已有的科学技术的普及应用情况，科学工作者工作、学习、生活情况，以及人们对科学的认识和反应等。

（2）科技新闻的特点

①科学性和知识性

人们对客观事物的本质特征和基本规律的准确发现和把握，就是科学；对这些特征和规律的成功利用，就是技术。而科学和技术实践中不断积累下来的符合规律的认识，就是知识。从科技新闻的功能看，它一方面要报道最新的科学发现和技术创造，让读者了解最新的科技动态；一方面要宣传现代科技知识，满足人们强烈的求知欲望。

②通俗性和生动性

新闻是大众读物，不是学术论文，可是科技新闻又有很强的学术性，这就产生了矛盾：既要讲究科学的深刻和准确，又要让读者大众能够接受、乐意接受。不管二者兼顾起来有多难，我们都不能放弃努力。科学家们能把深奥的科学知识写成通俗生动的科普说明文，专业能力强的记者也应该能够做到这一点。

③时代性和时宜性

科技新闻是最具有时代感的文体之一。新的科技发现永远处于时代的前沿，即使是旧的科技事件的解密性报道，也很能让人联想起时代日新月异的变化：当年尖端的科技成果现在已经显得陈旧了。这就像看一张当年的旧照片一样能够引起人们的时代对比。为此有人说，科技新闻其实有着很浓的体现人类进步的人文特色，这种说法是有道理的。

2. 科技新闻的写作要求

作为新闻工作者一定要有严谨认真的态度和精神，明辨是非，宣传科学，揭露伪科学。

科技新闻的科学性跟真实性有密切的联系。一篇科技新闻即使报道的事实是真正发生的，如果认识有悖于科学原理，那么它也是虚假新闻。

3. 科技新闻的写作技巧

（1）知识、人物、事件三者统一

对于科技新闻而言，科学知识是文章内容的一个构成要素。但是，科技新闻不是科普说明文，不能孤立地介绍科学知识，必须借科技人物和科技事件的表达，来实现知识的传达。

人物是科技新闻的主要报道对象，且不说科技人物消息，科技人物通讯，科技人物专访，都是以人物为核心，就是动态性的科技新闻，也要涉及科学技术的实践者。事件当然更是必不可少的，它是科技新闻的核心要素，这一点无须再作详细论述。人物、事件和科技知识，在科技新闻的题材中，本身就是三位一体的，因此，一般性地将三者统一起来，并不是什么困难的事情。

（2）表达的规范性和创造性

科技新闻的表达，既要合“规矩”，又要有一定的“巧”。合规矩是对新闻基本文体特征的尊重，“巧”则是作者的创造性发挥。没有规矩不行，而没有巧，文章就没有活性。

五、体育新闻写作

1．体育新闻的含义和种类

（1）体育新闻的含义

体育新闻，是以消息的形式反映有关体育人物和事件的报道。

（2）体育新闻的种类

①综合新闻

即全貌性地综合反映某一时间或某一阶段、某一类别、某一范围的体育运动。

②比赛新闻

即反映体育竞技运动的情况。

③人物新闻

即反映人们普遍关注的体育运动优秀人物的报道。

④会议新闻

即有关体育方面重要或有特点的为人们普遍关心的会议的报道。

2．体育新闻的写作特点

（1）时效性特别强

体育新闻，特别是其中最重要的一支——赛事新闻，时效性特别强。一般而言，体育赛事的结果发生在何事、何地都是事先预定的，人们在赛事开始以前就已经期待着结果的发生，而且伴随着强烈的情感倾向。比赛一结束，新闻界必须马上向受众提供比赛的结果。

（2）类型最为丰富

体育新闻可分为动态和静态两大类。报道赛事的属于动态新闻，其他的大多属静态新闻。在这两大类中，具体的类型不可胜数。

（3）以表现力量和竞争精神给人以美感

人们阅读体育新闻，特别是赛事新闻，在获得信息的同时，都会有一种精神快感，也就是美感。

3．体育新闻的写作要求

（1）学会预测与分析

科学、准确的预测报道往往令人拍案叫绝。一般来说，在重大的运动会或某些重要比赛之前，读者需要对比赛进行预测。这要求记者在写作中能总体上把握赛事的情况，根据历史的与新近的情况，分析各队的实力，对比赛的结果进行分析、估计。

这类报道，难度大，风险大，对读者的吸引力大，对记者是一种挑战。

（2）在深度上做文章

报刊体育新闻写作所追求的“制高点”就是：能从深度上来做文章，从分析体育现场入手，来揭示体育运动深层的规律。

（3）把握情趣与理趣

体育新闻写作应该跳出程序化、模式化报道，表现出体育新闻的情趣与理趣。

在体育新闻的写作中，只有记者全身心地投入体育运动中去，才能体察到那份运动中特有的情趣，并用饱含深情的文字表达出来。体育新闻动人的关键就在于此。

体育新闻的情趣还表现在语言幽默、富于人情味等方面。

体育新闻的理趣，又是体育新闻写作另一方面的要求。

理是事物的内在联系、本质，是蕴含在个别中具有普遍性的东西。理是深层的，无法直接由感官来把握，而需要透过可被直接感知的事与理，经过开掘、分析、研究才能认识。因此有理趣的体育新闻多给人以思想的启迪。

第二节　各类专业新闻的写作范文

▲国际经济新闻

【范文】

油价暴跌推动美股飙升

——2008年8月8日　记者××

由于国际原油期货价格创三个月以来的新低，推动零售和运输板块强劲上扬，8日纽约股市三大股指涨幅均超过2%，道琼斯指数上涨超过300点。

当天，英国央行和欧洲央行先后如期宣布维持利率不变，美元兑欧元汇率出现近八年的最大单日涨幅。此外，市场担心全球经济减缓将会导致世界范围的原油需求下滑。8日纽约市场国际原油期货价格暴跌近5美元，收于每桶115.20美元。

受此影响，零售和运输板块增长强劲，并推动道琼斯指数大涨了300点。零售业巨头家得宝和梅西百货的股价分别上涨了7.7%和9.6%。标准普尔500种非必需消费品板块大涨5.2%，是20××年××月以来的最大单日涨幅。美国第二大包裹速递公司联邦快递上涨了5.9%。

此外，全球最大的快餐集团麦当劳7月的销售额超出预期，麦当劳的股价涨至上市43年来的最高水平。道琼斯30家成分股中有28只股票收高。

不过，美国第一大房屋抵押贷款公司房利美报告第二季度亏损23亿美元并表示将降低分红。由于其亏损额是华尔街此前预期的三倍多，令市场大失所望，房利美的股价重挫了近10%。

到纽约股市收盘时，道琼斯30种工业股票平均价格指数比前一个交易日涨302.89点，收于11734.32点，涨幅为2.65%。标准普尔500种股票指数涨30.25点，收于1296.32点，涨幅为2.39%。纳斯达克综合指数涨58.37点，收于2414.10点，涨幅为2.48%。

▲国内经济新闻

【范文】

中国对部分个体经营者实行收费优惠政策

——摘自《××××报》

国家有关部门近日发出通知，登记失业人员、残疾人、退役士兵以及毕业两年以内的普通高校毕业生，凡从事个体经营（除建筑业、娱乐业、广告业以及销售不动产、从事房屋中介等）的，自其在工商部门首次注册登记之日起，3年内免收登记类、证照类和管理类等有关行政事业性收费。

通知称，此举旨在鼓励自主创业和自谋职业，进一步促进失业人员再就业。

通知规定，个体经营从业者免交的收费项目具体包括：工商部门收取的个体工商户注册登记费、个体工商户管理费、集贸市场管理费、经济合同鉴证费、经济合同示范文本工本费；税务部门收取的税务登记证工本费；卫生部门收取的行政执法卫生监测费、卫生质量检验费、预防性体检费、卫生许可证工本费；民政部门收取的民办非企业单位登记费；人力资源和社会保障部门收取的职业资格证书工本费；国务院以及财政部、发展改革委批准设立的涉及个体经营的其他登记类、证照类和管理类等行政事业性收费；各省、自治区、直辖市人民政府及其财政、价格主管部门按照管理权限批准设立的涉及个体经营的登记类、证照类和管理类等有关行政事业性收费项目。

▲专题经济新闻

【范文】

奥运经济要算大账

——××社记者　××

八月八日，两千零八张“笑脸”在北京夜空绚烂绽放。

有人说，为了这一天，北京投入了三千亿元。如果从申奥成功那天算起，七年来，为了这十七天，中国每天投入近两亿元。

有人说，耗资二百七十亿元的“新国门”（首都机场T3航站楼）、造价数十亿元的巨型“鸟巢”，这对人均GDP刚过两千美元的发展中国家来说，是“赔本赚吆喝”。但事实并非如此。官方近日表示，虽然由于受安保费用提高、原材料涨价等影响，预算有所增加，预计北京奥运会仍将实现收支相抵，略有盈余。

据专家估算，包括商业推广、赞助商活动、电视转播费、门票等在内，北京奥运会将带来直接收入约二十亿美元，大体与直接的运行费用相抵。若算上旅游、商业、体育等因奥运受益的外延产业，从2003年到2010年八年间，奥运产生的总体经济影响将逾七百一十七亿美元。这是笔相当庞大的收入。

专家同时指出，机场、地铁等基础设施的投资，按照以往办奥惯例是不计入奥运会的直接投资的，这些设施是北京这次办奥即便不投入，也要在近年投入建设的，它们将会对中国长远发展发挥效益。

何况，对于一个经济总量排名全球第四的大国而言，给奥运经济算账，除了算算小账赔没赔，更应当算算大账赚没赚。

如果中国城市的功能因奥运而更完善，如果中国经济能在奥运后持续健康发展，如果中国能因奥运变得更为自信和开放，那么即便不赚钱，北京奥运会也是桩划得来的“好买卖”。

过去七年间，为兑现“绿色奥运、科技奥运、人文奥运”的承诺，中国倾力投入，确也物有所值。

“绿色投入”逾千亿，首钢搬出首都，令北京天更蓝，水更清，呼吸更顺畅。36亿元打造“科技奥运”，令北京奥运成为奥运史上节能环保程度最高的一届奥运会。2004年至2008年，奥运因素拉动北京GDP增加逾千亿元。奥运会从筹办到举办，每年带动全国GDP百分之零点三到零点四。

处于工业化中期的中国，因为奥运的缘故，更重视环保和节能，经济重心由制造业加速向服务业转变，产业结构进一步优化，对外心态更为开放。这一切，无疑为后奥运时代的经济稳定增长打下良好基础。

对于奥运会后可能出现的“白象效应”（奥运场馆闲置）和“蒙特利尔现象”（奥运前期巨大投资造成财政亏空），北京自有应对之策。场馆“瘦身”，运营外包，旧馆翻新，在减少大笔开销之余，亦降低了“后奥运衰退”的风险。从“办历史上最好的奥运会”到“节俭办奥运”的嬗变，彰显了中国大国心态的成熟。

2008 年是中国的奥运年，也是中国改革开放 30 周年。当下，改革进入“深水区”，所遇阻力渐趋加大。经历了二十余年高速发展的中国经济，正面临新难题。经济下行风险加大，通胀压力居高不下，宏观政策在“钢丝”上寻求艰难平衡，亟待破题。

中国入世首席谈判代表龙永图在谈及入世前后中国的变化时曾说，“许多事情积重难返，仅仅凭借自身的力量去解决往往不行。一个健康有效的外力，则可能推动我们完成那些想做却迟迟做不成的事”。

尽管北京奥运会之于中国经济的推动力不宜估计过高，但它的确是“健康有效”的。

▲国内法制新闻

【范文】

重大突发事件不能捂　第一时间客观报道

——××社××2008 年 8 月 5 日电　×××

“及时、准确、公开、透明、客观、真实”。××省委宣传部部长×××在近日召开的××省宣传部长座谈会上，为该省今后重大事件特别是突发事件的宣传工作定下了这十二字报道原则。

“在××爆炸事件发生后，××市相关部门迅速作出了反应，市委市政府的最高领导也第一时间赶到现场。此次事件的处理堪称危机处理的典范。”××公交爆炸案发生后，××卫视著名评论员×××如此评价××相关部门对该起突发事件的处理方式。

据介绍，爆炸案发生两小时后，××警方即召开了第一次新闻发布会，说明爆炸情况，也使“××发生多起公交爆炸”的谣言不攻自破，同时也稳定了市民紧张的情绪。警方通过媒体第一时间发布了相关消息，使信息公开成为此次事件处理的亮点。而信息公开也正在成为××处理重大突发性事件的常态。

×××说：“对于重大事件尤其是突发事件，要在第一时间掌握第一手材料，要做到及时、准确、公开、透明、客观、真实。”他还特别强调对此类事件“不能捂”，要客观及时地报道。

▲重大科技新闻

【范文】

“嫦娥一号”卫星测控首次实现国际联网

国家航天局发布，北京时间11月1日12时，北京航天飞行控制中心首次应用国际标准实现与欧空局所属空间操作中心联网，开始启用国际测控站测控“嫦娥一号”卫星。

据介绍，1日12时至15时，北京中心与欧空局所属的空间操作中心、新诺舍站、玛斯帕拉玛斯站及库鲁站实现联网。

新诺舍站、玛斯帕拉玛斯站开始对“嫦娥一号”卫星进行了试验性跟踪。通过新诺舍站，北京中心接收了“嫦娥一号”卫星的遥测数据；通过玛斯帕拉玛斯站，北京中心进行了遥测遥控、测控和测速的试验，一切正常。

库鲁站从15时开始正式对“嫦娥一号”进行跟踪，北京中心通过对库鲁站进行了卫星遥测遥控、测距和测速的工作。

据了解，在此次“嫦娥一号”卫星测控任务中，我国积极开展国际合作，充分借助国际航天测控资源，与欧空局开展了测控系统业务合作。通过合作，将进一步提高“嫦娥一号”卫星的测控覆盖率。

▲航天科技新闻

【范文】

“神七”获得圆满成功

——2008年9月28日内蒙古四子王旗电

17时38分，夕阳西照，彩霞满天。神舟七号飞船返回舱在红白相间的巨大降落伞托带下，安然降落在内蒙古阿古木朗草原，航天员翟志刚、刘伯明、景海鹏平安健康返回。

18时22分，率先出舱的翟志刚迈出最踏实的一步，这一迈饱含着对祖国的眷恋。

经历了三天的太空洗礼，双脚重新稳稳矗立在祖国的大地上，没有失重的感觉，只有成功的喜悦。历史在这里定格：我国第三次载人航天飞行任务在美丽的草原上印下一个完美惊世的句号。

经过约30分钟的地球重力适应后，三名航天员状态恢复良好，依次自主出舱。面对返回舱前的搜救队员和记者，他们频频点头微笑、不断挥手致意。

三人并排坐到返回舱前的三把简易座椅上，翟志刚铿锵地说：“我们顺利地完成了这次载人航天飞行任务，刚刚返回到地面，昨天，中国航天员进行了首次出舱活动，使命光荣，充满挑战，结果圆满，我为祖国感到骄傲!”

“向祖国和人民，敬礼!”在刘伯明、景海鹏简短发言之后，翟志刚发出口令，三人以一个标准有力的军礼，献给祖国和人民，献给脚下这片七次承载“神舟”着陆的土地。

时光回溯，此前72小时，42岁的翟志刚迈出了最执着的一步，这一迈凝结着百折不挠的勇气。

从酒泉的航天发射场脐带塔进入飞船，这位神七乘组指令长这一步，记录了中国航天员大队成立10年的发展历程，记录了他和13名战友刻苦训练近3900个日日夜夜的艰辛与汗水，记录了他“神五”“神六”两次入选梯队、两次止步飞船的遗憾。

这一步是执着的胜利，是坚持的结果。翟志刚，胸怀大志，意志如钢。

时光回溯，此前26小时，身着国产“飞天”舱外航天服的翟志刚迈出了最具挑战的一步，这一迈诠释了中华民族探索的新高度。

像43年前完成人类首次太空行走的苏联航天员列昂诺夫一样，翟志刚的这一步并不轻松。在距地343公里的太空轨道上，沉重的舱门、虚报的火警，都不能阻止五星红旗在太空中高高“飘扬”。

在刘伯明、景海鹏的直接协助下，在三千多个参研参试单位的协同下，在数十万人员的共同努力下，翟志刚圆满完成了空间出舱活动，取回固体润滑材料试验装置。

我国从此成为世界上第三个独立掌握空间出舱技术的国家，迈出太空交会对接、建立空间站的下一步，不再遥远。

▲体育比赛新闻

【范文】

兰帕德助攻特里头球破门　切尔西1:0罗马

北京时间2008年10月23日凌晨2时45分，欧冠小组赛第三轮A组进行了一场焦点比赛，切尔西坐镇斯坦福桥迎战罗马，两队上半场闷战一场，兰帕德射门曾击中门柱，下半场第77分钟，兰帕德角球助攻特里得分，凭借这个进球，切尔西1:0力挫罗马，目前以7分占据A组榜首，落败的罗马目前积3分与波尔多并列第三。

两队此前唯一的正式交手，还是65～66赛季的博览会杯，切尔西主场4:1大胜对手，到了客场双方互交白卷。本场比赛前，两队只差1分，谁能取胜就能占据有利位置，不过双方状态不同。切尔西客场5:0大胜米堡，而罗马主场四球惨败国米。

本场比赛，切尔西众多伤员复出，切赫迎来自己欧冠第50场，而卡瓦略伤愈后首次与特里搭档，德科也出现在主力阵容，单前锋依然是阿内尔卡。罗马方面，球队依然排出了451阵形，托蒂顶在最前面。

比赛开始后，双方都在试探，第8分钟，兰帕德禁区外凌空抽射，多尼将球稳稳扑住。第9分钟，托蒂远射还以颜色，可惜足球射高。第10分钟，兰帕德铲球时对阿奎拉尼犯规。第21分钟，梅克斯禁区前对米克尔犯规吃到黄牌。

德科将球做给兰帕德，后者劲射，足球打在人墙上反弹击中横梁。第29分钟，马卢达犯规也吃到黄牌。第35分钟，托蒂人球分过卡瓦略后直塞，布里吉射门被特里飞身铲断。第37分钟，德科脚后跟做球，兰帕德25米处远射偏出左门柱。上半场结束，两队0:0打平。

下半场开始，切尔西作出人员变动，马卢达被贝莱蒂换下，巴西人依然出任后腰。第47分钟，贝莱蒂远射高出。第57分钟，贝莱蒂挑传右路可惜稍大，博辛瓦没有追到球。第60分钟，切尔西获得角球，德科开出角球，卡劳头球攻门力量很大，可惜顶得太正被多尼扑出。

第70分钟，兰帕德的任意球射门又被人墙挡出。第71分钟，特里蹬踏动作侵犯托蒂吃到黄牌。第75分钟，博辛瓦右路传中，帕努奇将球解围。第76分钟，卡劳被迪桑托换下。第77分钟，兰帕德开出角球，特里门前5米处后蹭头球破门，1:0，切尔西领先。

罗马随即换人，梅内斯和托内托换下塔代伊与里瑟。第83分钟，兰帕德小角度任意球攻门，多尼将球托出。第84分钟，帕努奇不满裁判判罚吃到黄牌。第91分钟，切尔西快速反击，博辛瓦带球到禁区前直接射门，可惜偏出。随后阿内尔卡被费雷拉换下。第93分钟，兰帕德禁区前断下帕努奇足球，但他没能获得起脚机会，足球被后卫破坏。最终，凭借特里的进球，切尔西1:0击败罗马，目前战绩为2胜1平，占据小组榜首。

▲体育人物新闻

【范文】

体操王子李宁飞天点火

——××社 2008 年 8 月 8 日电

中国前体操运动员李宁高举火炬凌空绕场一周，奔向主火炬。无论哪种猜想都没有火炬正式点燃这一刻那么精彩、那么震撼、那么激动人心！当排球运动员孙晋芳把李宁手中的祥云火炬点燃，李宁神情激动地高举祥云火炬时，全世界似乎都屏住了呼吸。

当李宁出乎意料地被钢丝高高吊起到“鸟巢”体育场的上空，全世界都在猜想下一步李宁将会以怎样的形式点燃圣火。

升到空中的李宁一直被一束光照着，当他到达“鸟巢”顶部的大屏幕时，李宁突然摆出了跑步的姿势，开始在“鸟巢”的上空奔跑。

随着李宁的跑动，大屏幕也出现了卷轴展开的画面，李宁就仿佛是这个卷轴的展开者。随后，卷轴上开始出现奥运圣火在世界各地传递的画面，这些画面引起了所有人关于圣火传递时的美好回忆，从圣火在希腊点燃到圣火到达北京，所有人仿佛又一次经历了北京奥运圣火传递的每一个美妙时刻……

近了，近了，画面上奥运圣火到达了北京，李宁也跑到卷轴尽头了！卷轴的尽头出现奥运赛场的主火炬！

这个火炬和祥云火炬有异曲同工之妙，仿佛都是用卷轴卷出来的，就在此时，李宁停了下来……

李宁先平静了一下，然后点燃了一个长长的火信，只见一团火光马上亮了起来，紧接着主火炬点燃了！圣火在主火炬上熊熊燃烧，全场的观众都沸腾了，万众瞩目的谜底就这样揭开，心中的激动需要尽情地宣泄，焰火适时地在“鸟巢”上空散开，美丽、壮观、美轮美奂……

百年奥运梦从圣火点燃的那一刻再次沸腾，象征和平、友谊的奥运圣火照耀整个“鸟巢”，北京奥运会在这一刻正式拉开帷幕！

▲体育会议新闻

【范文】

××群众体育会议召开
确定奥运年是“基础建设年”

——《××日报》2008年3月27日讯

2008年全市群众体育工作会议昨天举行，会议在充分肯定2007年我市群体工作的同时，对2008年的全市群体工作提出了更高的要求，确定了以“为了人、依靠人、提高人”为指导方针和“山海本色”为特点的城市体育精神，唱响“全民健身与奥运同行、与全运同行”的主旋律，进一步加强社区（村）健身设施建设，确定全年为健身设施“基础建设”年。

今年我市群体工作将在落实《全民健身计划纲要》二期工程第二阶段任务和《××市群众体育工作“十一五”规划》目标，继续加大全民健身工程建设力度，重点抓好××市黄金海岸健身长廊、××市全民健身中心、市老年体育活动中心、农民健身工程建设。按照规划，投资九千多万元的黄金海岸健身长廊西起团岛角，东至××第二中学，延绵××公里；××市全民健身中心位于××路××号，规划总建筑面积××平方米，总投资××万元；市老年体育活动中心位于市××路××号，规划占地面积××平方米，预计需投资××万元；农民健身工程建设目标是在2009年年底前，确保每个行政村建有一处健身设施，这些设施建成后，将增强我市健身设施布局的合理性和功能的多样性。

会议提出，要紧紧抓住今年是“奥运年”这个有利契机，全力唱响“全民健身与奥运同行、与全运同行”主旋律，以“六大板块”全民健身活动为统领，广泛组织开展方便群众参与、有影响、规模大的群众体育健身活动；完善国民体质三级监测网络，做好“迎奥运、更健康”国民体质监测年活动，使国民体质监测数据成为市民科学健身、合理饮食的主要参考数据；贯彻落实中共中央、国务院《关于加强青少年体育增强青少年体质的意见》，积极推动学校体育场馆向公众开放，为体育传统校培训教师骨干；加强群众体育骨干队伍建设，为构建和完善全民健身服务体系夯实基础。